組織不祥事

―組織文化論による分析―

間嶋 崇 著

文眞堂

はじめに

　本書の目的は，ギデンズ（A. Giddens）の構造化理論を応用した組織文化論モデルを用いて組織不祥事を分析する枠組みの構築を試みること，そしてその枠組みを用いて経営実践に対して若干の政策的提案をすることにある。この「はじめに」では，本書の枕として，まず本書筆者がそのような問題意識に至った経緯について若干述べ，次に本章の構成について述べていくことにしよう。

　今に始まったことではないが，相対主義であるとか価値の相対化であるといった言葉を殊に耳にする昨今である。それは，カルチュラルスタディーズやポストコロニアル，マルチカルチュラリズムといった昨今の文化研究でもしかり，ファイヤーアーベント（P. Feyerabend）やクーン（T. Kuhn）が有名な科学哲学の世界でもしかりで，要するにそれは，ありとあらゆる主義や思想，哲学に絶対的なものはなく，その考え方の正否は，文脈（時代や場所）に依存するというものである。これに基づけば，「誰もが当たり前だ（あるいは正しい・善い）と思っていることが実はそうではない」ということが世の中には往々にしてあるということである[1]。

　非常に個人的かつこぢんまりとした例で恐縮であるが，7年ほど前に本書筆者が病に罹り，わずかな期間であったが，車イスと松葉杖での生活を強いられた際にそれを感じたことがある。日本社会，少なくとも当時筆者が住んでいた街は，道路にしても公共の施設にしても，車イスや松葉杖を利用する者にとって決して利用しやすいものにはなっていなかった。道路の凸凹や傾斜，駅の階段，バスや電車と停車場との段差，券売機のボタンの位置，カフェのテーブルの高さ，お店のレイアウト etc.・・・。これまでまったく気

にも留めなかった街のいたるところが，実は健常者の目線や感覚，価値観で作られているということを知った。我々（少なくとも当時の筆者）が当たり前だ（あるいは正しい）と思っていたことが，実は決して誰の目からも当たり前のものなのではなく，それらは健常者のもつ当たり前（健常者の論理，健常者の価値観において当たり前）だったということだ。

また，筆者がこのような経験をしていたちょうど同じ頃（2001年9月11日），世界では，さらに価値の相対化（文化の相対化）に起因する大規模な悲劇が起こっていた。冷戦が終結し，グローバリゼーションが進む世界にあって，国や地域，宗教の違いが，異なる「当たり前（ないし正否・善悪の基準）」と何よりエゴの衝突を生み，何千，何万という被害者を生んだ。そして，悲劇は，今なお各地で起こっている。

物事の考え方や正否，善悪に関する価値観の相対化は，上述のような例にとどまらず，企業の組織や病院の組織，NPOや行政の組織といった筆者の研究対象である組織（2人以上の人々の調整された活動および諸力のシステム）の間や組織と社会の間においても存在する。組織の当たり前（組織で共有される物事の考え方，物事の正否や善悪に関する価値観。組織のそれを組織文化と呼ぶ）の組織間での違いは，ワイク（K. E. Weick）が言うように市場に対する認識の違いを生み[2]，またマイルズ＆スノー（R. E. Miles & C. C. Snow）が言うように創出する戦略の違いを生み[3]，さらにバーニー（J. B. Barney）が主張するように各組織独自のケイパビリティの違いを生む[4]。それらは，各組織の競争優位・劣位の基となり，80年代以降実践においても理論の場においても重要な検討課題のひとつとされている。しかし，それよりも古く，にも拘らず今もなお深刻な問題は，組織の当たり前（組織文化）と社会のそれ（社会道徳）との間の相違である。このギャップは，組織の構成員や消費者，地域住民といった組織をとりまくさまざまな人々を悩ませ，苦しめている。本書のターゲットである「組織における不祥事（本書では組織不祥事と呼称することにする）」は，このギャップから生まれ人々を苦しめるその最たるものである。組織不祥事とは，本書第1章でもとり上げるが，「公共の利害に反し，（顧客，株主，地域住民などを中心とした）社

会や自然環境に重大な不利益をもたらす企業や病院，警察，官庁，NPOなどにおける組織的事象・現象のこと」である。もちろん，組織不祥事は，この組織文化と社会道徳のギャップだけに起因するものではない。しかし，本書第1章で示すようにこのギャップが不祥事発生の大きな影響要因であることも間違いない。

　今日，さまざまな組織においてこの不祥事（組織不祥事）が後を絶たない。繰り返しになるが，組織不祥事は，時に自然環境に害を与え，時に上述のようにステイクホルダーをはじめとする社会のさまざまな人々に経済的，精神的，肉体的な損害を与える古くて新しい社会の大きな課題なのである。

　筆者は，このような組織の起こす不祥事の発生メカニズムを明らかにするモデルの構築を試み，それを基に組織不祥事を取りまく経営実践（不祥事の予防，不祥事を起こしてしまった組織の再生など）に対する何らかのインプリケーションを探ることを研究の目的としている。とりわけ本書は，冒頭から述べているように文化，とりわけ組織文化（論）に注目し，ギデンズの構造化理論を組織文化論へ応用したモデルを用いてそれ（不祥事の分析モデルの構築と予防・再生策に関する若干の提案）を行なおうと考えている。

　本書は，「はじめに」，「おわりに」を含め全8章（本論は全6章）で構成される。

　まず，第1章では，①組織不祥事という問題の深刻さ，②それを分析すること（特に組織文化論を用いて分析すること）の重要性，そして③組織不祥事を分析し解決策を見出すモデルづくりに不可欠な視点や概念について，といった展開で問題意識の開示と組織不祥事の組織文化論的分析モデル構築の準備的考察を行なう。①については，組織不祥事の若干の歴史なども踏まえて，それが古くて新しい問題であること，またその昨今の状況について論じていくことにする。②については，組織文化と「正当性」をキーワードに組織不祥事の組織文化論的分析の重要性を説く。組織では，そこにおける成功体験や失敗体験の積み重ねがいつしか「〇〇はこうすべきだ」とか「△△はこういうものだ」といった物事の考え方やその正否（何が正しく，何が正しくないか），善悪（何が善く，何が悪か）に関する価値や仮定

（つまり組織文化）を醸成していく。そして組織およびその構成員たちは，それらに基づき意思決定し，行為する。つまり，組織文化は，成功体験などを正当たる根拠として醸成され，翻って組織における考え方や判断，行為などに対する正当性の根拠となるのである。しかし，ときにその文化は，あまりに組織特有で社会のそれ（たとえば道徳）とはかけ離れ，また社会を蔑ろにしたものとなり，組織を不祥事に至らしめることがある。ここでは，このような組織不祥事と組織文化の関係性およびその関係性に注目する必要性について論じていく。③については，ミクロ・マクロ・リンクという視点とパワーおよびポリティクスという概念の重要性について論じていく。組織不祥事もその発生の一要因となる組織文化も，行為と組織そして社会のダイナミックな相互影響関係の中で，組織や一部の行為者のパワーやポリティクスを伴いながら生まれるものである。そこで，本書では，組織不祥事を組織文化論的に分析するモデル作りに不可欠なものとして，ミクロ・マクロ・リンク（行為，組織そして社会のダイナミクスを一掴みにして見る）という理論的視点と，権力（パワー）および政治的活動（ポリティクス）という概念（理論的要素）をとり上げることにする。

　つぎの第2章から第4章では，第1章での準備的考察を検討の土台としながら，組織文化論の2つのアプローチ，構造化理論，構造化理論を応用した経営組織研究などの理論的検討を行ない，それらを通じ，組織不祥事の組織文化論的分析モデルの構築を試みていく。

　第2章では，既存の組織文化論（組織文化論の機能主義アプローチとシンボリック解釈主義アプローチの2つのアプローチ）の組織不祥事分析モデルとしての有効性および問題点（限界）について検討する。ここでは，機能主義アプローチにしてもシンボリック解釈主義アプローチにしても，本書の目指すモデルとしてそれぞれいくつかの問題を抱えているということを，第1章でとり上げた理論的視点と理論的要素を検討の軸にしながら示していく。

　つぎに第3章と第4章では，ギデンズの構造化理論を組織文化論に応用するという作業が組織不祥事を分析するモデルとして非常に有効であることを論じる。第3章では，ギデンズの構造化理論とその組織文化論への応用の試

みについて，第4章では，その応用の試みによる組織不祥事分析の有用性について論じていく。機能主義や解釈主義といったパラダイムの枠を超え，行為と社会構造そして社会の創り創られる関係を描く構造化理論は，セルズニック（P. Selznik）などに端を発する制度派の経営組織論との相性がよく，制度派組織論者が自らの理論を彫琢する際にその応用を試みるというケースを以前からよく目にする。また，ギデンズの構造概念は，組織文化概念とも相性がよく，組織文化論への応用についてもこれまでに何人かの研究者によって試みられている。第3章では，このような既存研究の検討などを踏まえながら，構造化理論を丹念に紐解き，その組織文化論の1モデルとしての妥当性について検討していく。さらに，第4章では，犯罪学の分野などで行なわれている既存の構造化理論の応用の試みを踏まえながら，構造化理論の組織文化論への応用モデルが組織不祥事分析モデルとして有用か否かを論じていく。

　そして，第5章では，第3，4章で作り上げた本書における分析モデルの有用性と問題点をさらに明らかにするために実際の不祥事を用いて簡単な分析を行なう。本書では，㈱JCOの臨界事故，横浜市立大学医学部附属病院の患者取り違い事故，東京女子医科大学病院の医療ミス隠蔽事件，三菱自動車工業株式会社のクレーム隠し事件の4つをケースとして取り上げる。このケース分析からは，本書のモデルの有用性以外にも，組織不祥事の発生に典型的なプロセスが存在する可能性を理解することができる。

　さらに，第6章では，ワイク＆サトクリフ（K. E. Weick & K. M. Sutcliffe）の安全文化論などを参考にしながら，本書分析モデルの実践へのインプリケーションの導出を若干ながら試みる。そもそもギデンズの構造化理論は，行為と構造，社会の創り創られる「相互規定的関係」を明らかにするモデルであるため，そこから因果法則を導出し，それをもって実践へ何らかの政策提言を行なうということが難しい。そのため，その構造化理論をベースとした本書モデルは，直接的に「こうすべきだ！」というより，不祥事の発生メカニズムを明らかにすることで実践家に対して何らかの間接的な貢献をするに留まらざるを得ない。そこで，本章では，それら問題を提示した後，さら

に踏み込んだ実践へのインプリケーションを捻り出すために，安全文化論を交え，より直接的な政策提言の可能性について検討を行なう。

最後に，「おわりに」では，残された課題（哲学的，理論的，実践的課題）について論じる。コンプライアンスに留まらない組織の不祥事対策（予防策や起きてしまったことに対する信頼回復など再生策）を理論化するという作業は，物事の正否や善悪についての根本的な判断や基準の提示を伴う。とくに，冒頭で述べたとおり価値の相対化の進む今日，社会を観察することからだけでは，それを明らかにすることは難しい。その中で重要なのは，先人の教えからの学びと，何よりも自らの倫理的態度である。そして，それは，自らの宗教観や人生観，哲学を問うものである。私のそれ（物事の正否や善悪の基準）は，一言で言うならば各自の「他者への配慮」の有無である。他者を想い，理解し，そして心を配り，ときに労わるその気持ちは，社会を皆がしあわせに生きゆくうえで非常に大切で根本的なものであると筆者は考える。本章では，科学としてこうした価値や倫理観の問題に踏み込むことの問題についても検討を加えながら，それでもみなが発言し討議し，根本的な倫理的価値について意をまとめていくことが重要であることを指摘している。ここでは，このような組織不祥事や組織文化といった価値や規範，倫理に関わる問題を研究する上での課題（哲学的ないし倫理的態度に関する課題）や本書モデルの理論的，実践的課題について論じていく。

筆者は，以上のような展開で組織不祥事分析の1モデルを構築，提案し，ほんのささやかなものではあるが，本書が価値の相対化の進む世の中において人々が抱える悩みや苦しみを取り除く一助になればと考えている。

注
1） 本書では価値の相対化がもたらす悪い例を挙げるが，本来は良くもあり悪くもあるのが価値の相対化現象である。
2） K. E. Weick, *The Social Psychology of Organizing*, 2nd ed., 1979.（遠田雄志訳『組織化の社会心理学』第2版，文眞堂，1997年），遠田雄志著『組織を変える〈常識〉』中公新書，2005年。
3） R. E. Miles & C. C. Snow, *Organizational Strategy, Structure, and Process*, McGraw-Hill, 1978.（土屋守章・内野崇・中野工訳『戦略型経営』ダイヤモンド社，1983年。）
4） J. B. Barney, Gaining Sustaining Competitive Advantage, 2nd ed., Prentice Hall.（岡田正大訳『企業戦略論』〔上〕〔中〕〔下〕，ダイヤモンド社，2003年。）

目　　次

はじめに

第1章　組織不祥事を紐解くための組織文化論モデルの構築の必要性
　　　　　―モデル構築に向けての準備的考察― ………………… 1

　第1節　多発する組織の不祥事
　　　　　―その由々しき現状の把握― ……………………… 1
　　第1項　組織の不祥事とは ……………………………… 1
　　第2項　組織不祥事の由々しき現状
　　　　　　―社会を軽視する組織の横暴― ………………… 3
　　第3項　問題提示 ………………………………………… 6
　第2節　組織不祥事を引き起こす重大な一因としての組織文化
　　　　　―組織不祥事を紐解くために組織文化論を用いる理由― … 8
　　第1項　組織不祥事を引き起こすさまざまな要因 ……………… 8
　　第2項　組織不祥事を引き起こす重大な一因としての組織文化
　　　　　　―組織文化と正当性― ………………………… 14
　第3節　組織不祥事の組織文化論的分析に不可欠な理論的視点：
　　　　　ミクロ・マクロ・リンク ………………………… 21
　　第1項　ミクロ・マクロ・リンクとは何か ……………………… 22
　　第2項　組織文化とミクロ・マクロ・リンク
　　　　　　―その関係と6つのリンクプロセス― ……………… 24
　　第3項　組織不祥事と，組織文化を媒介にしたミクロ・マクロ・
　　　　　リンクの関係 ……………………………………… 27

第4節　組織不祥事の組織文化論的分析に不可欠な理論的要素：
　　　　　パワー概念とポリティクス概念 ……………………………… 29
　　第1項　パワーとは，ポリティクスとは ……………………… 29
　　第2項　組織文化とパワーおよびポリティクスの関係 ……… 32
　　第3項　組織文化を介したミクロ・マクロ・リンクとパワーおよ
　　　　　　びポリティクスの関係 ……………………………………… 35
　　第4項　組織不祥事と，パワーおよびポリティクスを伴った「組
　　　　　　織文化を介したミクロ・マクロ・リンク」の関係 ……… 36
　第5節　ミクロ・マクロ・リンクの視点とパワーおよびポリティクス
　　　　　概念を包含した組織文化論モデルの持つ組織不祥事分析への
　　　　　新しい可能性 ………………………………………………………… 37
　　第1項　組織不祥事分析に対する可能性(1)　組織文化の所産と
　　　　　　して組織不祥事を把握できる …………………………………… 37
　　第2項　組織不祥事分析に対する新しい可能性(2)　組織文化を
　　　　　　介した個人－組織－社会の相互影響関係の所産として
　　　　　　組織不祥事を包括的・動態的に把握できる ……………… 38
　　第3項　組織不祥事に対するさらに新しい可能性(3)　組織文化
　　　　　　を媒介とし，個人－組織－社会相互のパワーやポリ
　　　　　　ティクスを孕んだ影響関係の所産として組織不祥事を
　　　　　　把握できる ……………………………………………………… 38
　　第4項　本章のまとめ …………………………………………………… 39

第2章　組織不祥事を紐解くための組織文化論モデルの構築
　　　　に向けた理論的考察(1)
　　　　　　―既存の組織文化論2大アプローチの批判的検討― ……… 43

　第1節　組織文化論における機能主義アプローチの有効性と限界 …… 43
　　第1項　機能主義アプローチの科学観，人間観，環境観，組織
　　　　　　観，マネジメント観 …………………………………………… 44
　　第2項　機能主義アプローチの基本的枠組み ………………………… 48

第3項　機能主義アプローチの有効性と問題点(1)　モデルに不可欠な理論的視点（ミクロ・マクロ・リンク）に関連して ………… 56
　　　第4項　機能主義アプローチの有効性と問題点(2)　モデルに不可欠な理論的要素（パワーおよびポリティクス概念）に関連して ………… 58
　第2節　組織文化論におけるシンボリック解釈主義アプローチの有効性と限界 ………… 59
　　　第1項　シンボリック解釈主義アプローチの科学観，人間観，環境観，組織観，マネジメント観 ………… 60
　　　第2項　シンボリック解釈主義アプローチの基本的枠組み ……… 63
　　　第3項　シンボリック解釈主義アプローチの有効性と問題点(1)　モデルに不可欠な理論的視点（ミクロ・マクロ・リンク）に関連して ………… 66
　　　第4項　シンボリック解釈主義アプローチの有効性と問題点(2)　モデルに不可欠な理論的要素（パワーおよびポリティクス概念）に関連して ………… 68
　　　第5項　機能主義とシンボリック解釈主義の止揚は可能か
　　　　　　　　―構造化理論アプローチへ― ………… 68

第3章　組織不祥事を紐解くための組織文化論モデルの構築に向けた理論的考察(2)
　　　―組織文化に対する構造化理論アプローチの構築とその有効性― … 72

　第1節　ギデンズの構造化理論とは何か
　　　　　―構造化理論の背景― ………… 72
　第2節　構造化理論の科学観，人間観，環境観，組織観，マネジメント観 ………… 74
　第3節　構造化理論の基本的枠組み
　　　　　―「構造化」について― ………… 80

第4節　構造化理論の経営組織論への応用 …………………………… 84
　第1項　先行研究（構造化理論の経営組織論への応用に関する
　　　　　既存研究）の検討
　　　　　　―2つのタイプの応用モデルの存在とその経営組織
　　　　　　　論での位置づけ― ……………………………… 84
　第2項　既存の2つのタイプの応用モデルの相補的関係 ………… 97
　第3項　相補的な2つのタイプの既存モデルの統合の試み ……… 99
第5節　構造化理論の組織文化論への応用とその有効性 ……………103
　第1項　構造化理論アプローチへの組織文化概念の組み込み ……103
　第2項　組織文化に対する構造化理論アプローチの試作 …………104
　第3項　組織文化に対する構造化理論アプローチの有効性
　　　　　　―本書の目指すモデルに不可欠な視点と要素に照ら
　　　　　　　した際のモデル構成としての有効性― ………………105

第4章　組織不祥事を紐解く組織文化論モデルとしての構造化理論アプローチの提唱 ……………………………113

第1節　不祥事分析モデルとしての構造化理論の有用性の検討（先
　　　　行研究からの検討） ………………………………………113
第2節　組織文化に対する構造化理論アプローチの組織不祥事分析
　　　　モデルとしての有用性 ………………………………………116
　第1項　有用性(1)不可欠な2つの条件 …………………………116
　第2項　有用性(2)正当性概念 ……………………………………117
　第3項　有用性(3)9つの要素の複雑な絡み合い …………………118
　第4項　有用性(4)時間的流れを伴うダイナミズム ………………118
第3節　組織不祥事分析を紐解く組織文化論モデルとしての構造化
　　　　理論アプローチの提唱 ………………………………………120

第5章　実際の組織不祥事問題を組織文化に対する構造化理論アプローチで紐解く ……………………………122

第1節　JCO東海村臨界事故 …………………………………………123
　第2節　横浜市立大学医学部附属病院患者取り違い事故 ……………130
　第3節　東京女子医科大学病院医療事故隠蔽事件 ……………………133
　第4節　三菱自動車リコール隠し事件 …………………………………139
　第5節　組織不祥事の発生メカニズム
　　　　　　―分析から得られたある傾向― ……………………………151

第6章　組織文化に対する構造化理論アプローチの実践へのインプリケーション
　　　　　　―組織不祥事への政策提言― ………………………………154
　第1節　構造化理論アプローチに政策提言能力はあるのか
　　　　　　―理論的性格と政策提言― ……………………………………154
　第2節　政策提言の可能性(1)　発生・予防・再生メカニズムの解明
　　　　　による間接的貢献 ……………………………………………155
　第3節　政策提言の可能性(2)　組織不祥事の予防および信頼回復の
　　　　　ための文化マネジメント
　　　　　　―安全文化論と関わらせて― ………………………………157
　　第1項　安全文化とは ……………………………………………159
　　第2項　事例分析(1)　横浜市立大学医学部附属病院の取り組み …163
　　第3項　事例分析(2)　東京女子医科大学病院の取り組み …………165
　　第4項　事例分析(3)　三菱自動車工業株式会社の取り組み ………168
　　第5項　若干の考察 ………………………………………………170

おわりに ………………………………………………………………………172
あとがき ………………………………………………………………………178
参考文献 ………………………………………………………………………181
事項索引 ………………………………………………………………………189
人名索引 ………………………………………………………………………192

第1章
組織不祥事を紐解くための組織文化論モデルの構築の必要性
―モデル構築に向けての準備的考察―

　本書は，「はじめに」で述べたように，組織文化論（とりわけ本書ではギデンズの構造化理論の応用）を用いて，組織における不祥事を分析するためのモデルを構築すること，そして若干ではあるがそのモデルから経営実践へのインプリケーション（組織不祥事の予防，再生策）を導出することを目的としている。本章では，その分析モデルの構築とそこからのインプリケーションの導出の前段階として，問題意識の開示およびモデル構築に不可欠な視点や概念の提示などの準備的考察を行なっていく。

第1節　多発する組織の不祥事
―その由々しき現状の把握―

　本節では，上述のような本章の目的の下，本書でいうところの「組織における不祥事（組織不祥事）」の定義とその組織不祥事の日本を中心とした現状を明らかにしながら，本書の問題意識をさらに詳しく示すことにしたい。

第1項　組織の不祥事とは

　企業や病院，警察，官庁における「不祥事」という言葉やそれが指す意味

や内容は，すでに広く一般に認知されている。たとえば，企業の不祥事であれば，「総会屋対策，インサイダー取引，損失補填，独占禁止法違反，違法献金，談合問題に関係した不祥事」[1]であるとか，「ずさんな食品衛生管理，食肉の産地偽装，農薬や香料の不正使用，粉飾決算，製品の欠陥隠匿，設備点検の虚偽記載」[2]あるいは顧客情報の漏洩や列車脱線事故などがすぐに頭に思い浮かぶだろう。また，病院の不祥事とあらば，医療事故や過誤そしてその隠匿，または関連企業との癒着，警察の不祥事とあらば，裏金・不正経理問題や企業との癒着，内部問題のもみ消し，犯歴情報の漏洩などが具体的事象として思い浮かぶであろう。

　本書では，これら不祥事をもう少し抽象度を高めた言葉で定義づけることにしたい。すなわち，本書問題意識の核となるタームである「組織の不祥事」あるいは「組織における不祥事」（以降，これを「組織不祥事」と呼称する）を，本書では「公共の利害に反し，（顧客，株主，地域住民などを中心とした）社会や自然環境に重大な不利益をもたらす企業や病院，警察，官庁，NPOなどにおける組織的事象・現象のこと」と定義することにしたい。ちなみに，本書では，企業や病院，警察などといった「協働システム」の中核を担う「組織」に焦点を当ててそれら不祥事を検討していきたいがために，耳慣れないかもしれないが「組織不祥事」という言葉をあえて用いたいと考えている。言うまでもないが，ここで云う協働システムとは，「少なくとも1つの明確な目的のために2人以上の人々が協働することによって，特殊の体系的関係にある物的，生物的，個人的，社会的構成要素の複合体」[3]であり，組織とは，「はじめに」でも示したが「2人以上の人々の，意識的に調整された活動や諸力のシステム」のことである。[4]

　また，不祥事というと意図的な悪事をそれとしてイメージしやすいが，こ

図表1-1　本書における「組織」と「組織不祥事」の概念定義

組織とは，「2人以上の人々の，意識的に調整された活動や諸力のシステム」のことである。 組織不祥事とは，「公共の利害に反し，（顧客，株主，地域住民などを中心とした）社会や自然環境に重大な不利益をもたらす企業や病院，警察，官庁などにおける組織的事象・現象のこと」である。

こでは，意図的か非意図的かに関わらず結果的に社会に重大な不利益をもたらすような事象については，この組織不祥事の定義の中に含めることにしたい。なぜなら，図らずも起きてしまった出来事（たとえば工場における事故や医療事故など）でも，社会あるいは自然に対して不利益を与えることには変わりないし，またそういった事故の多くはその結果にいたるプロセスにおいて何らかの問題や不手際があることが多い。そのため，意図的ではないものについてもそれを問題視し，分析の対象とすることは意義があるといえるからである。ちなみに，はじめから違法行為や逸脱行為を行なうことを目的としてつくられた組織（犯罪を目的とした組織）の起こす社会や自然への不利益については本書では対象外とする。

　さらに付言すれば，組織不祥事には，法に直接触れるあるいは社会に直接不利益をもたらすいわば目に見える不祥事と，法に触れるわけではないが，社会に間接的に悪影響を及ぼすようないわば目に見えないもの（そのものの意図せざる用途が犯罪やモラル違反を促すような製品の製造販売など）の2つがあると考えられる。目に見えないものとしては，たとえば，犯罪やモラルに反する行為を助長する一部インターネットサイトや携帯サイトの運営あるいはその許可（ISP（internet service provider）によるwebページ公開用スペースの提供）などが考えられる。直接的で目に見える不祥事も問題であるが，間接的で目に見えないこのようなものも非常に重大な問題である。間接的で見えづらい分，むしろそちらのほうが社会を蝕む根深い問題かもしれない[5]。しかし，本書では，組織不祥事分析の第一歩としてまずは本項冒頭で例示したような直接的で目に見える不祥事を扱っていくことにする。

第2項　組織不祥事の由々しき現状
―社会を軽視する組織の横暴―

　さて，上述のような組織不祥事は，何も今始まった新しい問題ではなく，その歴史は古い。戦後日本に限っても，たとえば，戦後間もなくは1948年

の昭電疑獄など企業と政治家との間の贈収賄事件が相次ぎ，その後1955年のイタイイタイ病の表面化以降，60年代を中心に公害問題などが社会問題化している[6]。また，1970年代に入ると，オイルショックによる世界的な景気の低迷と前後して，政府（ウォーターゲート事件など）や企業の不祥事（ロッキード事件など）が国内だけでなく世界各国で相次いでいる。ちなみにこの頃より，日本でもアメリカでも「企業の社会的責任論」が盛んに論じられるようになっている[7]。さらに，1988年にはリクルート事件，そして1990年代に入ると，ゼネコン汚職，銀行や証券会社などの相次ぐ総会屋利益供与事件などが起こっている。ちなみにこの頃より日本では，「経営倫理」，「企業倫理」論が盛んに論じられるようになっている[8]。

　企業の動向が中心となったが，このように組織不祥事は，決して新しい問題ではない。そして，今なお不祥事は相次ぎ，むしろ今まで以上に昨今の日本では，事態が深刻化しているように感じる。とりわけ，今日（1999年頃から現在にかけて）相次ぐ組織不祥事は，90年代に起きた不祥事と質を異にし，企業なら顧客（病院なら患者，警察なら市民）を中心に社会が蔑ろにされ，それらが直接不利益を被るような事象が多い（図表1-2参照）。また，図表1-3-①の新聞記事のように医療の現場においては，2004年10月

図表1-2　昨今の組織不祥事

1997年	ミドリ十字薬害エイズ事件
1999年	㈱JCO臨界事故
1999年	横浜市立大学付属病院患者取り違い事故
2000年	三菱自動車リコール隠し事件
2000年	雪印乳業集団食中毒事件
2001年	東京女子医科大学病院医療事故・隠蔽事件
2002年	東京電力・東北電力・中部電力原発点検の虚偽記載，隠蔽事件
2002年	雪印食品・日本ハム牛肉偽装事件
2002年	ダスキン（ミスタードーナツ）無認可添加物入り肉まん事件
2002年	三菱ふそうトラック車輪脱落死傷事故
2002年	慈恵医大青戸病院医療事故
2003年	NTTドコモ関西など相次ぐ個人情報漏洩事件
2005年	JR西日本宝塚線（福知山線）脱線事故
2005年	耐震強度偽装事件
2006年	ライブドア事件
2006年	シンドラー社製エレベータ故障死亡事故

から2005年3月までの半年間で医療事故が533件（うち死亡83件）も起きている。さらに，財団法人日本医療機能評価機構医療情報防止センターによると，2005年1年間では，ヒヤリハット（あと一歩で事故になっていたであろう事故のニアミス）が182,898件，医療事故が1,265件，（うち死亡事故169件）も発生している（図表1－3－②)。

図表1－2および1－3は，昨今の組織不祥事のごく一部だが，たったこれ

図表1－3－①　重大医療事故　朝日新聞（東京朝刊）2005年4月16日

重大医療事故 半年で533件

報告義務化 主要276病院など対象

先月末まで 死亡83件

患者が死亡するなどの重大な医療事故が、大学病院や国立病院などの主要な病院で今年3月末までの半年間に533件に達し、うち死亡例が83件にのぼることが15日、財団法人「日本医療機能評価機構」（東京都千代田区）のまとめで明らかになった。厚生労働省が昨年10月に、大規模な病院を対象に報告を義務化して以降、報告書が公表されたのは初めて。機構は今後、事例を分析し再発防止に役立てたい考えだ。（田中光）

報告が義務化されている276病院が抱えるベッド数は14万7千床にのぼり、中小病院を含めた全国の約1割にあたる。罰則規定がない義務化とはいえ、医療事故の一端が浮き彫りになった一方、記入漏れも多かった。

報告義務があるのは、①明らかな過誤で患者が死亡もしくは障害が残った②明らかな過誤は認められないが医療行為や管理上の問題で患者が死亡するか障害が残った、などのケース。

機構の報告書によると、報告義務病院のうち、123病院から482件の報告があげられた。義務化されていない医療機関も257カ所が登録、その中から51件の報告があり計530件を超えた。自主的に報告した病院数は明らかにしていない。

高度な専門医療を担う特定機能病院は63病院、343件だった。

533件の事故を発生状況別でみた場合、手術やカテーテルなどの「治療処置」に伴うケースが162件（30・4％）と最多で、気管内吸引などの「療養上の世話」が117件（22・0％）と続いた。

例えば、手術で体内に異物が残った例は16件。ガーゼや縫合針に加え、鉗子、ねじ、スプーンなどもあった。報告書は「手術後のX線撮影により残存物の有無を確認する方法の不備」を指摘している。

また、事故の程度別では死亡が83件、障害が残る可能性があるケースが328件。残りの122件は不明などだった。

一方、患者の年齢や性別、担当した医師の経験期間などを選ぶ形式の報告では、基礎的な情報をあげていない場合が多かった。

記述形式でも「重要な情報が不足している」とし、機構側は「まだ初回なので、病院側が特定を恐れている可能性がある」と推測している。

医療過誤の実態は不明

《解説》全国の病床の約1割にすぎない対象病院だけでも、半年間に500件近い事故が起きていることがわかった。日本の医療機関でどのくらいの医療事故が起きているかを示す統計はない。今回の数字で、実際に発生している医療事故はかなりの数にのぼることが推測される。

ただし、今回の公表データからは、「医療過誤」に分類される事故の発生状況はわからない。誤った医療や管理が明らかな場合とそうでない場合のどちらも報告を求めたが、その内訳は示されていない。

事故に関する事実関係の把握が不十分だったり、原因が分析されていなかったりするケースが少なからずあった。事故を起こした医療機関の院内調査が不十分であれば、たとえ報告されても同種事故の再発防止に生かすことは難しい。

事故調査の質を高めるためには、医療機関が院外の第三者の協力を得ているかどうかなどをチェックして客観性を担保することも必要だろう。（編集委員・出河雅彦）

キーワード　日本医療機能評価機構と医療事故　病院の医療体制やサービスの質などを審査する第三者機関の財団法人。旧厚生省や日本医師会が95年に設立した。厚労省は04年10月から、大学病院など276病院（3月末現在）を対象に、医療事故が発生した際は同機構に報告するよう義務づけている。事故が発生すると、病院は、発生の日時や場所、患者の性別、年齢、関係した医療関係者の経験年数、専門医資格の有無や事故の内容などを発生から2週間以内に同機構に報告。同機構はこれらの事例を分析し、インターネットなどを通じて公開する。

図表 1-3-② 平成 17 年 財団法人日本医療機能評価機構医療事故防止センターに報告された医療事故

	報告参加登録医療機関総数	報告件数
ヒヤリハット	1,274 機関	182,898 件
医療事故	義務 272 機関 任意 283 機関	義務機関 1,114 件 任意機関 151 件 うち死亡事故 169 件

出所：財団法人日本医療機能評価機構医療事故防止センター「医療事故情報収集事業平成 17 年年報」を参考に筆者が作成 (http://jcqhc.or.jp/html/documents/pdf/med-safe/year-report.pdf) (2006 年 12 月現在)。

だけでも社会を軽視した組織の横暴を見て取ることが出来よう。企業買収が話題に上る現在，企業は誰のものかがよく問われているが，それと同時に，このような不祥事の頻発からも企業や病院や警察（そしてその中核を担う組織）は，誰のために，何のためにあるのかが問われている。

第 3 項　問題提示

　組織社会の時代といわれて久しいが[9]，組織はセルズニックがいうところの制度，つまり社会の公器であり，その存在意義は，小林敏男教授によれば，組織の内外問わず「他者の人格への平等な配慮」をしながら個人の自己実現と社会性を確保した協働の場であることにある。小林教授は，これを組織の正当性という[10]。また，小笠原英司教授が言うように，協働なくして生きられない世の中で，協働システムは「協働生活の場」であり，組織はその中核である。小笠原教授は，経営は生きることそのものであり，経営を学ぶことは生きることを学ぶことだとも言う[11]。つまり，組織は，人々（とりわけ組織貢献者たち）が協働を通して自己を実現し幸せに人生を生きるための場（存在）なのである。そして，そこから容易に理解できることは，その組織の活動を統制・調整する活動であるマネジメントは，組織の維持存続を見据えながら，組織の有効性と能率に加え，この上述のような場としての役割を達成するための活動でなければならないということである。「はじめに」で示したとおり，あくまで筆者の個人的価値観になってしまうかもしれ

ないが，価値の相対化が進み物事の正否・善悪が判然としない世の中では，個人であろうが組織であろうが物事の正否・善し悪しは，協働の中で各自が他者を想い，理解し，そして心を配り，ときに労わる気持ち，小林教授の言と重なるところがあるがつまり各自の「他者への配慮」の有無で決まるのではないかと考える[12]。非常に大雑把な筆者の倫理的態度（価値判断）であるが（こうした研究者の価値の問題まで踏み込むことに関する問題は「おわりに」で検討する），この配慮を失い，他者を傷つけ社会における協働を壊すような組織の活動は，その組織の組織としての社会的存在意義を失わせる。上述したような組織不祥事は，コンプライアンスへの抵触云々に関わらず，まさにこれに当たり，組織の存在意義が問われる重大な問題なのである。

さて，なぜ組織は時にこのような（存在意義を問われるような）組織に堕してしまうのだろうか。すなわち，なぜ組織は時に前項で述べたような不祥事を起こしてしまうのだろうか。それを予防するにはどうすればいいのか。さらには，不祥事を起こしてしまった組織は，その後社会の公器としてどのように再生し信頼を回復していくべきなのだろうか。筆者の問題意識はそこにある。

あらためて，「はじめに」で述べた本書の目的を示すことにしよう。本書筆者は，このような組織の起こす不祥事の発生メカニズムを明らかにするモデルの構築を試み，それを基に組織不祥事を取りまく経営実践（不祥事の予防，不祥事を起こしてしまった組織の再生など）に対する何らかのインプリケーションを探ることを研究の目的としている。とりわけ本書は，冒頭から述べているように文化，とりわけ組織文化（論）に注目し，ギデンズの構造化理論を組織文化論へ応用したモデルを用いてそれ（不祥事の分析モデルの構築と経営実践への若干のインプリケーションの導出）を行なおうと考えている。

図表 1-4　筆者の倫理的態度と組織の存在意義

個人であろうが組織であろうが物事の正否・善し悪しは，協働の中で各自が他者を想い，理解し，そして心を配り，ときに労わる気持ち，つまり「**他者への配慮**」の有無で決まる。 それゆえ，社会における**組織の存在意義**は，「組織が，人が生きていくうえで不可欠な社会での協働を，**他者への配慮ある協働として実現できるか否か**」である。

図表 1-5　本書の目的（流れ）

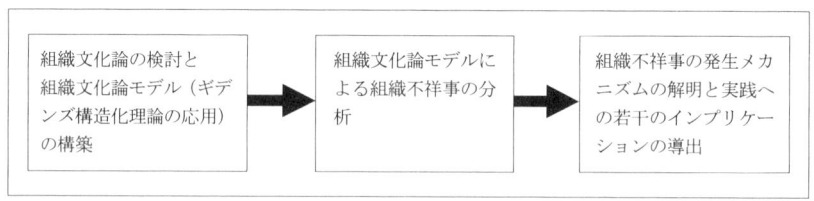

　さて，ではこの目的を達成するために，次節からモデル構築のための準備的考察を始めることにしよう。まずは組織文化論をもって不祥事を分析する理由（意義）について説明していくことにしよう。

第2節　組織不祥事を引き起こす重大な一因としての組織文化
―組織不祥事を紐解くために組織文化論を用いる理由―

第1項　組織不祥事を引き起こすさまざまな要因

　本節では，組織不祥事を「組織文化（論）」を用いて分析する理由について論じていくわけであるが，「組織文化」以外にも組織不祥事を引き起こす要因はいくつもあり，それゆえ，組織不祥事を分析するアプローチも組織文化論以外に数多くある。では，なぜ本書では組織文化（論）を用いようとするのか。まず本項では，組織不祥事を引き起こすだろういくつかの要因（およびそれによる組織不祥事発生に関する理論的説明）を紹介し，その上で，次項において「組織文化」を重大な要因とみなし組織文化論による分析を試みる理由について論じて行きたいと考えている。
　さて，組織不祥事を引き起こす要因はさまざまあるが，ここでは次の5つをとり上げてみることにする。

(1)　個人あるいは組織の極めて合理的な選択
　まず1つ目の要因は，個人あるいは組織の合理的な選択である。組織ある

いは構成員の合理的な選択の結果，不祥事が導かれるというわけである。もう少し詳しく述べるならば，組織あるいはその構成員は，「フォーマルな処罰に対する懸念，インフォーマルな処罰に対する懸念，違法なことを行うことに対する道徳的な抵抗感，規則に従うことで被るコスト，規則・司法手続きに対する正当性の意識，規則を無視することで得られる利益，自尊心の喪失などを計算し，さらに各企業の置かれている市場・技術・統制環境の現状や組織の形態（規模）や活動状態（可視性の程度）などの特徴を考慮」[13]した上で，犯罪から得られる利益がそのコストを上回ると判断したときに逸脱行為を行なう（不祥事が発生する）のである。このような合理的な選択が組織不祥事を引き起こす第1の要因である。

(2) 社会心理的要因その1　差異的接触（differential association）

これは，ホワイトカラー犯罪研究で著名なサザーランド（E. H. Sutherland）が提唱する要因である。差異的接触とは，「利益のためには違法なことも職務上必要なこととして平然と行なう態度」[14]を職業文化として身につけたベテラン，上司，同僚などとの接触のことをいう。そして，サザーランドに従えば，そういった接触（相互作用）を通して犯罪行為を善しとする規範を学習することで不祥事が導かれることになる。このような差異的な接触が組織不祥事を引き起こす第2の要因である。

(3) 社会心理的要因その2　無責任の構造

岡本浩一教授は，組織不祥事を引き起こす要因として，組織あるいはその構成員が盲目的な同調や服従を心理的規範とし，良心的に問題を感じる人たちの声を圧殺し，声を挙げる人たちを排除していく「無責任の構造」と呼ばれるものがあるとする[15]。この無責任の構造は，同調や服従，認知的不協和，リスキーシフトなどといった社会心理的要素によって構成されており，このような社会心理による無責任が組織不祥事を呼び起こすと主張している。ここで，同調とは，自分と同じ意見（たとえば「違法行為はよくない！」）の人がいない場合，人は自らの意見に不安を覚え他者の意見（「バレ

10　第1章　組織不祥事を紐解くための組織文化論モデルの構築の必要性

図表1-6　組織不祥事に関わる認知的不協和とその解消

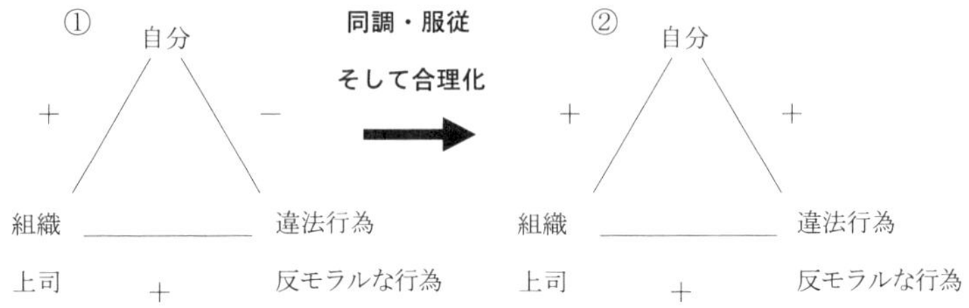

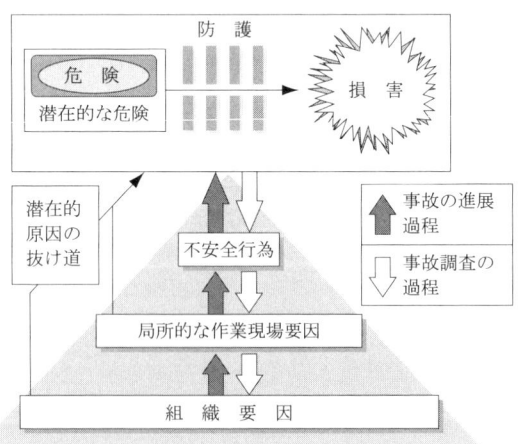

①自分は，上司に好意的で，組織のために頑張りたい（＋）。かつ，自分は，曲がったことが大嫌いで，違法・反モラルなんてもっての外だと考えている（－）。しかし，実は，上司を含めた組織全体が競争に勝つためなら多少の違法行為は構わないと思っていて（＋），自分にもそれを迫ってきた→認知的不協和。
②不協和を解消するために，組織と同じ価値を内面化する（多少の違法行為も善しとする）。

図表1-7　組織事故

組織事故の進展および調査の過程

図の上部の長方形は，事象の主な要素を示す。三角形は，事象をつくり
出すシーケンスを表す。これには三つのレベルがある。人（不安全行為），
作業現場（エラーを誘発する条件），そして組織である。黒い上向きの
矢印は，事故の進展過程を表し，下向きの矢印は調査の過程を示している。

出所：J. Reason, *Managing The Risks of Organizational Accidents,* Ashgate publishing limited., 1997.（塩見弘監訳，高野研一・佐相邦英訳『組織事故』日科技連，1999年, 21頁。）

なければ違法行為してもいい！」）に同調するという人間の性向のことである。また，服従とは，社会的圧力に従って自分の意に反した行為（たとえば不祥事に繋がる違法行為）をすることである。また，認知的不協和とは，「認知要素（知識）間に矛盾した関係（不協和的関係）が生じると，それを解消し協和的関係を作り出すように行動や態度変化が起こるというもの」[16]である。ここでは，この認知的不協和そのものが問題なのではない。上述した同調や服従における不協和（組織への参加欲求 vs. 倫理観）を協和関係へと調整するにあたって行なわれる自分の行為（違法行為）を正当化するような合理化（バレなければ違法行為をしてもいいという価値の内面化）が問題なのである。また，リスキーシフトとは，集団浅慮の１種であり，集団による意思決定は個人で意思決定を行なうときよりも危険度の高い選択を行なうという性向である。このような社会心理的要素によって構成される無責任の構造が組織不祥事を引き起こす第３の要因である。

(4) 深層防護のほころび

これは，組織事故論で有名なリーズン（J. Reason）の示す要因で，彼によれば，組織不祥事（とくに事故）は，次のようにして起こる[17]。つまり，組織の持つ潜在的な危険性をカバーする深層防護（規則や手順書，訓練，管理業務，資格認定といったソフトな防護と工学的な安全施設・設備や警報，非破壊検査などのハードな防護）が，組織的要因（経営層の意思決定，予算配分，人員配置，計画，意思疎通，管理など），局所的な作業現場要因（過度のタイムプレッシャー，不適切な道具や装備，訓練不足，人手不足など）によって誘発される従業員たちの不安全行為によってほころびることで，潜在的だった危険性が顕在化し，それによって組織全体ないし組織の外部にまで損害がもたらされる（事故が発生する）のである。

(5) アノミー（anomie）[18]

このアノミーは，もともと社会学者デュルケム（E. Durkheim）によって提唱された概念であるが，組織不祥事を引き起こす要因（およびその説

明）としては，そのデュルケムのものともう1つマートン（R. K. Merton）のものがよく引き合いに出される。ただし，両者とも一般的な犯罪など逸脱行為の要因として論じられたもので，特別，組織不祥事の要因として論じられたものではない。しかし，文化相対主義などによる社会的な規範の動揺や不景気などによる社会の緊張状態をきっかけとして組織不祥事が生まれるという可能性は，大いにありうるだろう。そのためここでは，組織不祥事を引き起こす要因のひとつとしてとり上げることにする。

　まず，デュルケムのいうアノミーとは，欲求を規制・コントロールする社会的権威や規範の拘束力が弱体化した社会の状態のことを言う。デュルケムは，とりわけ産業化に伴い伝統社会から現代社会へと世の中が変化していく過程の中でそれを読み取り，「自殺」という問題と絡めてそのアノミー状況の事の重大さについて論じたことでも有名である。さて，そのデュルケムのアノミーを使うと，組織の不祥事は，次のように説明できる。つまり，急速な社会環境の変化に伴う社会的規範の動揺・弛緩・崩壊がもたらす欲求や行為の無規制な状態（アノミー）が無計画な生産や露骨な利害衝突（組織あるいは組織構成員の過度の利己的な活動）を起こさせ，それが不祥事（犯罪）を招くのである。

　つぎに，マートンのいうアノミーとは，デュルケムのそれとは若干異なり，社会における文化的目標（誰もが達成することを望ましいとされる）とそれを達成するために利用可能な制度的手段との乖離から生じる緊張状態のことを言う。つまり，達成を望むあるいは期待される目標（金銭的成功や権力など）に対して，社会階層の差などから自らがその手段（経済力，高等教育を受けるチャンス，職業など）に恵まれていないといった状況で起こる緊張のことである。マートンの言うこのアノミーを援用すると，組織不祥事は，組織に求められている目標（財務目標など）とその状況で組織が利用しうる手段（人・モノ・金・情報など）の乖離から生まれる緊張状態の中で，目標を達成しようと逸脱し，生じると説明しうる。

　さて，以上が組織文化以外の組織不祥事を引き起こす要因として考えられ

図表1-8　組織文化とその他の不祥事要因との関係

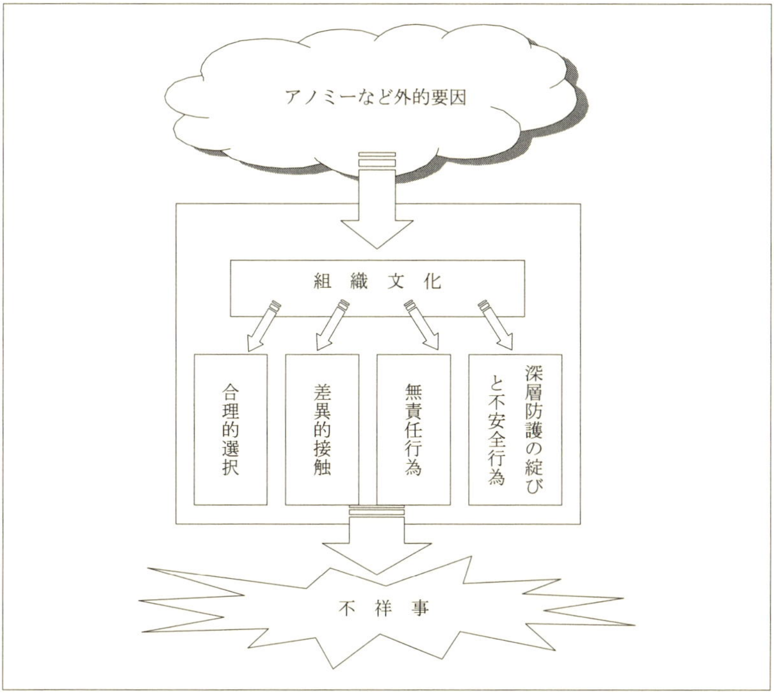

[図：アノミーなど外的要因 → 組織文化 → 合理的選択／差異的接触／無責任行為／深層防護の綻びと不安全行為 → 不祥事]

るものである。(1)～(4)までは，組織あるいは個人行為に関するいわば組織内の要因であり，(5)（とくにデュルケム）は，組織や構成員を取り巻く環境に関するいわば組織外の環境要因であるといえよう。本書では，以上の要因よりも「組織文化」が重大な要因であると捉え，組織文化論を用いた不祥事分析を試みようと考えている。なぜなら（次項の結論を先取りして言えば），組織文化は，組織における共有された価値や意味の体系であり，すなわち認識や行為の根底をつかさどっており，以上の要因(1)～(4)のような選択や心理，行為に至らしめる，そして要因(5)のような状況で組織に不祥事を行なおうと認識させるその根底に，それを「正当」な認識，選択，心理，行為だとさせる「組織文化」が深く関与していると考えるからである（図表1-8）。実は，上述の各要因に関する研究それぞれもこの文化の関与を前提としてい

る。たとえば，(1)の合理的選択に関する理論では，組織が不祥事に繋がるなんらかの選択を合理的だと判断する奥には，組織構成員ないし組織そのものがそれを合理的と捉える共有された価値観，つまり文化の存在があると考えられている。アメリカ企業の無責任行動（不祥事）を研究するミッチェル（L. E. Mitchell）は，労わりの心や気遣いの心を蔑ろにした行き過ぎた個人主義，自由主義的価値観とそのもとでつくられた企業を取り巻く法や制度が相俟って，コストを外部化し短期的な株価最大化に執着した行動こそが合理的であり，そのためには無責任な行動（不祥事）も合理的であると米企業に誤った判断をさせているとしている。また，(2)や(3)の研究では，すでに本書のそれぞれの説明の中で触れられているとおり，何らかの価値・文化への同調の結果として不祥事が起きるとしているし，(4)に関する研究では不祥事を防ぐ根本的な策として文化の洗練を主張している[19]。

以上のようなことからも本書が「組織文化」を組織不祥事の重大要因として推し，それを用いて組織不祥事を分析しようとする意味がある程度理解できるだろう。では，その意義・理由についてさらに深く理解するために，次項では「組織文化と正当性」をキーワードにさらに突っ込んだ議論をしていくことにしよう。

第2項　組織不祥事を引き起こす重大な一因としての組織文化
　　　　　―組織文化と正当性―

(1) 組織文化とは

組織文化を推す理由を示すにあたり，まず本項では，本書でこれまで疎かにしていた「組織文化（Organizational culture）」の概念そのものについて（組織文化概念が組織論において取り沙汰される背景などについて踏まえながら）検討することにしよう。

そもそも「組織文化」は，1970年代後半に登場し，1980年代に入りピーターズとウォーターマン（T. J. Peters & R. H. Waterman）による「超優良企業になるために組織が備えるべき特質」[20]について記した『エクセレ

ントカンパニー』の発表などによって大きな注目を浴びるようになった，言葉としては比較的新しい概念である。「言葉としては」としたのは，組織における価値や信念，意味の重要性は，バーナード（C. I. Barnard)[21]の「組織道徳」，セルズニックの「組織性格（Organizational character)」[22]，

図表1-9　組織文化概念あれこれ[23]

研究者	組織文化概念（および説明）
① シャイン (E. H. Schein)	ある特定のグループが外部への適応や内部統合の問題に対処する際に学習した，グループ自身によって，つくられ，発見され，または発展させられた基本的諸仮定のパターン――それはよく機能して有効と認められ，したがって新しいメンバーにそうした問題に関しての知覚，思考，感情の正しい方法として教え込まれるもの。
② ディール＆ケネディ (T. E. Deal & A. A. Kennedy)	理念，神話，英雄，象徴の合体。人が平常いかに行動すべきかを明確に示す，非公式な決まりの体系。 文化には，①たくましい／男っぽい文化，②よく働き／よく遊ぶ文化，③会社を賭ける文化，④手続きの文化の4タイプがある。強い文化の形成・維持のためのシンボリックマネジメントは，管理者の重大な役割のひとつ。
③ コッター＆ヘスケット (J. P. Kotter & J. K. Heskett)	ある1つの集合体に共通して見出せる相互に関連し合う価値観（不可視で変革しにくい）と行動方法（可視的で変革しやすい）のセット。
④ ウィルキンス＆オオウチ (A. L. Wilkins & W. G. Ouchi)	組織にとって特別な意味を持つ「奥深い」共有の社会的知識。
⑤ グレゴリー (K. L. Gregory)	過去の経験を手本として学びとられた様式。特定の生活様式を示す多くの行動や習慣を伴う意味体系。
⑥ シャール (M. S. Schall)	相対的に永続し，相互依存の関係にある1つの象徴的な価値，信念そして理念の体系。 そして，それらは，相互に作用し合う組織メンバーによって作り出され，不完全な形ではあるが共有されている。そのため行動についての説明，調整，評価を可能とし，また組織秩序のなかで生じる刺激に共通の意味づけをすることを可能とする。
⑦ シュルツ (M. Schultz)	社会的に構築されたシンボルと意味のパターン。
⑧ 佐藤郁哉＆山田真茂留	個々の組織における観念的・象徴的な意味のシステム。 組織は文化を持つとともに，それ自体文化として存在し，かつ（組織内外の多様な）文化の網の目の中にある。 要素として①儀礼②遊び③表象④共有価値⑤無自覚的前提を含む。

図表1-10 本書における「組織文化」の概念定義

組織文化とは，「組織で共有された価値と意味のセットないし体系」である。

図表1-11 本書における「マネジメント」の概念定義

マネジメントとは，組織の維持・存続に向け，組織の活動を統制・調整し，組織の有効性と能率そして社会性（社会における協働の場としての存在意義）の達成を図る活動のことである。

リットビンとストリンガー（G. H. Litwin & R. A. Stringer, Jr.）ら組織開発論者の「組織風土（Organizational climate）」[24]概念などによって既に唄われているからである。

その組織文化は，オイルショック後の世界的な不景気の中，上述したようなエクセレントカンパニー研究に代表される「組織の価値観が組織の業績に影響を与えるのではないか？」という実践的関心に，コンティンジェンシー理論批判（組織の主体性の欠如，環境決定論的），戦略経営論批判（分析麻痺症候群，合理的分析手法への懐疑）などの学史的流れも手伝って1980年代にいわゆる「ブレイク」をした。そして，いまや経営学の中でひとつの地位を築いているわけであるが，そのブレイク時を中心に，組織文化は，数多くの研究者に研究され，数多くの概念定義がなされている（図表1-9）。

図表1-9で示した概念定義は，そのほんの一部である。詳細は，第2章で検討するが，組織文化論には，機能主義（functionalism）アプローチとシンボリック解釈主義（symbolic-interpretivism）アプローチという科学観や問題意識の異なる2大潮流が存在する。図表1-9では，その2派を混在して掲載しているが（①〜④機能主義，⑤〜⑦シンボリック解釈主義，⑧は2派の折衷），図表を見てわかる通り，この概念のみを見る限りにおいては然たる相違は感じられない。本書では，これら先行研究の概念定義およびここで紹介しきれていないさまざまな組織文化研究に関する議論を考慮に入れて，組織文化を以下のように定義したいと考える。つまり，組織文化とは，「組織で共有された価値と意味のセットないし体系」である。また，組織文化は，詳細には第3節で検討するが，組織のすべての構成員の相互行為

（マネジメント活動を含めた組織におけるあらゆる活動）を中心に，組織そのもの，そして外部環境（社会（政治，文化，経済を含む）や自然）などの間での複雑な相互作用の中から創造・共有され，またそれらに再帰的に影響を与えるものである。ちなみに本書（筆者）において「マネジメント」とは，前述したように，組織の維持・存続に向け，組織の活動を統制・調整し，組織の有効性と能率そして社会性（社会における協働の場としての存在意義）の達成を図る活動のことである[25]。

(2) 組織における正当性の根拠と組織文化

さて，繰り返しになるが，組織文化とは，組織で共有される意味と価値の体系である。そして，それは，マネジャーたちも含めたすべての組織構成員の相互行為（マネジメント活動を含めた組織におけるあらゆる活動），組織そのもの，そして外部環境などとの間での複雑な相互作用の中から創造・共有されていく。とりわけ，組織構成員たちの相互行為は，この組織文化創造の中核となる作用である。組織の構成員たちは，トップマネジメントの価値観（理念や信念，宗教観）に強く影響を受けながら，それを指針とし，自分たちでそれまで培ってきた価値観などをも持ち込みながら，さまざまな問題に対して試行錯誤，成功と失敗を繰り返していく。組織では，この成功体験や失敗体験の積み重ねを中核としながら「○○はこうすべきだ」とか「△△はこういうものだ」といった物事の考え方やその正否（何が正しく，何が正しくないか），善悪（何が善く，何が悪か）に関する意味や価値（つまり組織文化）を醸成していく。そして，以降，組織の構成員たちは，この組織文化に基づいて現状を認識し，ここではどうすることが正しいのか，善いのかを判断し，どうすべきかを決定，行為するようになる。すなわち，組織文化は，組織におけるあらゆる認識，判断，決定，行為の正しい方法（環境認識，戦略策定，組織構造の決定といったトップマネジメントたちの活動からその他の構成員たちのさまざまな心理，意思決定，行為まで）の根拠となる，つまり組織のあらゆる活動の正当性の根拠となるわけである。また，組織文化があらゆる活動の正当性の根拠となることの正当性は，当該文化の醸

成に関連した成功／失敗体験（およびその組織文化に基づいた活動による同様の体験）がその根拠となり，また，とくに歴史ある組織の組織文化にあっては，新しい構成員に対して神話や英雄伝説という形をとって語り継がれ，活動の正当性の根拠となる組織文化と，組織文化の正当性の根拠が保持されていく。また，組織文化は，利害関係者を中心とした社会からの正当性の評価と指導（いわゆるガバナンス）にさらされている。その評価と指導は，組織文化醸成の一影響力となり，組織の活動の正当性の根拠，ひいては組織文化の正当性の根拠になっている（図表1-12）。

以上は，多くの組織文化論（特に機能主義に多いが）の主張から容易に導かれるものである。この正当性の議論，とくに正当化のメカニズムなどに関する議論は，ウェーバー（M. Weber）の議論（支配の正当性）を筆頭とする数ある正当性の議論の中でも，バーガー&ルックマン（P. Berger & T.

図表1-12　組織文化による組織の活動への正当性付与と組織の活動などによる組織文化への正当性の付与

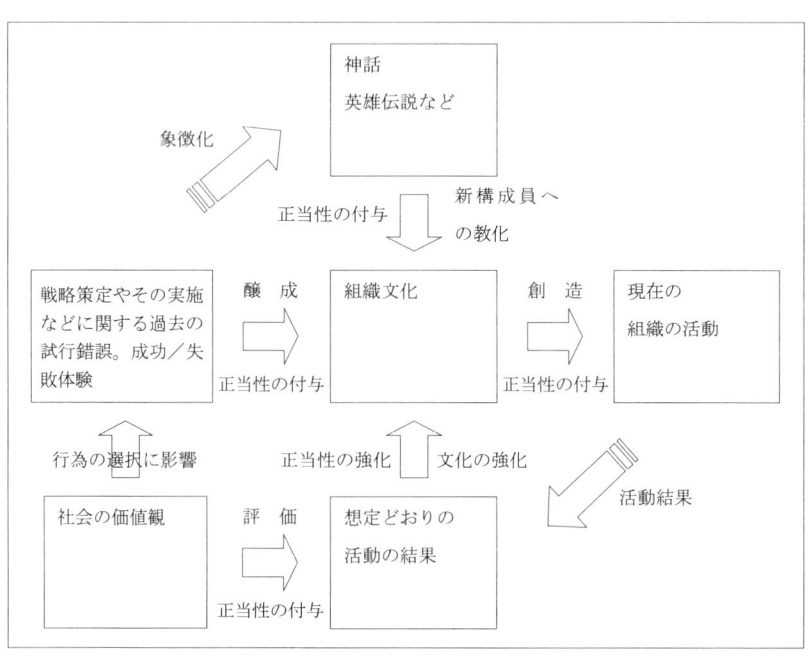

Luckmann) のそれ（構成された社会の正当性に関する議論）に近いところがある[26]。また，前述の小林敏男教授の議論（組織の正当性）は，本書流に言い直せば，組織の内外問わず「他者の人格への平等な配慮」をしながら個人の自己実現と社会性を確保する協働を行なうことを常に正しいこと，善いことだと捉える組織文化を醸成した組織こそが，組織として社会に存在する意義がある（その存在を正当化される）という議論であり，本書の考える組織（組織文化）のあるべき姿は，小林教授の主張に極めて近いといえる。

さて，組織文化は，上述のように，主に成功体験などを正当たる根拠として醸成され，翻って組織の活動に対する正当性の根拠となる。そして組織およびその構成員たちは，それらに基づき現状を認識し，意思決定し，行為する。つまり，組織文化は認識・決定・行為の正当な根拠としてつねにそれらの根底に強く影響していることになる。それゆえ，前項に挙げた組織不祥事に繋がるような問題のある認識・選択・心理・行為に対しても，組織文化は，それを正しいとする正当性を与える根拠となっているわけである。たとえば，その文化に基づくからこそ，不祥事に繋がる選択が合理的に思え，また不安全な行為も安全に見える。そして，その文化に基づくからこそ，同調・服従による不協和解消の先が不祥事を善しとする価値の内面化になるのである。このようなことから，組織文化は，先に挙げた不祥事要因よりもさらに重要な要因だと考えることができるのである。

もちろん，組織文化の存在がいつでも問題であるわけではない。そうではなく，それは，以下で示すように，当該組織文化が社会道徳との間に大きな乖離を孕んだものである場合（筆者の倫理的態度を持ち出せば，他者への配慮ある協働の実現に反する文化である場合），反社会的な不祥事に繋がる活動を正当化してしまう非常に重大な問題要因となるのである。

(3) 組織において正当性の根拠となる価値観（組織文化）と社会道徳との乖離

上述のように，組織文化は，複雑な相互作用の中から醸成され，組織の認識・決定・行為の正当性の根拠となる。しかし，ときにその文化は，あまり

に組織特有で社会の価値規範（道徳も含む）とはかけ離れ，社会を蔑ろにした活動（本書の倫理的態度に従えば，それは他者への配慮に欠いた活動）を正当化する根拠となる場合がある。本来，組織文化は，上述のとおり，社会との相互作用や社会の構成員でもある組織の構成員たちの持ち寄る道徳的価値観なども相俟って醸成されていくものである。また，それは，つねに利害関係者を中心とした社会からの正当性の評価と指導（いわゆるガバナンス）にさらされ，それらの影響力の中で醸成されていくものでもある。それゆえ，組織文化は，社会道徳と親和性のあるもの（社会に開かれたもの）になるはずである。しかし，価値の相対化の所為か，外部環境からの圧力（ガバナンスではなく，競争圧力や法制度などの圧力など）の所為からか，ときに組織は，閉じた（社会を蔑ろにした）組織文化をつくってしまうのである。このような組織文化は，社会の道徳に反する行為までをも容認（正当化）し，組織を不祥事に至らしめる。社会の中の一存在である組織にとってその行動が本当に機能的か否か（つまりその行動が社会にとって有益か否か），他者への配慮ある協働が出来ているか否かが顧みられず，社会からの正当性の評価をうまくすり抜け，組織固有の正当性が一人歩きしてしまうのである。

　ある鉄道会社の脱線事故もある自動車会社のリコール隠しも，ある病院組織の医療事故の隠蔽も，顧客や患者の安全（他者への配慮）よりも競争に勝つこと，利益を獲得することを優先することに正当性を与えた組織文化の所為だと言われている。なぜ，そして，どのように，このような組織文化が醸成され，組織不祥事が起きてしまったのであろうか。本書の第一の目的はこの解明にある。

　また，本項のタイトルからはずれるが，社会そのものの腐敗（道徳性の欠如，他者への無配慮）が組織文化を腐らせ，組織不祥事を導くということもあるかも知れない。これは，非常に質の悪いケースであるが，こういったケースにおける組織不祥事の分析も本書の関心の内にある。

(4) まとめ―組織不祥事分析に組織文化論を用いる理由―

本項でここまで述べてきたことからもわかるとおり，組織不祥事を分析するに当たり，組織文化に注目し，組織文化論をベースとした分析モデルを構築するという試みは，非常に意味ある取り組みであると考えられる。それゆえ，本書では，以降，本章第1節でも示したとおり，組織文化論を用いて組織不祥事を分析し，その発生の仕組みを明らかにしながら，わずかではあるが実践へのインプリケーションを示していくことにしたい。

さて，ここまで組織不祥事に組織文化論モデルを用いる必要性を示してきた。それでは，本章の残りを用いて，組織不祥事の組織文化論的分析モデルを構築するための準備的考察を行なうことにしよう。つぎの第3節および第4節では，組織不祥事を紐解く組織文化論モデルに不可欠な理論的視点と理論的要素をとりあげ，本章最後となる第5節では，それら視点と要素を包含した組織文化論モデルの組織不祥事分析モデルとしての新しい可能性について検討していくことにしたい。

第3節　組織不祥事の組織文化論的分析に不可欠な理論的視点：ミクロ・マクロ・リンク

本書では，組織不祥事を分析する組織文化論モデルを構築するに当たり，そのモデルに不可欠な理論的視点と理論的要素があると考えている。まず本節では，その理論的視点であるミクロ・マクロ・リンク（Micro-Macro Link）について検討していくことにしよう。

本節第1項では，まずミクロ・マクロ・リンクとは何かを，第2項では，組織文化を介したミクロ・マクロ・リンクについて，そして，最後に第3項では，このミクロ・マクロ・リンクという視点がなぜ組織不祥事分析に必要なのかについて検討していくことにする。

第1項　ミクロ・マクロ・リンクとは何か

そもそもミクロ・マクロ・リンク（問題）は，社会学におけるトピックである。社会学には，現在，ミクロ理論とマクロ理論の2つの分析視座が存在する。ミクロ理論とは，「社会とは複数の部分から構成される複合体であり構成要素としての部分を検討することによって」[27]社会を考察しようとするものである。たとえば，シンボリック相互作用論，エスノメソドロジー，合理的選択理論などはこのミクロ理論である。一方，マクロ理論は，「社会とは確かに複数の部分から構成されているが，そこには部分に還元できない全体としての固有の特徴を持っているとする立場」[28]の理論である。デュルケム，マルクス，フランス構造主義などがこのマクロ理論である。これまで，この2つの流れは，「社会を主題とした学的営為として，それぞれ固有の見解を提示してきた」[29]。しかし，実は，「人間は社会を構成する構成要素であると同時に社会の中で生きて社会によって形成されて」[30]もいるのである。つまり，個人のあり方，社会のあり方，その関係のあり方を語るには，個人と社会のこの相互影響関係を包括的に捉える必要があり，そのためには，ミクロとマクロの分析視座の垣根を越えた統合的な分析視座が必要なのである。このような「個人（行為）と社会の相互影響関係を包括的に捉える理論的視点」を「ミクロ・マクロ・リンク」と言い，このような視点に基づく理論の構築，その根底にある科学哲学的問題の解決を試みようという動きを「ミクロ・マクロ・リンク問題」と言う。これらは，実は「ミクロ・マクロ・リンク問題」として認識される以前にウェーバーやパーソンズ（T. Parsons）の試みによって一度は解決されたかに見えたのだが，その試みは完全な解決には至らず，現在に至っている。現在，アレグザンダー（A. Alexander），ルーマン（N. Luhmann），ハーバマス（J. Habermas），ブルデュー（P. Bourdieu）など多くの社会学者たちがこの問題に取り組んでいる[31]。

さて，このミクロ・マクロ・リンク問題は，経営組織論の分野でも同様に

第3節　組織不祥事の組織文化論的分析に不可欠な理論的視点：ミクロ・マクロ・リンク　23

起こっている。近代組織論，とりわけバーナードによって一度は統合されたミクロ＝個人（行為）とマクロ＝組織の関係を示す視座[32]が，1960年代に入り，研究領域の細分化によって，ミクロ組織論（モチベーション論やリーダーシップ論，コミュニケーション論など）とマクロ組織論（組織構造論や組織間関係論，産業組織論，ネットワーク組織論など）というようにして分裂してしまった[33]。

しかし，組織も社会同様，個人行為と創り創られる関係にある。とりわけ，組織の場合は，行為と組織と社会の間で創り創られる。それゆえ，経営組織論においてもやはりミクロとマクロをそれぞれ別個に論ずるだけではな

図表1-13　経営組織論におけるミクロ・マクロ・リンク

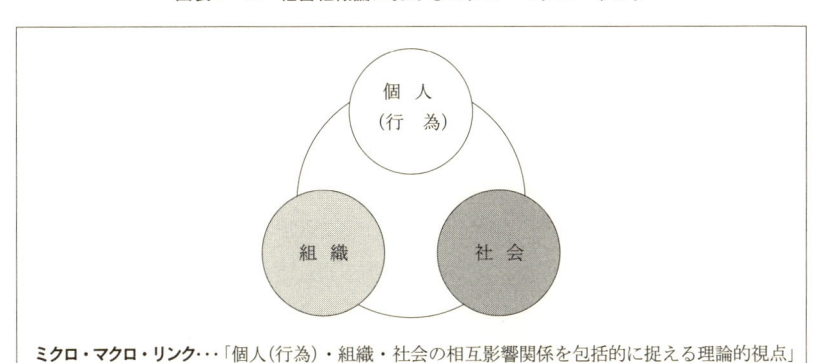

ミクロ・マクロ・リンク…「個人(行為)・組織・社会の相互影響関係を包括的に捉える理論的視点」

図表1-14　経営組織論におけるミクロ・マクロ・リンク（相互浸透）イメージ図

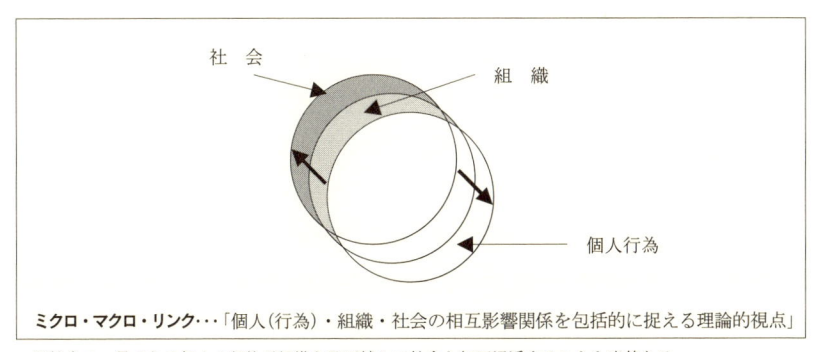

ミクロ・マクロ・リンク…「個人(行為)・組織・社会の相互影響関係を包括的に捉える理論的視点」

※社会の一員である個人の行為が組織を飛び越して社会と相互浸透することも当然ある。

く，それらをリンケージする視点が不可欠であるといえる。また，付け加えると，村田晴夫教授やギデンズの議論から，ミクロとマクロはリンク（連結）というより相互浸透（interpenetration）の関係にあると考えられる。本書におけるミクロ・マクロ・リンクのイメージもそれらに従い，図表1-13より図表1-14に近い。ここで「相互浸透の関係」とは，決して還元し得ないがお互いがお互いの一部として溶け合っているという意味である。

第2項　組織文化とミクロ・マクロ・リンク
　　　　　―その関係と6つのリンクプロセス―

　さて，経営組織論のミクロ・マクロ・リンク問題は，経営組織論の1領域である組織文化論にも無関係ではない。組織文化論には，組織文化を媒介にして，組織が個人（行為）を形成していく側面を強調する組織文化論（マクロ重視の機能主義）と，個人（行為）が組織を築き上げていく側面を強調する組織文化論（ミクロ重視のシンボリック解釈主義）が存在する（詳細は次章）。しかし，前項で示した社会学や経営組織論と同様に，どちらか一方の視点のみでは，「個人（行為）と組織の関係（およびあるべき姿）」，とくに組織文化論の場合，組織文化の醸成や変革，機能・逆機能などを媒介にした「個人（行為）と組織の関係」を十分に理解することが出来るとは言い難い。このようなことから，組織文化論においても「ミクロ・マクロ・リンク」という視点は非常に重要であると考えられる[34]。

　さて，その組織文化（その醸成や逆機能，変革など）を介したミクロ・マクロ・リンク（個人行為－組織－社会の相互影響関係）とは，もう少し詳しく述べれば，次表のような6つのプロセスを辿るものである。

　このプロセスは，便宜上，図表1-15の表と図では①～⑥と順番をつけ区切って並べているが，前述のように，また図表1-16にもあるように個人行為－組織－社会は組織文化を媒介として「相互に浸透した」不可分な関係にある。そのため，①から⑥（とくに組織内の関係）の各プロセスも，それぞれが密接に絡み合っていて不可分なものである。各プロセスがほぼ同時に起こっ

第3節　組織不祥事の組織文化論的分析に不可欠な理論的視点：ミクロ・マクロ・リンク　25

たりもし，実際はより複雑である。ちなみに，繰り返しになるが，ここで「相互に浸透した不可分な」とは，決して還元し得ないがお互いがお互いの一部として溶け合っている，滲みこみ合っているという意味である。たとえば，行為は組織文化に従って為された途端に組織の一部となって組織を創り，その組

図表1-15　組織文化を介した個人（行為）－組織－社会（環境）の相互影響関係（ミクロ・マクロ・リンク）①

プロセス	内容
①環境からの影響の過程 （環境→組織）	外部環境（社会（政治，経済，文化を含む。とくに利害関係者集団や業界などの影響力大）や自然），あるいは当該組織・構成員（個人）が関わりを持つ他の組織や集団からの何らかの影響が当該組織に及ぶ。
②組織文化の再帰的な影響過程 （組織→組織文化→個人行為）	既に組織文化が醸成されている場合，すべての構成員たちは，その組織文化に影響されながら，組織の現状を認識し，判断し，行為する。つまり，各個人は，過去に自ら醸成した組織文化に再帰的な影響を受けながら，組織の現状を認識・判断・行為するのである。また，未だ組織文化の醸成されていない萌芽期にある組織（あるいは既存の組織文化の正当性があいまいな変革期にある組織）の場合，現状の認識，判断，行為は，組織文化ではなく，各構成員，特にトップマネジメントの価値観に基づいてなされる。
③マネジメントによる組織文化生成の過程 （マネジメント→組織文化）	（②にあるように既に組織文化が根付いているあるいは組織文化が正当性を保っている組織の場合はそれに制約を受けながら），①に対応する（その際起きた何らかの対処すべき問題を解決する）ためのマネジメント活動，とりわけ何らかの理念や信念を持ったトップマネジメントによる戦略や組織構造，管理の仕組みなどの意図的なデザインとともに組織文化（価値や意味）がデザイン（生成）あるいは再デザインされ，さらにその浸透・強化のためのその他組織構成員たちへの動機づけや教育，統制や調整が行なわれる（場合によっては，この③がなかったり，③と④が逆だったりもする）。
④自生的な 組織文化生成の過程 （構成員の活動→組織文化）	（②にあるように既に組織文化が根付いているあるいは組織文化が正当性を保っている組織の場合はそれに制約を受けながら），③でマネジメントによってデザインされた戦略や構造，管理の仕組みの下で，マネジメント層以外の構成員たちは日々の活動を行なう。彼らは，その戦略や構造，管理，その下での活動を通して，③で創られた（デザインされた）組織文化（価値や意味）を洗練（強化あるいは創り直し）し，共有していく。
⑤組織創発の過程 （《行為⇔文化》→組織）	②～④の「行為と組織文化のダイナミズム（行為と組織文化の創り創られの相互作用の繰り返し）」の所産として組織が創発される。
⑥組織から環境への影響の過程（組織→環境）	⑤までで創られた組織というマクロ現象が環境に対して何らかの影響を与える。

26　第1章　組織不祥事を紐解くための組織文化論モデルの構築の必要性

図表1-15　組織文化を介した個人（行為）−組織−社会（環境）の相互影響関係（ミクロ・マクロ・リンク）②

①環境からの影響の過程 → ②組織文化の再帰的影響過程 → ③マネジメントによる組織文化生成の過程 ↓
⑥組織から環境への影響の過程 ← ⑤組織創発の過程 ← ④自生的な組織文化生成の過程

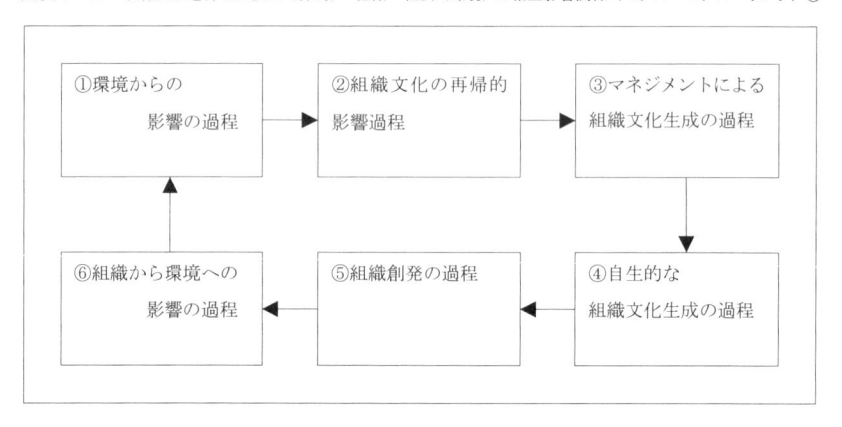

図表1-16　組織文化論におけるミクロ・マクロ・リンク（相互浸透）イメージ図

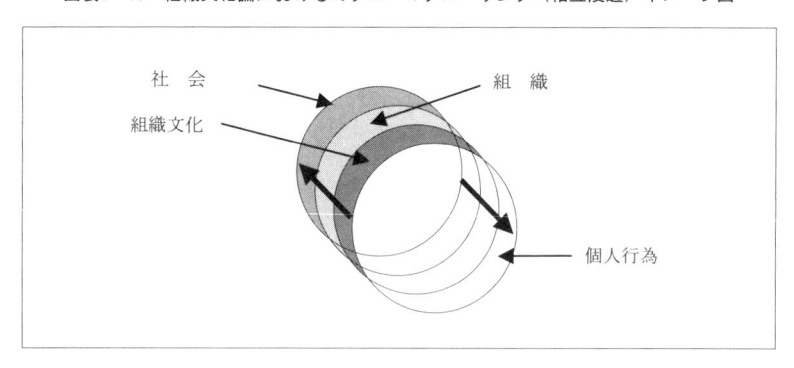

図表1-17　ミクロ・マクロ・リンク（相互浸透）を敢えて分解した場合のイメージ図

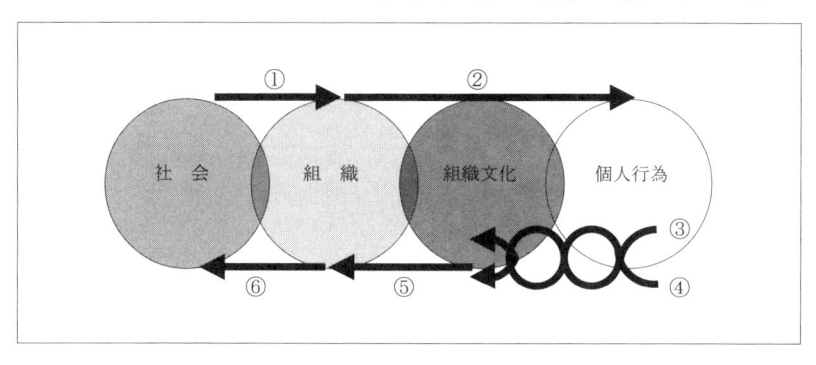

織が翻って即,組織文化を通し行為を創るというようにである[35]。

さて,筆者は,このような包括的な視点を持つ組織文化論の構築が必要であると考えるが,特に組織不祥事を分析するには,この個人行為－組織－社会の相互影響関係を包括的に捉える組織文化モデルの構築が不可欠であると考えている。次項では,その理由について説明することにしよう。

第3項　組織不祥事と,組織文化を媒介にしたミクロ・マクロ・リンクの関係

現実に起きたさまざまな組織不祥事を調べてみると（単にマスコミの報道を見ただけでも）,それが社会（とくに業界や利害関係者集団）,組織,個人行為が複雑に絡み合って,時間をかけて作られていく,きわめて組織的な現象であることがわかる。組織不祥事は,単なる組織構成員の個人的な行為やその集積でもなければ,単純に一方的に組織や社会の文化・構造の所為,あるいは社会や組織そのものの所為に出来るものでもない。組織不祥事は,社会性にかけた組織文化を媒介にして,組織からの影響を受けた個人の行為がさらに組織に対して再帰的に影響を与えるという相互影響関係の中から発生するものと捉えられる。それゆえ,組織における不祥事を分析するには,本節でここまで検討してきたように,個人行為－組織－社会の相互影響関係という異なるレベルをうまく包含した組織文化論モデルを構築する必要があるのである。

組織不祥事は,前節でも若干取り上げたように,企業の不祥事,医療の不祥事などを中心にさまざまな形の分析・検討がなされてきている。図表1－18は,前述も含む組織不祥事研究の代表的な研究をまとめたものである。この分類が必ずしも適切であるとは思えないが,前節で取り上げたもの以外にも経営倫理学やポストモダンといった視点からの研究もあり,これだけ見ても分析視角がさまざまあることがわかる。また,経営倫理学はさまざまなアプローチがあるため,一括りにすることは出来ない[36]が,それ以外の先行研究を見てみると,そのほとんどの分析が,個人レベルのみを捉えた分析

であったり，また組織から個人あるいは個人から組織，社会から組織といっ

図表1-18　組織不祥事分析研究のさまざまな枠組み37)

分野	研究	内容／モデルの特徴
社会心理学	サザーランド (E. H. Sutherland) の差異的接触理論など	差異的接触理論によれば…法や規範を否定，無視する態度の強い上司や同僚などとの相互作用から犯罪行為を学習することで不祥事が導かれる。
		個人―個人レベルの枠組み
社会学	アノミー論の応用など（デュルケムやマートンなど）	デュルケムのアノミー論の応用によれば…急速な社会環境の変化に伴う社会的規範の動揺・弛緩・崩壊がもたらす欲求や行為の無規制な状態，つまりアノミーな状態における自己（組織あるいは従業員）の利益追求が不祥事を導く。
		「社会→組織」or「社会→個人」へという枠組み
既存の組織文化論	さまざま	例：内向きで利己的な価値・規範が組織内で醸成された結果，社会の利益とは相反する行為を導く。
		組織レベルのみ，あるいは「組織→個人」へという枠組み
経営倫理学	さまざま	例えば：組織が本来持つべき「人間性や社会性を重んじる価値観，そして社会の一存在としての責任意識」といったものが，熾烈な過当競争からくる焦りや逆に市場の独占などから生まれる驕りなどによって失われ，組織が自分本位に振舞った結果として，不祥事は発生する。
		さまざま
経済学	「法と経済学」，合理的選択理論など	合理的選択理論によれば…個人のコストとベネフィットを鑑みた合理的選択の集積の結果，不祥事が導かれる。
		個人―個人，個人から組織へという枠組み
組織事故論	リーズン (J. Reason) の組織事故理論など	リーズンの組織事故論によれば…組織の持つ潜在的な危険性をカバーする深層防護が，組織的要因やそれに起因して誘発される個人やチームのエラーや違反によって綻びることで，潜在的だった危険性が顕在化し，組織全体ないしは組織の外部にまで損害がもたらされる。
		組織から個人へという枠組み
ポストモダン？	ドゥルーズ＝ガタリ (G. Deleuze & F. Guttari) の「リゾーム」概念や組織文化論者マーチン (J. Martin) の「組織文化の fragmentation perspective」などを応用したリッペンス (R. Lippens) の所論など	リッペンスによれば，現代の組織は，迷宮のネットワークの集積（多様な道徳を備えた多様な主体が複雑に絡み合って出来た可変的なネットワークの塊）として捉えることが出来る。それゆえ，組織の持つ道徳は，断片的かつ可変的な道徳の集まりとして捉えられることになる。このようにして組織および組織の道徳を捉えたとするならば，企業不祥事・犯罪の原因およびプロセスは，既存の企業不祥事分析が主張するほど，単純なものではないのではないか？という主張。
		さまざま

たような一方通行の関係のみを捉えた分析であり，ミクロとマクロの関係を包括的に捉えられるものとはなっていないことがわかる。

　本書がこだわるミクロ・マクロ・リンクという理論的視点に立った組織文化論モデルをもって組織不祥事を分析すれば，上述したように組織不祥事を生み出す組織文化を介した個人と組織の関係を包括的に捉えることが出来る。そうすることで，たとえば，ほんの一握りの人のほんの些細な利己的な行為や怠慢な態度が組織文化を介して正当化され，組織がそれを善しとする体質となり，事件や事故を引き起こしてしまうというような組織的な不祥事の発生プロセスや，逆に一人一人の心ある行為が組織の体質を改善していくような不祥事の予防や組織再生のプロセスを動態的に解明できる可能性があるのである。さらに言えば，社会の腐敗が組織に影響を与えることで産み出される組織不祥事のプロセスも，個人の勇気ある行為が組織を動かし社会の腐敗を浄化するというような壮大なプロセスも包括的動態的に解明できる可能性があるのである。このようなより包括的でダイナミックな分析を試みたいという理由から，本書では，組織不祥事を分析する組織文化論モデル構築にあたり不可欠な理論的視点としてこの「ミクロ・マクロ・リンク」を挙げるのである。

第4節　組織不祥事の組織文化論的分析に不可欠な理論的要素：パワー概念とポリティクス概念

　さて，本書では，前節のミクロ・マクロ・リンクという理論的視点に加え，組織不祥事に不可欠な理論的要素としてパワー（power）とポリティクス（politics）の概念を提示する。本節では，そのパワーとポリティクスという概念についてその内容とその必要性について検討していくことにしたい。

第1項　パワーとは，ポリティクスとは

(1)　パワーとは

　パワーという概念は，図表1-19にあるように，社会学や政治学，経営学

図表1-19 さまざまなパワー概念38)

研究者	定義，またはパワーに対する考え方
ウェーバー（M. Weber）	ある社会関係の中において，抵抗を排除してでも，自己の意思を貫徹しうるおのおのの可能性。
ブラウ（P. M. Blau）	定期的に与えられる報酬を差し止める形態をとろうと，罰の形態をとろうと，脅かすことで抵抗を排除してでも人々あるいは集団がその意志を他者に押しつける能力。
ダール（R. Dahl）	さもなければBがなさなかったような事柄を，Bになさしめる度合いに応じて，AはBに対して権力をもつ。
エマーソン（R. M. Emerson）	行為者AのBに対するパワーは，Aによって潜在的に圧倒されるBの抵抗力の大きさである。
ルークス（S. Lukes）	AがBの利害に反するようなやり方でBに影響を及ぼすときAはBに権力を行使する。
フーコー（M. Foucault）	ある人が，自明視された社会的知識と科学的知識のもとで行為することが権力の作用であり，その意味において「知識」こそが権力である。
パーソンズ（T. Parsons）	集合的組織体系の諸単位による拘束義務の遂行を確保する一般的能力
ギデンズ（A. Giddens）	一連の出来事の経過を変更する目的でそれら一連の出来事に介入していく，行為者の能力。手段を構成するために資源を動員する行為主体の能力。

などにおいてさまざまに定義づけられている。図表の概念定義の多くが個人行為レベルを想定して，パワーを概ね「自分が思ったように他者の意思決定や行為を変更させる力」と定義している。また，フーコー（M. Foucault）のように知識であるとか真理であるといったものが人々の世界認識やそれに基づく行為を規定するという意味で知（盛山和夫教授いわく「観念図式」レベル39)）をパワーとする定義もある。また，パーソンズのように組織・社会レベルでの定義もあるようだ。要するに，パワーは，基本的には個人による決定や行為の変更に関わる力であるが，それだけでなく観念図式や組織も個人や組織の決定や行為を変更させる力を持ち得，それらの力もパワーと呼ぶということである。本書では，以降，個人の発揮するパワーについても論じるが，フーコーの議論に通じるような組織文化の持つパワー，あるいはパーソンズの議論に通じるような組織の持つパワーについても論じていく予定であり，本書でも個人レベルだけにパワーの概念を固定しない。それゆ

え，本書では，「あらゆるレベルにおいて意図するように他者の決定や行為を変更させる力」をパワーと呼ぶことにしたい（図表1-21）。

さて，そのパワーには，バカラック＆ローラー（S. B. Bacharach & E. J. Lawler）によれば，4つの源泉がある。その源泉とは，組織上の地位（公式的な地位），パーソナル特性（個人的魅力など），専門能力，機会（非公式な地位）の4つである[40]。このパワーの源泉の議論からもわかるように，上述のパワー概念は，公式的な「権限」も含んだ概念である。この権限と責任の範囲内におけるパワーの行使は，組織において通常行なわれていることであるが，次の②で示す諸連合体とポリティクスの議論は，その公式的な権限の範囲を超えたパワーの行使をも含むものである。

(2) ポリティクスとは

(1)の最後に若干触れたが，ポリティクスとは，バカラック＆ローラーによれば，「組織における諸個人あるいは集団（連合体のこと―本書筆者注）が関心や利害を持つ組織戦略，ポリシー，あるいは実践に対して支持したり，反対したり」[41]とパワーを用いて影響を与える活動のことである。また，大月博司教授によると，それは，「コンフリクト状態のもとで一方が自己利益のために他方の犠牲を強いる意図的影響活動のプロセス」である[42]。他にもさまざまな研究者がポリティクスについて議論をしているが，要するに，ポリティクスとは，自己の利益の獲得のために決定や実践にパワーという力の行使を用いて影響を与える活動のことといえる。この活動は，個人・連合体⇔組織レベル，組織⇔組織レベル，組織⇔社会レベルで行なわれると考えられる。ポリティクスは，特に組織の変革期などのような組織における正当性（何が正しく，何が間違っているか）があいまいな状態にある場合や組織内外において自らの既得権益（権威や地位，経済的利得など）や存在意義を脅かすような戦略や価値観が現れた場合に生じる。このポリティクスには，革新的成果を得ることを目的とするポジティヴなもの（ポジティヴポリティクス）と上述のような自らの利害や既得権益の確保を目的とするネガティヴなもの（ネガティヴポリティクス）がある[43]。

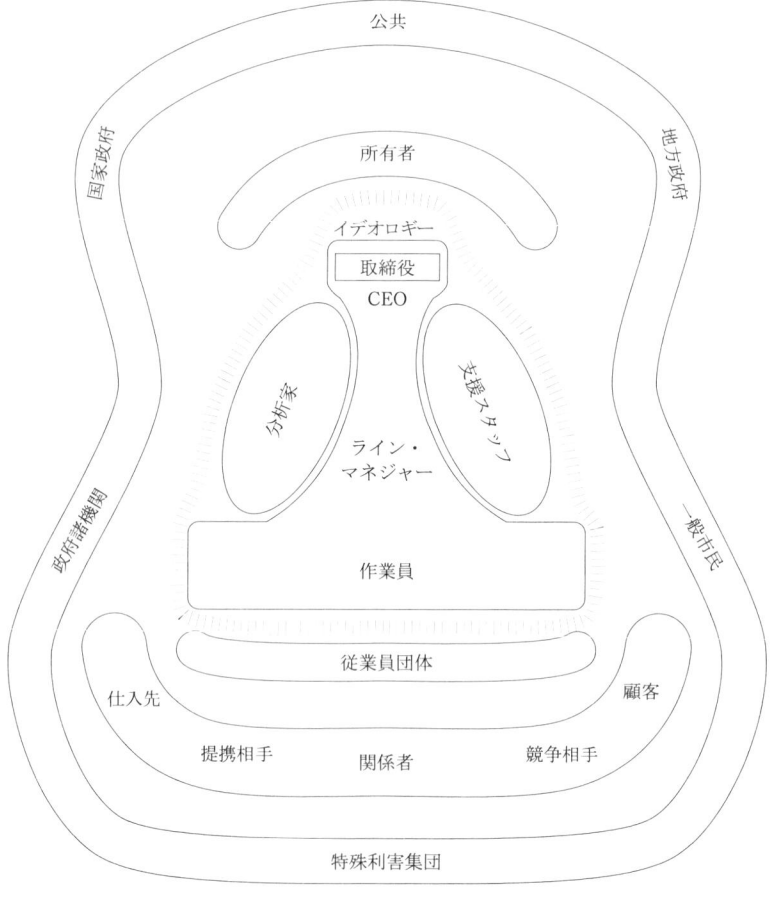

図表 1-20 組織内外の諸連合体の例

（図中ラベル：公共、国家政府、地方政府、所有者、イデオロギー、取締役 CEO、分析家、支援スタッフ、ライン・マネジャー、作業員、政府諸機関、一般市民、従業員団体、仕入先、顧客、提携相手、関係者、競争相手、特殊利害集団）

出所：H. Mintzberg, *MINTZBERG ON MANAGEMENT,* The Free Press, A Division of Macmillan, 1989.（北野利信訳『人間感覚のマネジメント』ダイヤモンド社，1991年，157頁。）

図表 1-21 本書における「パワー」と「ポリティクス」の概念定義

パワー…意図するように他者の決定や行為を変更させる力

ポリティクス…自己の利益の獲得のために決定や実践にパワーという力の行使を用いて影響を与える活動

ちなみに，上述の連合体とは，簡単に言ってしまえば，ポリティクスを行なう人々の集まりのことである。もう少し詳しく述べるならば，それはバカラック＆ローラーによれば，「集合的動員化の第一義的な手段であり，それは支持者あるいは擁護者（たとえば，「波長の合う」諸個人）を同盟者あるいは構成要素，つまり共通の関心を認識し共通の努力へ諸資源を捧げる意志がある諸個人に本質的に変革する」[44]ものである。また，「事業部や部課のメンバーシップや職務区分あるいは階層性，専門的所属，年功，人口統計（年齢分布），社会的アイデンティティ（エスニシティやジェンダー），といった行為者が組織戦略や政策，実践に関連して持つ関心や選好を束縛し，定義するすべてを含む構造分化を背景にして発展する」[45]ものである。このパワー行使，つまりポリティクスの主体たる連合体は，組織内部だけでなく，組織内外に存在する。たとえば，ミンツバーグ（H. Mintzberg）は，組織内外の諸連合体を図表1-20のように示している。

第2項　組織文化とパワーおよびポリティクスの関係

　組織文化とパワーの関係は，(1)パワーの行使を伴う試行錯誤（ポリティクスを含む）から組織文化が創られる，(2)創られた組織文化がパワーを生む，この2点である。

(1)　パワーとポリティクスが組織文化を創る
　組織文化は，本章第2節で述べたように，主に戦略決定やその実行など問題解決活動に関わる成功／失敗体験などを正当たる根拠として醸成され，翻ってあらゆる組織の活動に対する正当性の根拠となって次なる行為を規定する。そこでは，パワーやポリティクスに関して一切触れなかったが，実はそれらは，常になんらかのパワーやポリティクスを伴って行なわれている。
　前項で述べたように組織の変革期や当該個人あるいは連合体の既得権益や存在意義が脅かされるような状況下においては，そこでの戦略策定やその実行に組織内外の個人や連合体によってポジティヴにもネガティヴにもポリ

ティクスというパワーの行使活動が伴われている。それ以外の状況下においても（普段でも），ポリティクスとはいわないが，公式的な権限（先述したがこれもパワーの一部）の行使を伴って戦略策定やその実行の試行錯誤が行なわれている。そして，本章第2節で述べたように，その戦略策定やその実行を通して組織文化が醸成されていくのである。このように，組織文化の醸成にパワーは付き物である。

(2) 組織文化がパワーとポリティクスを生む

このようにして出来た組織文化は，既述の通り，次にあらゆる組織における認識や決定，そして行為に対する正当性の根拠となり，それら次なる認識・決定・行為を規定する。それと同時に，組織文化は，パワーの源泉などに対する正当性の根拠ともなり，公式的な権限の行使など，次なるパワーの行使の仕方をも規定する。しかし，ここでより重要なのは，次に述べるルークス（S. Lukes）の言う2次的権力，3次的権力と呼ばれるパワーである[46]。

繰り返しになるが，組織文化は，その正当性をもって次なる認識や決定，行為を規定する。しかし，場合によっては，当該組織文化が自己の価値観と異なり，文化による規定を拘束と感じ，コンフリクトを覚える行為者がいるかもしれない。しかし，組織文化が規定する認識や決定，行為とは異なるそれを行なうことは，逸脱とみなされ，負のサンクション（たとえば，左遷など人事管理上の暗黙の制裁，あるいはいじめなど非公式的な制裁）の対象とされる恐れがある。それゆえ，個人は，コンフリクトを感じてもそれを表出化できない場合がある。このようなコンフリクトを感じても表出化させない（行為などとして表に表れない）圧力を2次的権力という。また，組織文化を共有するということは，実は，知らず知らずのうちに自らの認識や決定，行為が限定され，他の可能性を排除されていることになる。まったく拘束感もなく，それら（行為の限定と他の排除）を当たり前と受け入れさせるパワーを3次的権力という。これは，先述のフーコーの言う「知の権力」に近いものと言えるかもしれない。抵抗感を呑み込んで受け入れた場合でも，何の抵抗感もなく受け入れた場合でも，その組織文化が実は社会性に欠けたも

のであった場合，それは大きな問題である。このようにして，組織そのものからのパワーと言うべきか組織文化の持つパワーと言うべきか，とにもかくにも組織文化は，その「正当性」を楯に次なる認識・決定・行為を規定する。その正当性は，パワーとなるのである。

また，このようにしてパワーと絡まり合いながら共有された組織文化によって正当化された利害が危機にさらされると，それにまつわる攻防，つまり上述のような正当化されたパワーの行使を超えたポリティカルな活動が繰り広げられることになる（既存の価値にこだわる組織の慣性 vs. 新しい価値を見出す組織の変革）。このように組織文化とパワーは，創り創られている。

第3項　組織文化を介したミクロ・マクロ・リンクとパワーおよびポリティクスの関係

本節第1項および第2項で示したとおり，パワーの行使やポリティクスは，個人行為，組織，社会の各レベルで生起するものであり，また，それらは，組織文化を介して複雑に絡み合っているものである。これまでの議論を簡単に振り返ってその絡み合った関係をみてみることにしよう。既述のとおり，パワーは，基本的には個人による決定や行為の変更に関わる力であるが，それだけでなくフーコーやパーソンズが主張するように観念図式や組織による個人や組織の決定や行為の変更に関わる力もそれに含まれる。それゆえ，パワーとそれを用いた活動であるポリティクスは，あらゆるレベルで生起する。さらに，それら各レベルのパワーとポリティクスは，その行使ないし活動を通じて組織文化の醸成に強く関与し，また翻ってその組織文化がパワーとポリティクスの正当性の源泉，つまりパワー生成の源泉となっていく。このように，組織文化を介したミクロとマクロのリンク（相互浸透）は，パワーおよびポリティクスと密接に結びつき絡み合っているのである。また，高尾義明教授も，組織―個人間関係の議論を豊かなものにするには，ポリティクス概念をふまえた議論が不可欠であるとしている[47]。

このようにミクロとマクロのリンク（浸透）プロセスにパワーの行使やポリティクス活動への関与を想定することで，組織文化を介したミクロ・マクロ・リンクのプロセスを紆余曲折や理不尽，非合理，抑圧と形容されるようなプロセスとして描くことができる。それは，後述するように組織不祥事を分析するのに非常に有効である。

第4項　組織不祥事と，パワーおよびポリティクスを伴った「組織文化を介したミクロ・マクロ・リンク」の関係

　前項で述べたように，パワーの行使やポリティカルを伴っての組織文化を介するミクロ・マクロ・リンクは，そのプロセスを紆余曲折や理不尽，非合理，抑圧的と形容されるようなプロセスとして描くことが出来る。それは，パワーの行使，とくにネガティヴなポリティクスが全体（たとえば社会）ないし他者よりむしろ個々の利害に目を向けたものであるからである。それゆえ，パワーおよびポリティクスを伴った組織文化を介してのミクロ・マクロ・リンクは，本章第2節と第3節で示した組織不祥事の原因（組織文化と社会道徳との乖離，他者への配慮の欠如）とその過程（社会道徳と乖離した利己的組織文化の醸成を核としたミクロ・マクロ・リンク）の説明に非常に有効であると考えられる。たとえば，「ある一部の個人による自己の利害にばかり目を向けたポリティカルな活動がその所産として社会性に欠けた（社会道徳と乖離した）組織文化を醸成し，社会性に欠けた組織を創り出す（正当化する）」様や「個人行為者たちに抵抗感や抑うつ感を感じさせながらもパワーで圧倒し，いつしか抵抗感なく社会性の欠如した組織文化を受け入れさせる」様，そして「行為者たちが，心を痛めながらも，あるいはまったく罪の意識もなく不祥事に手を染めていく」様などをうまく描くことが出来よう。つまり，説明力，分析力が豊かになるだろう。さらに，社会そのものの腐敗が招く組織不祥事の説明にも同様に有効であろう。

　また，パワーの行使およびポリティクスは，組織を上述のような不祥事に導くことだけに関与しているわけではなく，逆に組織の不祥事体質の変革に

も関与している（たとえば，利害関係者による不祥事予防や不祥事を起こしてしまった組織の再生に向けたパワーの行使とポリティクス，つまり先述したポジティヴなポリティクスが該当しよう）。それゆえ，パワーとポリティクスの概念は，不祥事予防や不祥事を起こしてしまった組織の再生についてもより実りある分析を期待させる。

このような理由から，本書では，組織不祥事を分析する組織文化論モデルを構築するに当たり，理論的視点（ミクロ・マクロ・リンク）と並んで不可欠な理論的要素としてパワーおよびポリティクスの概念を提示するのである。

第5節　ミクロ・マクロ・リンクの視点とパワーおよびポリティクス概念を包含した組織文化論モデルの持つ組織不祥事分析への新しい可能性

これまでの議論をまとめると，本書で目指す組織文化論モデルの構築は，組織不祥事分析に対して以下の3つの可能性を持つといえよう。

第1項　組織不祥事分析に対する可能性(1)
　　　　組織文化の所産として組織不祥事を把握できる

組織文化は，組織における認識や決定，行為の正当性の根拠として次なるそれら（認識・決定・行為）の仕方を規定する。これより，組織文化は，その他のあらゆる組織不祥事要因の根底に関与していると考えることが出来る（本章第2節）。それゆえ，組織不祥事は，組織文化を根っこに持つ認識・決定・行為の所産として捉えることが出来る。まず，不祥事の根っこを追求するといった意味で組織文化論による組織不祥事分析は意義深い。また，組織文化論を用いることで，「組織不祥事に繋がる認識・決定・行為を正当化する組織文化がなぜ醸成されたのか」，「いかにしたら『他者への配慮ある協働』を正当と捉える組織文化が醸成されるか」といった「組織の正当性」を

問うことが出来るという点も興味深い可能性の1つである。

第2項　組織不祥事分析に対する新しい可能性(2)
　　　　組織文化を介した個人－組織－社会の相互影響関係の所産として組織不祥事を包括的・動態的に把握できる

　組織不祥事は，個人行為，組織，社会といった異なるレベルの複雑な絡み合いの中から生まれるものである。それゆえ，組織不祥事分析には，行為，組織，社会を包括的に扱うモデルが必要となる。ミクロ・マクロ・リンクという視点を組織文化論にとり入れることで，組織不祥事の発生メカニズムやその予防・再生策について，包括的かつ動態的に分析することが可能になる。本章第3節で述べたように，この可能性は，今までの組織不祥事研究には見当たらない同研究分野における新しい可能性である。これが2つ目の可能性である。

第3項　組織不祥事に対するさらに新しい可能性(3)
　　　　組織文化を媒介とし，個人－組織－社会相互のパワーやポリティクスを孕んだ影響関係の所産として組織不祥事を把握できる

　パワーとポリティクスは，行為主体各自の利得の獲得活動，そこから生まれる理不尽で非合理な決定などをうまく説明できる概念である。組織不祥事は，加害者にとっては合理的と思える価値や認識や行為が，実は被害者（たとえば社会）にとっても自分（加害者自身）にとっても実に非合理な結果を導くという代物である。それゆえ，組織文化論のモデルにパワーやポリティクスの概念を取り入れることは，組織不祥事を理不尽かつ非合理なプロセスの所産として把握でき，かつ組織不祥事の予防と不祥事組織の再生を利害関係者たちとの力関係などから理解し，提案することを可能とする。この可能性も，今までの組織不祥事研究には見当たらない同研究分野におけるさらに新しい可能性である。この点が，最後の可能性である。

第4項　本章のまとめ

さて，本章では，組織不祥事を分析する理由，組織文化論を用いて組織不祥事を分析する意義，そしてそこに不可欠な理論的視点と理論的要素の提示，最後にその理論的視点と要素を交えた組織文化論による組織不祥事分析の持つ可能性というように，組織不祥事を紐解く組織文化論モデルの構築に向けての準備的考察を行なってきた。

これからは，本章の議論を踏まえ，理論的視点と理論的要素を包含した組織文化論モデルの構築を進めていくことにしたい。まず，そのモデル構築に向けて，第2章では，既存の組織文化論の有効性について理論的考察を加えることにする。つぎに，第3章，第4章では，既存の組織文化論の枠を飛び越えて有効なモデルを求め，ギデンズの構造化理論について理論的考察を行なっていく。そしてそれを応用した組織文化論モデルの構築を試み，その有用性について検討する。さらに第5章では，第4章で構築したモデルを現実事象に当てはめ，その有効性と限界についてさらに考察していく。そして，最後，第6章では，本書モデルの実践へのインプリケーションについて，おわりにでは本書の残された課題について検討を加えることにする。以上のような流れで，次章以降，議論を進めていくことにしたい。それでは，まず既存の組織文化論の検討からはじめていくことにしよう。

注
1) 日本経営倫理学会監修，水谷雅一編著『経営倫理』同文舘，2003年，75頁。
2) 岡本浩一・今野裕之編著『リスクマネジメントの心理学』新曜社，2003年，214頁。
3) C. I. Barnard, *The Function of the Executive*, Harvard University Press. (山本安次郎・田杉競・飯野春樹訳『新訳経営者の役割』ダイヤモンド社，1968年，67頁。)
4) C. I. Barnard, *op. cit.* (前掲訳書，75頁。)
5) 宮台真司『まぼろしの郊外』朝日文庫，2000年，156-185頁。鈴木謙介稿「その先のインターネット社会」『21世紀の現実』ミネルヴァ書房，2004年，210-232頁。
6) 奥村宏著『会社はなぜ事件を繰り返すのか』NTT出版，2005年。
7) 田中朋弘稿「倫理学としてのビジネス倫理学」田中朋弘・柘植尚則編『ビジネス倫理学―哲学的アプローチ―』ナカニシヤ出版，2004年，12頁。
8) 上掲論文，12頁。日本の経営倫理学は，1993年の日本経営倫理学会の設立を契機に一気に発

展していった。ちなみにアメリカでは，1985年ごろまでには「ビジネスエシックス（Business Ethics）」は経営学の1学問領域として確立された地位を築いていた。
9）たとえば，三戸公稿「組織物神論序説」鈴木和蔵先生古稀記念出版会編『経営維持と正当性』白桃書房，1990年，3頁など。
10）小林敏男著『正当性の条件―近代経営管理論を超えて―』有斐閣，1990年，185頁。
11）小笠原英司著『経営哲学研究序説』文眞堂，2004年，第四章。小笠原教授は，この経営にmanagementと英訳語をつけているが，教授の経営概念は，筆者の示すマネジメントよりも広義であり，筆者のマネジメントは，教授の言う管理にあたる概念である。
12）社会におけるものの善し悪しは，社会的相互作用の中で構成されて決まるものである。価値の相対化の進む今日においては，なおさらそうであり，それゆえ，筆者の態度はむろん絶対的なものではない。
13）宝月誠著『逸脱とコントロールの社会学―社会病理学を超えて―』有斐閣アルマ，2004年，101-102頁。
14）上掲書，2004年，95頁。
15）岡本浩一著『無責任の構造―モラルハザードへの知的戦略―』PHP新書，2001年，4頁。
16）濱嶋朗・竹内郁郎・石川晃弘『新版社会学小辞典』有斐閣，1997年，485頁。
17）J. Reason, *Managing The Risks of Organizational Accidents*, Ashgate publishing limited., 1997.（塩見弘監訳，高野研一・佐相邦英訳『組織事故』日科技連，1999年。）
18）宝月誠著，前掲書，11-18頁，92頁。松下武志・米川茂信・宝月誠編著『社会病理学の基礎理論』学文社，2004年，第6章。
19）L. E. Mitchell, *CORPORATE IRRESPONSIBILITY*, Yale University, 2001.（斎藤裕一訳『なぜ企業不祥事は起こるのか―会社の社会的責任』麗澤大学出版会，2005年。）
20）T. J. Peters & R. H. Waterman, *In Search of Excellnce*, Harper & Row, 1982.（大前研一訳『エクセレントカンパニー』英治出版，2003年。）参考。
21）C. I. Barnard, *op. cit.*（前掲訳書，第17章，269-297頁。）
22）P. Selznik, *Leadership in Administration*, Harper & Row, 1957.（北野利信訳『組織とリーダーシップ』ダイヤモンド社，1962年。）参考。
23）①E. H. Schein, *Organizational Culture and Leadership*, Jossey & Bass, 1985, p.9.（清水紀彦・浜田幸雄訳『組織文化とリーダーシップ』ダイヤモンド社，1989年，12頁。）②T. E. Deal & A. A. Kennedy, *Corporate Culture*, Addison-Wesley, 1982.（城山三郎訳『シンボリック・マネジャー』新潮社，1983年，14, 29頁。）③J. P. Kotter & J. K. Heskett, *Corporate Culure and performance*, The free Press.（梅津祐良訳『企業文化が高業績を生む』ダイヤモンド社，1994年，219頁。）④〜⑥戦略経営協会編，浦郷義郎・市川彰訳『コーポレート・カルチャー 企業人類学と文化戦略』ホルトサウンダース，1986年，83, 122, 204頁参照 ⑦M. Schultz, *On Studying Organizational Cultures*, de Gruyter, 1995, p.14, 81 ⑧佐藤郁哉・山田真茂留著『制度と文化―組織を動かす見えない力』日本経済新聞社，2004年，51, 52, 87頁。
24）G. H. Litwin & R. A. Stringer, Jr., *Motivation and Organizational climate*, Harvard Business School Press, 1968.（占部都美監訳・井尻昭夫訳『組織風土』白桃書房，1974年。）
25）拙稿「組織変革におけるリーダーシップの役割に関する一考察―E. H. Scheinの所論を中心に―」修士論文，1998，12-13頁。なお，本書では，このマネジメントという活動の中心を担う行為者を文脈に応じて「マネジャー」，「マネジメント層の人々」，「マネジメント」と呼称している。
26）P. Berger & T. Luckmann, *The Social Construction of Reality—A Treatise in the*

Sociology of Knowledge, New York, 1966.（山口節郎訳『現実の社会的構成―知識社会学論考』(新版) 新曜社，2003 年。)
27) J. C. Alexander, B. Giesen, R. Munch, N. J. Smelser (ed), *The Micro-Macro Link*, University of California Press, 1987.（石井幸夫・内田健・木戸功・圓岡偉男・間淵領吾・若狭清紀訳『ミクロ－マクロ・リンクの社会理論』新泉社，1998 年，3 頁。）
28) *Ibid.*,（前掲訳書，3 頁。）
29) *Ibid.*,（前掲訳書，3 頁。）
30) *Ibid.*,（前掲訳書，4 頁。）
31) 碓井崧・大野道邦・丸山哲央・橋本和幸編著『社会学の理論』有斐閣ブックス，2000 年，325 頁。ミクロとマクロを包括的に捉える必要の是非も含めて議論をする必要があるが，本書では「組織不祥事」を分析するにはそれが必要であると考えている（詳細は本節第 3 項）。本文で示した研究者以外にも，たとえば，バーガーとルックマン（P. Berger & T. Luckmann）の示す「社会的に構成された現実」の構成プロセスは，ミクロ・マクロ・リンク問題を乗り越える試みのひとつである。彼らは，シュッツ（A. Schutz）の流れを汲む現象学的社会学者（つまり考え方がシンボリック解釈主義組織文化論寄り）であるため，全面的に依拠するわけには行かないが，それでも本稿で中心に取り上げる構造化理論を経営組織論に応用しようとする研究者の多くは，彼らのこの概念に非常に影響を受けており，見逃せない概念のひとつである。ちなみに，彼らのミクロ・マクロ・リンクはかなり簡略化しているが次のように説明できる。社会的現実（マクロ）は，共有された歴史や経験によって築き上げられる暗黙の了解や人間相互間の交渉を通じて創られる（外化，制度化）ものであり，またその社会的現実は，彼らが依拠する意味や事物が知覚される方法に関する合意（少なくとも部分的な合意）によって維持されるものである（正当化）。そして，いつしかその社会的現実がそれを作り出した交渉や了解からはなれて存在する（客観化，行き過ぎると物象化）ようになり，逆に人々の知識や行為を作り出していく（内面化）。P. Berger & T. Luckmann, *op. cit.*（前掲訳書。），M, J, Hatch, *Organization Theory*, Oxford University Press, 1997, p.42.
32) 村田晴夫著『管理の哲学』文眞堂，1984 年。
33) 二村敏子編著『現代ミクロ組織論―その発展と課題』有斐閣ブックス，2004 年。
34) 実際に組織文化論者の中にも，「組織文化を媒介としたミクロ・マクロ・リンク」に関する議論をする者が出てきている。たとえば，M. J. Hatch, "The Dynamics of Organizational Culture", *Academy of Manegement Review*, 18-4, 1993.
35) この議論は，高尾義明教授のそれによく似ている。高尾教授によれば，個人の行為（ないし意思決定）のうち，コンテクスト編成原理（コミュニケーションや意思決定時に参照するルール）としての組織構造を参照して行なわれる行為（意思決定）は，組織の要素として了解され，それらによって組織という集合的主体が形づくられていくとする。高尾義明著『組織と自発性―新しい相互浸透関係に向かって―』白桃書房，2005 年。
36) 経営倫理論の多くは，不祥事の発生メカニズムを分析するものではなく，不祥事の予防策や不祥事からの組織の再生策に関する議論である。そういった理由もありここでは一括りに出来ない。また，ポストモダンの倫理論についてもここで取り上げたものはごく一部であり，まだまだ未知なる領域である。
37) 拙稿「組織における不祥事の組織文化論的分析に関する一考察―A. ギデンズの構造化理論を用いて―」『専修大学経営研究所報』158 号，2004 年，3 頁。
38) 盛山和夫著，前掲書；寺本義也・小松陽一・福田順子・原田保，水尾順一・清家彰敏・山下正幸著『パワーイノベーション』新評論，1999 年，ギデンズの定義は，A. Giddens, *NEW RULES OF SOCIAL METHOD*, Century Hutchinson ltd., London, 1976.（松尾精文・藤

井達也・小幡正敏訳『社会学の新しい方法基準―理論社会学の共感的批判』而立書房，1987年 157, 159頁。）などを参考。
39) 盛山和夫著『権力』東京大学出版，2000年。
40) S. B. Bacharach & E. J. Lawler, *Power and Politics in Organizations*, Jossey-Bass, 1980.
41) S. B. Bacharach & E. J. Lawler, "Political aligments in organizations", in R. M. Kramer & M. A. Neal eds., *Power and Influence in Organizations*, Thousand Oaks, CA:Sage, 1998, p.69.
42) 大月博司稿「組織変革におけるパワーとポリティクス」『北海学園大学経済論集』1999年，38頁。
43) 金井壽宏著『変革型ミドルの探求』白桃書房，1991年，38-39頁。高尾義明著，前掲書，122-125頁。
44) S. B. Bacharach & E. J. Lawler, *op. cit.*, p.72.
45) *Ibid.*, p.72.
46) S. Lukes, *Power: A Radical View*, British Sociological Association, 1974.（中島吉弘訳『現代権力論批判』未来社，1995年。）
47) 高尾義明著，前掲書，122-136頁。ただし，高尾先生の問題意識は，組織における構成員の自発性発揮（自律的活動）に関する理論構築にあり，本書のそれとは異なる。

第2章
組織不祥事を紐解くための組織文化論モデルの構築に向けた理論的考察(1)
―既存の組織文化論2大アプローチの批判的検討―

　前章の最後にも述べたが，本章は，既存の組織文化論が組織不祥事を分析するための組織文化論モデルとしてふさわしいか否か，理論的考察を行なっていくことを目的としている。現在，組織文化に関する研究はさまざまあるが，それら既存の組織文化論は機能主義（functionalism）アプローチとシンボリック解釈主義（symbolic-interpretivism）アプローチの2つに大別できると言われている。では，まずそのうちの機能主義アプローチから検討していくことにしよう。

第1節　組織文化論における機能主義アプローチの有効性と限界

　前章の第2節で若干触れたが，組織文化論は，1970年代後半に登場し，1980年代前半に大ブームを起こした理論である。このときの中心的アプローチであり，今なお組織文化論の主流となっているのが，組織文化論における機能主義（functionalism）アプローチ（機能主義的組織文化論）である。本節では，この機能主義的組織文化論の「組織不祥事分析モデルとしての」有効性と限界を検討していくわけだが，まずはその科学観や人間観，組織観など基本的な考え方や概念定義について押さえていくことにしよう。

第1項　機能主義アプローチの科学観，人間観，環境観，組織観，マネジメント観

(1) 科学観

　本項の題目である機能主義にしても次節の題目であるシンボリック解釈主義にしても，組織文化論におけるこの科学観（組織文化論が基礎におく科学に対する考え方，見方）を捉えるのに，その正否はともかくとして，バーレル＆モーガン（G. Burell & G. Morgan）の組織分析の4つのパラダイム（paradigm）がよく用いられる。本書でも科学観について述べるにあたり，このバーレルとモーガンの組織分析の4つのパラダイムに依拠して論を進めていくことにしよう。

　彼らによると，組織文化論を含むすべての組織論は，科学の性質に関する「主観主義－客観主義」次元（図表2-1）と社会ないし組織の性質に関する「レギュレーション（社会の統一性，凝集性）―ラディカル・チェンジ（社会の急進的変動，構造的コンフリクト）」次元という2つの次元の組み合わせから分かれる図表2-2のような4つのパラダイムによってその性質を分類することが出来る。

　ちなみに，この次元における主観主義とは，現実についての認識あるいは知識を，行為者が自身の主観的な経験などを通じて得るものであると捉え，「行為に対する観察者ではなく参加者の準拠枠の範囲内で，個人的意識や主観性の領域における説明を探求しようとする」[1]立場である。逆に客観主義とは，現実を，主観を超えた客観的実在として捉え，その客観的実在としての現実を観察者として観察し，その中に潜む構成要素間の規則性や因果関係を見出そうとする立場である。また，レギュレーションとは，なぜ社会ないし組織は，「1つの実在として維持されるのか」[2]，「なぜばらばらにならないでまとまっているのか」[3]を基本的な問いに置く立場のことであり，ラディカルチェンジとは，「急進的変動，深層的な構造的コンフリクト，支配の諸様式，構造的矛盾」[4]などに関心を持ち，「人間の発展の可能性を制限し

図表2-1　主観主義と客観主義

```
                        主観－客観次元
    主観主義者の社会科学              客観主義者の社会科学
    に対するアプローチ                に対するアプローチ

      ┌─────────┐     存 在 論    ┌─────────┐
      │  唯名論  │ ◄──────────► │  実在論  │
      └─────────┘                └─────────┘
      現実は意識の所産              主観を超越した実在

      ┌─────────┐     認 識 論    ┌─────────┐
      │反実証主義│ ◄──────────► │ 実証主義 │
      └─────────┘                └─────────┘
      内部の視点から                外部から観察

      ┌─────────┐     人 間 性    ┌─────────┐
      │ 主意主義 │ ◄──────────► │  決定論  │
      └─────────┘                └─────────┘
      人間は創造主体                環境から決定

      ┌─────────┐     方 法 論    ┌─────────┐
      │個性記述的│ ◄──────────► │法則定立的│
      └─────────┘                └─────────┘
       定性的研究                   定量的研究
```

出所：G. Burell & G. Morgan, *Sociological Paradigms and Organization Analysis*, Heinemann, 1979.（鎌田伸一・金井一頼・野中郁次郎訳『組織理論のパラダイム』千倉書房，1986年，6頁。）を加筆修正。

阻害するような諸構造から人間を解放すること」[5]に目を向ける立場のことである。

　本項でその科学観を検討することになっている組織文化論における機能主義アプローチは，その名のとおり「機能主義者」パラダイムに属する（図表2-2）。この機能主義者パラダイムは，バーレル＆モーガンによれば，組織文化論だけでなく，これまでの組織論の研究に対して中心的な枠組みを提示してきたパラダイムであり，科学に対して上述の客観主義（実在論，実証主義，決定論，法則定立）的な立場を取り，社会や組織の秩序，均衡，安定性を重視し，そのための合理的で実践的なコントロール，問題解決手法の提案を志向するパラダイムである。

　その理論的論点（目的）や理論内容については次節で詳細に論じる予定であるが，組織文化論における機能主義アプローチは，以上に示した機能主義

図表 2-2　組織分析の 4 つのパラダイム

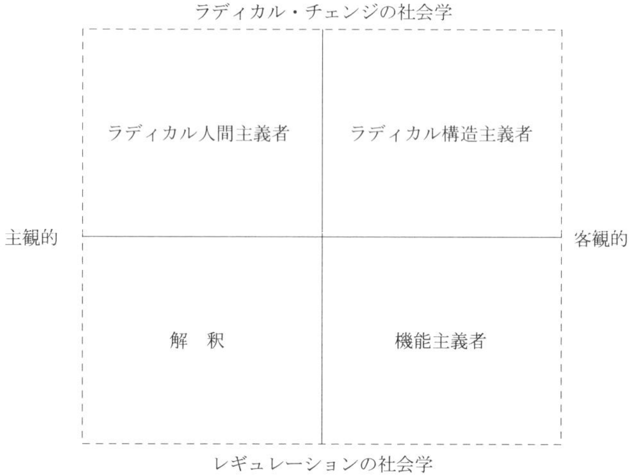

```
                ラディカル・チェンジの社会学

        ラディカル人間主義者  │  ラディカル構造主義者
                           │
  主観的 ─────────────────┼───────────────── 客観的
                           │
           解　釈          │      機能主義者

                レギュレーションの社会学
```

出所：G. Burell & G. Morgan, *Sociological Paradigms and Organization Analysis*, Heinemann, 1979.（鎌田伸一・金井一頼・野中郁次郎訳『組織理論のパラダイム』千倉書房, 1986 年, 28 頁。）

者パラダイムに則った科学に対する考え方, 立場, 性質を色濃く反映した組織文化論である。

以降の項目は, すべてこの科学観を反映したものであり, そのため, 同パラダイムの説明と重複する内容となっている。

(2) 人間観

組織文化論の機能主義アプローチにあって人間は, 学習主体であり, 組織文化（客観的実在）を社会化や学習を通じて一方的に「内面化」していく存在である[6]。機能主義で描かれる人間は, どこか受身的で, 与えられた価値を身につけ, それに規定されて行動するといった決定論的な人間である。

(3) 環境観

ここでいう環境観とは, 社会観や自然観のことをさす。組織文化論におけ

る機能主義アプローチでは，前出の機能主義者パラダイムにあったように，世界を客観的実在として捉える立場をとっている。それゆえ，同アプローチでは，社会も自然も客観的実在として存在するものである。また，後述するシャイン（E. H. Schein）の組織文化論にも見られるように，環境は，行為者あるいは組織にとって適応すべき存在である。ここから，機能主義アプローチが環境に関しても決定論的な構えをとっていることが窺える。

(4) 組織観

機能主義アプローチは，組織についてもやはり客観的実在という捉え方をしている。ただし，その定義は多様であり，バーナードと同じ調整された活動ないし諸力のシステムとして捉えるものもあれば，シャインのように活動の調整のシステムとして捉えるものもある[7]。また，シュルツ（M. Schultz）の定義「必要な諸機能を遂行することによって生き残ろうとする集合体」[8]のように「機能性」や「維持」というものを強調した定義も見られる。いずれにしても大きな特徴は，客観的実在性と機能性の2点である。

(5) マネジメント観

組織文化論における機能主義アプローチでは，マネジメントを基本的には「組織目的を達成するための活動の調整」と捉えているが，その表現方法はさまざまである。たとえば，後述するディール＆ケネディ（T. E. Deal & A. A. Kennedy）は，管理者の役割を「シンボリックマネジメント」と呼称する。このシンボリックマネジメントとは，象徴的行為や英雄伝説や儀礼／儀式の操作を通じた組織文化の浸透による活動の調整のことである。また，シャインは，マネジメントを外的適応，内的統合の2つに分け，共に組織文化の共有を通して図っていくものと捉えている。いずれのマネジメント観においても，最も大きな特徴は，組織文化をマネジメントのためのツールとして捉えているところである。

さて，組織文化論における機能主義アプローチ（機能主義的組織文化論）

は，科学や人間，環境，組織などに対して以上のような考え方あるいは概念定義をしている。では，この機能主義アプローチは，これらに基づきどのような理論を展開しているのだろうか。次項では，機能主義アプローチによる組織文化論の基本的枠組みについて，その代表的論者であるディール＆ケネディとシャインを例にとりながら検討していくことにしよう。

第2項　機能主義アプローチの基本的枠組み

(1) 機能主義アプローチの基本的枠組みその1：ディール＆ケネディの組織文化論[9]

ディール＆ケネディは，先述したピーターズ＆ウォーターマンと並び，組織文化論ブームの火付け役と言われる80年代組織文化論の代表的研究者である。彼らは，持続的な高業績をあげる企業の成功要因を明らかにするために，約半年間に渡り，80社近い企業の調査を行なった。その結果，彼らは，アメリカ企業の持続的な成功の裏には，必ずといってよいほど常に「強い企業文化」がその推進力として働いているという結論を導くに至ったのである。彼らによれば，この企業文化（本書で言う組織文化）とは第1章第2節で述べたように「理念，神話，英雄，象徴の合体」[10]，「人が平常いかに行動すべきかを明確に示す，非公式なきまりの体系」[11]であり，図表2-3のように4つのタイプに分類できるものである。また，ここでいう「強い」とは，組織内での文化の共有と浸透の度合い，そして文化の示す内容（いかに行動すべきか）の明確さを指している。つまり，高業績を続ける企業のそのほとんどが，組織内で行動の指針を明確に示す価値や意味の体系（企業文化）を経営者の理念や英雄，儀礼・儀式およびそれらを伝播する文化のネットワーク（伝達機構）を通して，広くかつ深く共有・浸透させているのだという。

そして，ディール＆ケネディは，その強い文化を形成・維持していくことこそ管理者の果たす役割であるとし，このような役割を果たす管理者を「シンボリックマネジャー」と呼称する。彼らによれば，シンボリックマネ

図表2-3　企業文化（組織文化）の4つのタイプ

タイプ	内容
逞しい，男っぽい文化	常に高いリスクを負い，行動が正しかったか，間違っていたかについて速やかに結果が得られる個人主義の世界。
よく働き／よく遊ぶ文化	陽気さと活動が支配する文化で，従業員は殆どリスクを負わず，結果はすぐに現れる。成功するために企業文化が社員に促すのは，比較的低リスクの活動を高レベルに維持することである。
会社を賭ける文化	大金の賭かった意思決定の文化で，しかもこれらの意思決定から成功の見通しが立つまで数年かかる。高リスクで，結果がなかなか現れない環境である。
手続きの文化	結果を知ることの殆どない，あるいは全くない世界で，職員たちは自分たちの作業を評価することが出来ない。そのかわり，彼らは仕事の進め方に神経を集中する。これらの手続きにコントロールが効かなくなったとき，私たちはこの文化を別名で呼ぶ―官僚主義と！

出所：Deal, T. E. & Kennedy, A. A, *Corporate Cultures*, Addison-Wesley, 1982.（城山三郎訳『シンボリック・マネジャー』新潮社，1983年，150頁を図表化。）

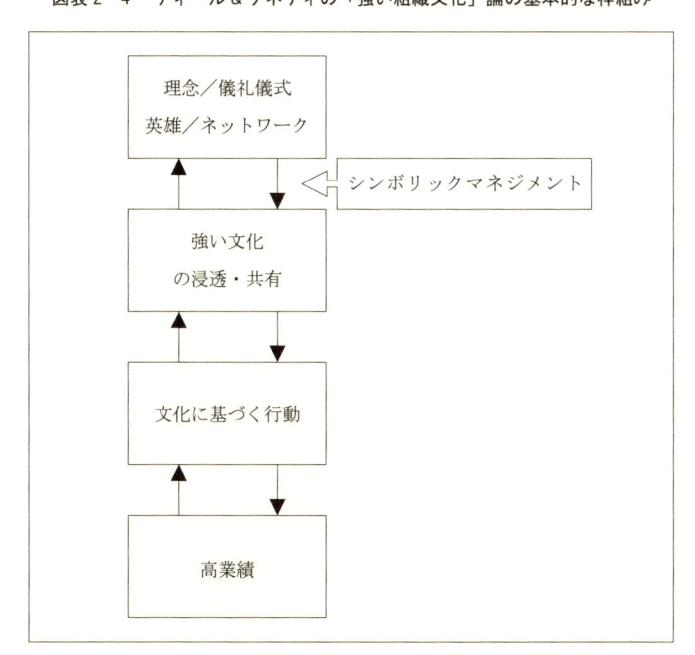

図表2-4　ディール＆ケネディの「強い組織文化」論の基本的な枠組み

```
┌─────────────────────────────────────┐
│         理念／儀礼儀式                │
│         英雄／ネットワーク            │
│              ↑↓    ⇐ シンボリックマネジメント │
│         強い文化                      │
│         の浸透・共有                  │
│              ↑↓                      │
│         文化に基づく行動              │
│              ↑↓                      │
│         高業績                        │
└─────────────────────────────────────┘
```

ジャーは，企業文化の伝達（形成），保護（維持），変革のために，文化と文化の長期的成功に影響を及ぼす要因そして文化の中での自分たちの役割を理解し，自らの行為の象徴的影響力を意識しながら，会社の日常の業務というドラマにおける演技者（脚本家，監督，俳優）として振る舞わなければならないのである。

このように，ディール＆ケネディの「強い文化」論にあって組織文化は，「持続的な高業績のためのツール」であると考えられている。そして，彼らの理論の基本的な枠組みは，図表2-4にあるように，組織文化を組織の目的達成（業績の向上）に対して機能的に働く1つの変数（マネジメントのツール）とし，高業績をあげるには，理念や儀礼，神話などを操作するシンボリックマネジメントによって，強い組織文化を形成・維持しなければならないというものである。

(2) 機能主義アプローチの基本的枠組みその2：シャインの組織文化論

シャインの組織文化論は，上述したディール＆ケネディのような単に高業績を達成するためのツールとして組織文化を扱う議論ではない。彼の議論は，より広く組織が維持存続していくための外部環境との適応および組織内部の統合のためのツールとして組織文化を扱う議論である。それゆえ，ディール＆ケネディの所論よりも，シャインの所論のほうが機能主義としてかなり洗練されたものとして捉えられている。

さて，シャインは，それまでの単純かつ静態的な組織文化概念を問題視し，より精密かつ動態的，そして理論的な組織文化概念を構築しようと試みている。彼によれば，組織文化とは，「ある特定のグループが外部への適応や内部統合の問題に対処する際に学習した，グループ自身によって，創られ，発見され，または発展させられた基本的仮定のパターン—それはよく機能して有効と認められ，したがって，新しい構成員にそうした問題に関しての知覚，思考，感情の正しい方法として教え込まれる」[12]ものである。そして，その組織文化は，明示的な表層レベルから本質的な深層レベルへと3つに区分することができる。

① 人工物（artifacts）：これは，研究者や組織構成員が直接的に観察したり，経験することの出来る現象レベルである。たとえば，組織構成員たちの共通言語（専門用語やジャーゴン）や組織の編成の仕方，儀礼・儀式，その他の問題解決行動などがそれに当たる。これら人工物は，後述する価値や基本的諸仮定に対してシンボリックな意味合いを持つが，同時に外的環境などの状況的な偶然性からも規定され，必ずしも組織文化そのものと位置づけることの出来ないものである。

② 価値（values）：価値は，外部環境への適応や組織内部の統合がいかにあるべきかについての組織のコンセンサスに関係し，また人工物レベルで観察される行動の多くを予見し，常に意識されるものである。しかし，シャインによれば，価値は単に信奉されるだけで行動に反映されず，行動と矛盾する場合も存在し，このレベルではまだ組織文化の本質は捉えきれない。

③ 基本的諸仮定（basic assumptions）：これこそが，シャインのいう組織文化の本質である。この基本的諸仮定とは，組織が外部適応（external adaptation）や内部統合（internal integration）などのマネジメントに関わる問題を解決していく中で，はじめは問題に対する意識された仮説であるが，繰り返しその有効性が認められていくうちに，意識の底に沈み込み，無意識のうちに価値や行動を規定するようになる知覚，思考，感情の方法である。また，シャインは，基本的諸仮定の具体的内容として ① 現実と真理の性質，② 時間の性質，③ 空間の性質，④ 人間性の本質，⑤ 人間活動の本質，⑥ 人間関係の本質，の6つを挙げている。つまり，基本的諸仮定とは，何が現実で何が現実でないのかがいかにして明らかにされるものなのか，環境は組織構成員によって相互主観的に把握されるものなのかそれとも客観的存在としてあるものなのか，あるいは人間はどういう生き物（人間観）で，人間同士の関係はいかにあるものなのか，といった「物事はこうあるべきだ」ではなく，「物事は実際こうあるのだ」ということを示す無意識的な仮定であり，かつ根源的，抽象的なものなのである。また，この基本的諸仮定はおのおのが相互作用の度合いにより複雑に絡み合い，いわゆるパラダイムを形成する。

以上の3つのレベルは，単に独立的にそれぞれ存在するのではなく，一種の循環的な相互作用の関係にあるとされている（図表2-5参照）。

上述の定義からも分かるように，シャインにあって組織文化（基本的諸仮定）は，外部環境への適応や組織内部の統合に関する問題を繰り返し解決していくうちに学習によって形成されるものである。まず，それ（組織文化の形成）は，組織が何らかの問題に直面した際，リーダー（特にトップマネジメントのリーダー）が自分自身の仮定あるいは価値観に基づき，問題解決に対してアクションや施策（ビジョン提示や組織構造・管理システムなどのデザイン）を示すことに始まる（リーダーの仮定・価値→人工物）。ちなみに，シャインは，このリーダーの価値・仮定の示し方を埋め込みメカニズム（第1次と第2次がある）と称している（図表2-6）。さてつぎに，他の組織構

図表2-5　シャインの組織文化概念

人工物	組織の構造やプロセス，組織構成員の共通言語や儀礼・儀式，行動のパターンなど，可視出来るもの。
価　値	環境への適応や組織内部の統合がいかにあるべきかについての組織内でのコンセンサス。人工物から予見され，意識されるもの。
基本的諸仮定	組織文化の本質。環境適応，組織内統合の問題を繰り返し解決していくうちに有効性が認められ，意識の底に沈みこみ，無意識のうちに価値や行動を規定するようになる知覚・思考・感情の方法。

出所：拙稿「組織文化論」『＜経営学検定試験公式テキスト＞① 経営学の基本』中央経済社，2003年，250頁。

注）　左側のBOXによる図は，E. H. Schein, *Organizational Culture & Leadership* 2nd ed, Jossey & Bass, 1992, p.17を訳出作成。右のコメントは，筆者が同著17-26頁を参考に作成した。

第1節　組織文化論における機能主義アプローチの有効性と限界　53

図表2-6　組織文化の埋め込みメカニズム

第一次埋め込みメカニズム	第二次明確化，強化メカニズム
・リーダーが注目し，測定し，統制するもの ・重大な事件や組織の危機に対するリーダーの反応 ・希少資源の配分の基準 ・慎重な役割モデリング，教育および指導 ・報奨や地位を与える規準 ・募集，選択，昇進，退職，免職の基準	・組織デザインおよび構造 ・組織のシステムおよび手続き ・組織の儀礼，儀式 ・物理的空間配置，建物の外見，建造物 ・物語，伝説，神話 ・組織の理念，価値，信条の表明

出所：E. H. Schein, *Organizational Culture & Leadership*, 2nd ed, Jossey & Bass, 1992, p.231 を邦訳。

図表2-7　組織文化変革のプロセス13)

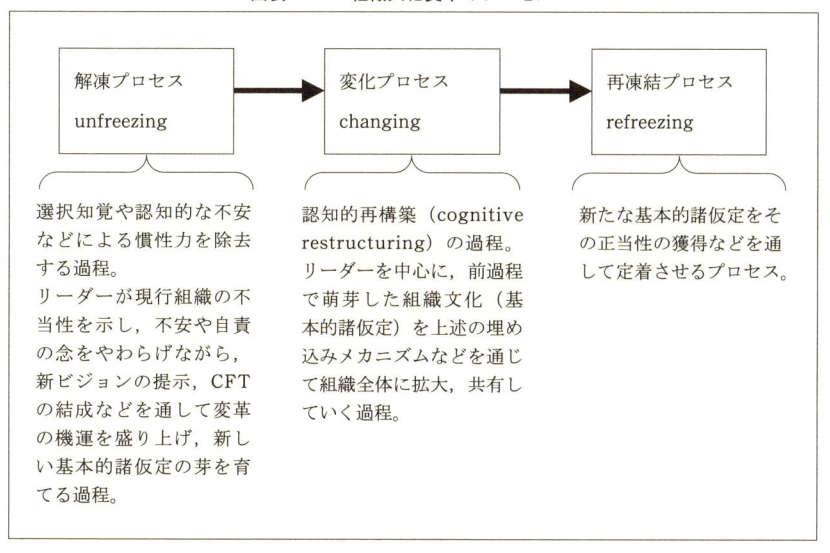

解凍プロセス unfreezing	変化プロセス changing	再凍結プロセス refreezing
選択知覚や認知的な不安などによる慣性力を除去する過程。 リーダーが現行組織の不当性を示し，不安や自責の念をやわらげながら，新ビジョンの提示，CFTの結成などを通して変革の機運を盛り上げ，新しい基本的諸仮定の芽を育てる過程。	認知的再構築（cognitive restructuring）の過程。リーダーを中心に，前過程で萌芽した組織文化（基本的諸仮定）を上述の埋め込みメカニズムなどを通じて組織全体に拡大，共有していく過程。	新たな基本的諸仮定をその正当性の獲得などを通して定着させるプロセス。

　成員たちは，そのリーダーのアクションや施策（埋め込みメカニズム）をある種の価値的仮説（「この問題にはこう対処すべきだ！」）と捉え（人工物→価値），それに従って問題解決を行ないながら，仮説の正否を意識的，無意識的に学習する。このような学習が繰り返し行なわれていくなかで，有効と認められたものが組織構成員すべてで共有される基本的仮定，つまり組織文化となっていくのである（価値→仮定）。

　このように出来上がった組織文化は，繰り返し起こる問題はもちろんのこ

図表 2-8　組織のライフサイクルと組織文化変革

成長段階	文化の機能／論点
Ⅰ 誕生および初期成長 創業者の支配（同族による支配もありうる） 後継局面	1．文化は特有の能力でありアイデンティティの源泉である 2．文化は組織を結束させる「糊」である 3．組織は一層の統一化，明確化を目指して進む 4．コミットメントを立証させるため，組織への同化を大いに重視する 1．文化は保守派とリベラル派の闘争の場となる 2．後継者となるべき候補者は，文化要素を維持するか，変革するかにより判定を受ける
変革メカニズム 　　1．自然な進化 　　2．組織療法を通じての自律的進化 　　3．混成種による管理された進化 　　4．アウトサイダーによる管理された「革命」	
Ⅱ 組織の中年期 　1．製品／市場の拡大 　2．垂直統合 　3．地理的拡大 　4．買収，合併	1．新たな下位文化の大量出現により文化的統一が弱まる 2．中核的目標，価値観，仮定が失われ，アイデンティティの危機が生じる 3．文化変革の方向を管理する機会が提供される
変革メカニズム 　　5．計画された変革および組織開発 　　6．技術的誘導 　　7．スキャンダルによる変革，神話の爆発 　　8．漸進主義	
Ⅲ 組織の成熟時期 　1．市場の成熟または衰退 　2．社内的安定性の増加または（および）停滞 　3．変革への動機付けの不足 変容的路線 破壊的路線 　1．破産と再編 　2．乗っ取りと再編 　3．合併と同化	1．文化が革新への障害となる 2．文化は過去の栄光を保持し，その結果，自尊心や自己防衛の源泉として尊重される 1．文化の変革は必要かつ不可避である。しかし，すべての文化要素を変える事は不可能であるか，または行なうべきでない 2．文化の本質的要素は確認し，維持すべきである 3．文化の変革は管理可能であるか，または放置して進化するに委せることが可能 1．基本的パラダイム面での文化の変革 2．中枢的要因の大幅な更迭による文化の変革
変革メカニズム 　　9．強制的説得 　　10．方向転換 　　11．再編，破壊，新生	

出所：E. H. Schein, *Organizational Culture & Leadership,* Jossey & Bass, 1985.（清水紀彦・浜田幸雄訳『組織文化とリーダーシップ』ダイヤモンド社，1989年，347頁。）をもとに作成。

と，新たに起こる問題に対しても解決策に対する構成員間での合意の獲得（「この問題はこう解決すべき！」）を容易にする。そして，それが行動に移されることで環境への適応・組織内部の統合がなされていくのである（仮定→価値→人工物）。つまり，組織が機能していくのである。

また，シャインもディール＆ケネディ同様，組織文化の形成および変革におけるリーダーシップの役割の重要性を論じている。とりわけ，彼は機能しなくなった組織文化の変革においてリーダーシップが重要であることを強調している。シャインによれば，組織文化変革は，リーダーのアクションを核に据えた図表2-7のようなプロセスを辿るものである。また，この変革プロセスは，組織のライフサイクルによってその中身が異なる（図表2-8）。

このように，シャインの組織文化論にあって，組織文化とは「組織の外部適応，内部統合のためのツール」であると考えられている。そして，彼の理論の基本的な枠組みは，ディール＆ケネディ同様に組織文化を組織の目的達成（外部適応・内部統合）に対して機能的に働く1つの変数（マネジメントのツール）とし，適応と統合に基づく組織の維持存続を達成するには，埋め込みメカニズムなどを駆使することによって，それに適した組織文化を形成・維持しなければならないというものである。

以上の機能主義アプローチの代表論2つから，組織文化論における機能主義アプローチの基本的な枠組みが，以下のようなものであることが分かる。つまり，機能主義アプローチの基本枠組みは，「組織文化をマネジメントツールとし，組織目的（業績向上）の達成や組織の維持・存続のためには，リーダー／マネジャーがその組織文化を操作し，他の成員たちにそれを内面化させていかなければならない」というものである。

さて，それではつぎにこの機能主義アプローチの有効性と問題点についてみていくことにしよう。ただしここで「有効性と問題点」とは，機能主義アプローチの「組織不祥事分析モデル」としての有効性と問題点であり，同アプローチのそもそもの理論的論点，問題意識に対する有効性と問題点というわけではない。

第3項　機能主義アプローチの有効性と問題点(1)
モデルに不可欠な理論的視点（ミクロ・マクロ・リンク）に関連して

　まず本項では，ミクロ・マクロ・リンクに関連して，組織文化論における機能主義アプローチの（組織不祥事分析モデルとしての）有効性と問題点を検討していくことにしよう。

　ディール＆ケネディにしてもシャインにしても，機能主義アプローチにおいて組織文化は，組織を構成する1変数であり，組織目的の達成や組織の維持・存続に機能的で操作可能なマネジメントツールである。それゆえ，組織不祥事分析に関連して言えば，機能主義の組織文化論は，組織不祥事の予防策，あるいは一度不祥事を起こしてしまった組織の再生策などに対して，「トップマネジメントが〇〇のような組織文化を△△のようにして他の成員たちに教え込み組織に定着させれば，その組織は不祥事を（二度と）起こさない」などといった経営実践への政策提言を行なうことが出来る枠組みだと言えよう。ミクロ・マクロ・リンクとは若干関係ないが，まずこれが機能主義アプローチの最大の特徴であり，不祥事分析モデルとして有効な点である。

　しかし，このような有効性があるが故の問題点がある。機能主義アプローチは，組織文化をマネジメントツールとして扱うが故か，ミクロ・マクロ・リンクプロセスの中の④組織構成員による自生的な組織文化生成の過程が抜け落ちている。同アプローチでは，組織文化の形成は，トップマネジメント主導で行なわれる傾向にある。特に，シャインの組織文化の「埋め込み」メカニズムにおいてそれは明白である。シャイン理論によれば，組織文化の形成プロセスは，学習のプロセスであるといってもトップマネジメント以外の構成員たちにとっては，トップが施す埋め込みメカニズムに従って行動することでトップの意図する組織文化を身に付けていく，つまり社会化（socialization）という側面が非常に強いプロセスである。特にシャイン理論に

第1節　組織文化論における機能主義アプローチの有効性と限界　57

あって組織文化は，組織の創業・成長期に確立してしまうものであるため，それ以降組織に参加する者にとっては社会化するものという傾向がいっそう強くなる。この傾向は，上述で分かるとおりディール＆ケネディにおいても同様である。機能主義アプローチにあって組織文化は，トップマネジメント（特に創業トップ）が意図した内容が即，組織の文化となり，それ以外の構成員たちにとっては与えられるものでしかないということになる。それゆえ，機能主義アプローチの描くミクロ・マクロ・リンクは，図表2-9のように歪（いびつ）なものになってしまい，本書の意図に照らすといささか問題がある。これでは，構成員たちが組織不祥事を否応なく強いられていくプロセスを描けても，すべての構成員の複雑なやり取りのなかで組織不祥事を正当化する組織文化が醸成していく様，それによって組織不祥事が発生していく様を描ききれない。また，極めて稀なことかもしれないが，一介の構成員の手によって組織が不祥事体質から脱却していく創発的な変革の姿なども描けない。

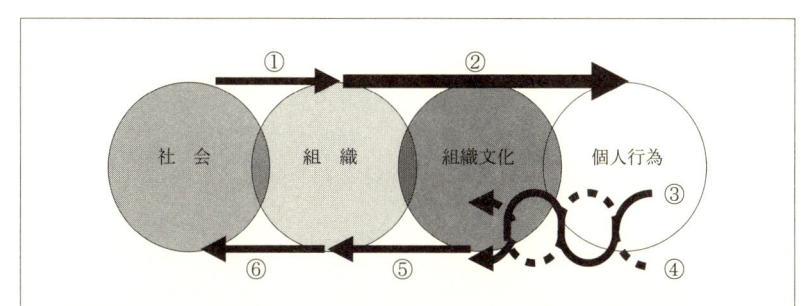

図表2-9　機能主義アプローチにおけるミクロ・マクロ・リンク

組織文化は，トップマネジメントの意図どおりに形成され，その他の構成員たちにとっては，社会化せねばならないものである。それゆえ，④自生的過程が希薄であり，かつマネジメント以外の構成員にとって②再帰的過程が強烈。
ちなみに，各プロセスは①環境からの影響の過程→②組織文化の再帰的な影響過程→③マネジメントによる組織文化生成の過程→④自生的な組織文化生成の過程→⑤組織創発の過程→⑥組織から環境への影響の過程である。

第4項 機能主義アプローチの有効性と問題点(2)
モデルに不可欠な理論的要素（パワーおよびポリティクス概念）に関連して

　ではつぎに，パワーおよびポリティクスの概念に関連して機能主義アプローチの有効性と問題点を検討していくことにしよう。むろん，本項の検討も組織不祥事分析モデルとしての有効性と問題点である。

　前項で検討したように，機能主義アプローチにおいて組織文化は，トップマネジメントの意図どおりに形成され，その他の構成員たちにとっては，社会化せねばならないものである。それゆえ，④自生的過程が希薄であり，かつマネジメント層以外の構成員にとって②再帰的過程が強いインパクトを持っている。つまり，機能主義アプローチでは，組織文化形成に当たってはマネジメント層の人々が非常に強いパワーを，また，組織あるいは組織文化そのものも非常に強い慣性力（先述の2次的権力，3次的権力に相当）を持っているが，それに比してマネジメント層以外の一般成員は非常に非力に描かれている。そのため，秩序統制や均衡に向かってのパワーについて多くを語ることが出来る。たとえば，組織構成員たち自身の信条あるいは社会道徳と異なる組織文化に身をおくことによる葛藤やそこで不祥事に手を染めざるを得なくなる（統制されていく）抑圧感といったものを描くには，同アプローチは非常に有効であるといえる。

　しかし，同主義は，「構成員たちのポリティクス活動によって社会道徳から逸脱した組織文化が形成され，そこから不祥事に繋がるミクロ・マクロ・リンクがなされていく」といった面に関する説明力に若干の物足りなさをもつ。これは，自生的過程を描かない歪なミクロ・マクロ・リンクにも原因があるが，それよりも本章第1節のバーレル&モーガンの議論にあるように，機能主義がそもそも社会や組織の秩序，均衡，安定性を重視したパラダイムであるということに端を発している。それゆえ，機能主義アプローチは，ラディカルなダイナミズムに不案内であり，後述するシンボリック解釈主義ほ

どではないが，この点に若干の問題を抱えている。

さて，機能主義アプローチは，以上のように，組織不祥事を分析するモデルを構築するに当たり，有効性を持ちつつもいくつかの問題点も抱えており，本書における不祥事分析モデル構築のベースとすることは難しいといえよう。それでは，既存組織文化論におけるもう1つのアプローチ—シンボリック解釈主義アプローチはどうだろうか。次節では，このシンボリック解釈主義アプローチの有効性と限界（問題点）について検討していくことにしよう。

第2節　組織文化論におけるシンボリック解釈主義アプローチの有効性と限界

ここまで幾度か述べてきたように，組織文化論は，1970～80年代の社会的，理論的背景の中から生まれ，組織の高業績や組織の維持存続のための操作可能な1つのマネジメントツールとして組織文化を論じてきた。それは，機能主義アプローチと呼ばれ，これまで組織文化論の中核をなしてきた。しかし，この機能主義アプローチには，前節で述べたことも含め，さまざまな批判や懐疑があるのも事実である。組織文化は，機能主義が言うように，本当に組織のため（業績や維持存続のため）の道具でしかないのであろうか。それでは，個人が組織文化を介して組織の単なる従属物になってしまってはいないだろうか。このような批判の中から組織文化論の分野に登場してきたのが，これから検討する組織文化論におけるシンボリック解釈主義（symbolic-interpretivism）アプローチ（シンボリック解釈主義組織文化論）である。

それでは，シンボリック解釈主義アプローチについても，まずは基本的な考え方および概念定義について検討することからはじめよう。

第1項　シンボリック解釈主義アプローチの科学観，人間観，環境観，組織観，マネジメント観

(1) 科学観

シンボリック解釈主義アプローチは，前節で示したバーレル&モーガンの分類でいくと解釈主義パラダイムに属する。この解釈主義パラダイムは，科学に対して主観主義（唯名論，反実証主義，主意論，個性記述）的な立場を取り，社会や組織の個人によって現実が創り上げられていく過程を重視し，その過程や創り上げられた現実の基底にある意味を個人的意識や主観性の領域から理解・説明しようと志向するパラダイムである。ちなみに，繰り返しになるが，主観主義とは，現実についての認識あるいは知識を行為者が自身の主観的な経験などを通じて得るものであると捉え，行為に対する観察者ではなく参加者の準拠枠の範囲内で，個人的意識や主観性の領域における説明を探求しようとする科学的立場のことである。

(2) 人間観

前述のように科学的な立場として主観主義に立っていることからも分かるように，シンボリック解釈主義アプローチにあって人間は，日々の経験から世界を意味づけていく解釈主体である。シュルツによれば，「組織構成員たちは，意味を創造し，彼らが影響し合う組織の現実を定義する」[14]，つまり人間は，現実の創造主体であるということである。この解釈主体・創造主体としての人間は，図表2-10のように他者との相互行為の中から現実を創造していく。この図表によれば，人は，他者によって表現された何か（シンボル）を自ら持つ意味体系（解釈図式）を参照しながら解釈し，そこから得た意味づけを持って何らかのリアクション（応答）をし，それと同時に自分の意味体系を再構成する。このような意味の解釈と構成の繰り返しの中から，人は，自らをとりまく世の中を構成していくのである。そして，この相互行為における意味のやり取りは，シンボリック解釈主義アプローチの理論的中

第2節　組織文化論におけるシンボリック解釈主義アプローチの有効性と限界　61

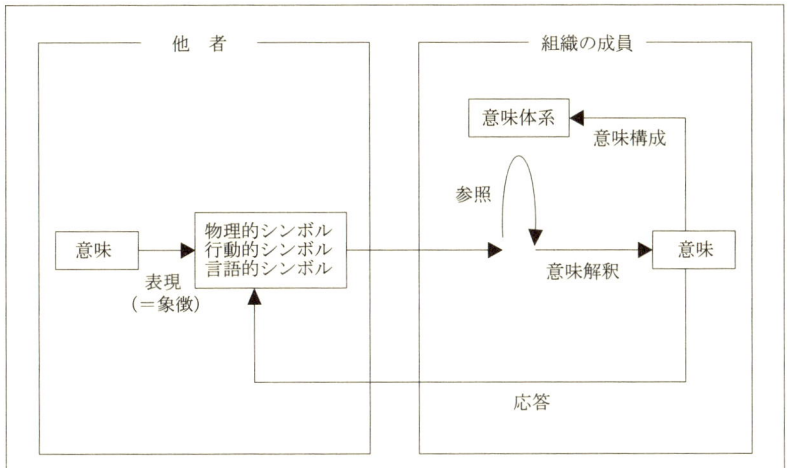

図表 2-10　意味解釈と意味構成

組織の成員は，何らかのシンボルに出会うと，既存の意味体系を解釈図式として参照しながら，その意味を解釈する。そして，その解釈した意味に従って応答する。このとき成員は，（出会ったシンボルが新しいものであった場合などは）同時に意味体系に新たな意味を付け加えていく。

出所：坂下昭宣著『組織シンボリズム論―論点と方法―』白桃書房，2002年，184頁を加筆修正。

核である。

(3) 環境観

科学観や人間観の説明の中でも示したように，解釈主義パラダイムに基づくシンボリック解釈主義アプローチにあって環境（特に社会）は，個人の主観やその集まりの中で解釈され構成されていくものである。すなわち機能主義アプローチのように客観的実在とは捉えない。それゆえ，人は，自らの行為を頼りに自ら創り出した社会の中で自らの行為を決めていく存在なのである。

(4) 組織観

上述の社会同様，シンボリック解釈主義にあって組織は，主観的ないし間

主観的に構成されるものである。シュルツもモーガンも組織を「ヒューマンシステムであり，それはシンボリックな行為の複雑なパターンを表現するシステムである」[15]というように定義する。要するに，組織とは，「人間のシンボリックな活動のシステム」ということである。この定義だけでは機能主義のそれと大差はないが，冒頭に示したように，主観的ないし間主観的に構成されていくものであるというところに大きな特徴がある。そこで働く人々の解釈と構成の繰り返しの中から組織が生まれていくというこの組織観は，「組織は文化である」と言われる所以である[16]。

(5) マネジメント観

シンボリック解釈主義アプローチは，上述したように機能主義アプローチのマネジメント志向に対する批判から生まれたアプローチである。それだけに，文化をマネジメントの手段とみなすことに否定的である。彼らにとっての組織文化は，組織で働く人々の日常そのものであり，また，彼らの研究は，さまざまな組織における社会的生活（その様式）の理解と説明にある。このような理論的論点からはなかなかマネジメントは現れてこない。

しかし，フェファー（J. Pfeffer）やアルベッソン&バーグ（M. Alvesson & P. O. Berg）のように例外的にマネジメントを扱っている者も存在するようだ。坂下昭宣教授によれば，彼らのマネジメント概念は，シンボル操作による成員の意味解釈・意味構成過程に影響を与え，共有される意味体系を調整しよう（ひいてはそこから行為を調整しよう）というものである[17]。いずれにしても，これらは稀で，多くの同アプローチは，文化のマネジメントに否定的である。

さて，組織文化論におけるシンボリック解釈主義アプローチ（シンボリック解釈主義的組織文化論）は，科学や人間，環境，組織などに対して以上のような考え方あるいは概念定義をしている。では，このシンボリック解釈主義アプローチは，これらに基づきどのような理論を展開しているのだろうか。次項では，その基本的枠組みについて検討していくことにしよう。

第2項　シンボリック解釈主義アプローチの基本的枠組み

(1) 組織文化の概念定義

　シンボリック解釈主義アプローチの基本的枠組みを検討していくにあたり，まずは組織文化概念について整理することから始めよう。同アプローチでは，解釈主義的文化人類学者ギアツ（C. Geertz）の文化概念（文化とは，「人間が自分自身で張りめぐらした意味の網」であり，「意味とシンボルの秩序立てられたシステム」である）[18]などを援用して，組織文化を概ね「社会的に構築され共有されたシンボルと意味の網あるいはシステム」であると捉えている。ここで「網（web）」とは相互関係的なパターンを意味している。また，シンボルとは，それ自身以上の非常に大きな何かを意味するサインであり，共有される「意味」は，このシンボルあるいは複数のシンボル間の関係から生じ，また解釈されるものである。この組織文化概念は，図表2-11をみてもわかるように機能主義のそれとさほど変わりはない。シンボリック解釈主義固有の特徴は，この組織文化概念ではなく，すでに前項で示した理論を根底から支える科学に対する見方・考え方であり，そして機能主義批判という登場の経緯からも分かるようにその問題意識にある。

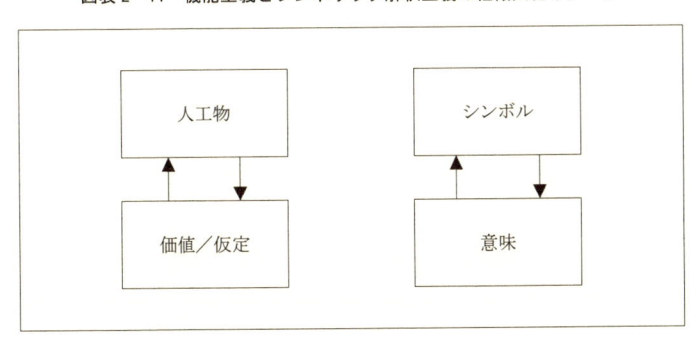

図表2-11　機能主義とシンボリック解釈主義の組織文化イメージ

人工物	シンボル
価値／仮定	意味

(2) シンボリック解釈主義組織文化論の問題意識

　シンボリック解釈主義の組織文化論の問題意識は，組織文化の機能性（業績向上や環境適応など，組織の生き残りのためのツールとしてそれが有効か否か）ではなく，組織の現実（組織内で経験されるさまざまな出来事や組織構成員の言動）がどのように社会的に構成されていくのか，つまり組織の現実がどのように構成員たちによって解釈され意味づけられていくのか（形成のプロセス），そしてそのときどのような意味が付与されるのかを明らかにすることにある。つまり，シンボリック解釈主義の組織文化論は，個人（組織構成員）の主体性および組織文化の創発プロセスを重視した組織文化論なのである。

(3) 重要な概念

　機能主義アプローチでは，ディール＆ケネディにしてもシャインにしても組織文化の形成プロセスおよびそのマネジメントに関する一般化された枠組みを提示している。たとえば，図表2-5のようにである。一方，シンボリック解釈主義アプローチは，科学観などで検討したように，反実証主義的で個性記述的な立場を取るため，一般的な枠組みが提示されることよりも，下述のように参与観察やインタビューなどといった定性的研究の結果から明らかにした個別の組織の文化内容を提示するというスタイルのほうが多い。

　そのような中，多くの研究に共通する重要な概念がある。それは，「現実の社会的構成」概念と社会心理学者のワイクが示す「組織化（organizing）」の概念の2つである。

　現実の社会的構成とは，現実というものを客観的にあらかじめ存在するものとしてではなく，そこに生きる人々の日常的な相互作用の中から築き上げられるものとして捉える概念である[19]。これは，上述の科学観（主観主義）およびそれに基づく人間観，環境観，組織観などと密接に関係した概念であり，現実観ないしは，むしろそれらを総称する名称とも言えるかも知れない。そして，この現実の構成の模様を示すのが次の組織化のプロセスである。

第2節 組織文化論におけるシンボリック解釈主義アプローチの有効性と限界 65

図表2-12 ワイクの組織化のプロセス

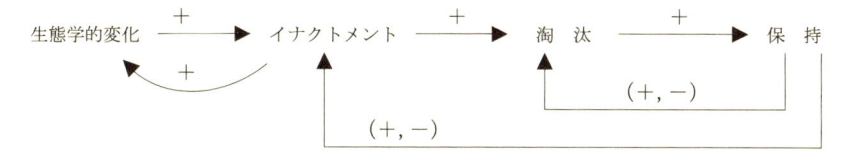

生態学的変化 →(+) イナクトメント →(+) 淘汰 →(+) 保持
          (+)   (+, −)
                    (+, −)

出所：K. E. Weick, *THE SOCIAL PSYCHOLOGY OF ORGANIZING*, 2nd ed., The McGrow-Hill, 1979.（遠田雄志訳『組織化の社会心理学』[第2版] 文眞堂，1997年，172頁。）

ワイクの組織化のプロセスとは，意味形成の組織化のプロセスである。ワイクによれば，組織化とは組織構成員たちが彼らの直面した多義的な現実に対し，さまざまな行動やコミュニケーションを通じて意味を取捨選択し，共通の見解として1つの意味を付与・保持していくプロセスである。このとき意味は因果マップという形で保持され新たな問題や現実に直面した際の解釈そして行動に影響を与えることになる（図表2-12参照）。また，図表中のイナクトメント（enactment）とは，組織的現実の主観的，主体的な起源に焦点を当てる概念であり，組織あるいは個人が自らの行動や言明などを通じて，自らをとりまく環境や状況の一部をリアルなものとして自ら生み出していく過程のことである[20]。

(4) 具体的な研究

具体的な研究としては，たとえば，ある行政組織の組織文化を週1回の定例会議を通して明らかにしたシュルツの研究がある[21]。シュルツは，会議参加者（大臣や事務次官や各局のマネジャーなど）のやり取りについての参与観察とインタビューを通じ，そこでの儀式（習慣的行為）を，そしてそこから神話と伝統を，さらには世界観を，そして最後に組織で共有される文化イメージを解き明かしていった。ちなみに，当該組織ではマネジャーレベルで家族的なイメージが，それ以外のメンバーの間で疎外やポリティカルなイメージが組織に対して構成されていた。

また，スマーシッチは，ある保険会社の組織文化を民族誌的研究法を用いて明らかにした[22]。彼女は，当該保険会社のスタッフ会議，プランニング

セッション，コーヒーブレイクの場，普段の会話の席などの参与観察やスタッフへのインタビューなどを通して，社長の哲学，従業員の信念，組織のエートスが構成員たちの解釈を通して構成されていく様をつまびらかにした。

坂下昭宣教授も述べているようにシンボリック解釈主義組織文化論の具体的な調査研究はそれほど多くないが，これらの調査では共通して参与観察やインタビューなどの定性的調査法がとられている。これは，主観主義的立場に立つシンボリック解釈主義アプローチの大きな特徴の1つである。

さて，それでは次にこのシンボリック解釈主義アプローチの有効性と問題点についてみていくことにしよう。くどいようであるが，ここで「有効性と問題点」とは，同アプローチの「組織不祥事分析モデル」としての有効性と問題点であり，同アプローチのそもそもの理論的論点，問題意識に対する有効性と問題点というわけではない。

第3項　シンボリック解釈主義アプローチの有効性と問題点(1)
　　　　モデルに不可欠な理論的視点（ミクロ・マクロ・リンク）に関連して

前節で検討した機能主義アプローチは，マネジメント志向であるが故にか，マネジメントによる組織文化生成の過程と組織文化による再帰的な影響の過程が非常に強く描かれ，逆に構成員たちによる自生的な組織文化生成の過程がうまく描けていないという問題点を抱えていた。一方，本節で検討しているシンボリック解釈主義アプローチは，これまでも述べてきたように，マネジメントはさておき，組織成員間の意味解釈と意味構成の繰り返しの中から組織的現実を紡ぎだしていく様を細やかに描こうと努めている。つまり，シンボリック解釈主義アプローチは，誰かによって押し付けられた価値や意味を内面化していく過程としてではなく，構成員たちが組織文化を構成していく過程として，自生的な組織文化生成の過程をしっかりと描いているのである。それゆえ，これによれば，マネジメント層以外の構成員たちがそ

第2節　組織文化論におけるシンボリック解釈主義アプローチの有効性と限界　67

のやりとりの中で不祥事体質の文化を構成していく様を描くことが出来るだろう。この点が，まずシンボリック解釈主義アプローチのミクロ・マクロ・リンクに関連した組織不祥事分析に対する有効な点である。

　しかし，こちらのアプローチでもやはり，このような有効性故の問題点が存在する。つまり，シンボリック解釈主義アプローチは，組織文化の自生的な生成過程に注視するがあまり，マネジメント（概念そのものおよびマネジメント主導による組織文化生成の過程）をどこかに置き忘れている観が否めない。これは，同アプローチの本来の問題意識より生まれるものであるため仕方のないことではあるが，組織不祥事を分析するモデルとしては，ミクロ・マクロ・リンクの不完全さ（機能主義とは逆の歪さ）や，不祥事の予防や再生に関する政策提言能力の限界といった問題を創出する。

　また，機能主義アプローチが組織や社会を客観的実在とするのに対して，シンボリック解釈主義は，主観的ないし間主観的に構成していくものであるがために，組織があやふやで，かつ再帰的な影響の過程が非常に力無く描かれるに留まっている。次項にも関係するが，これでは組織の慣性はなかなか描けない。図表に表わすと次（図表2-13）のようになる。

図表2-13　シンボリック解釈主義アプローチにおけるミクロ・マクロ・リンク

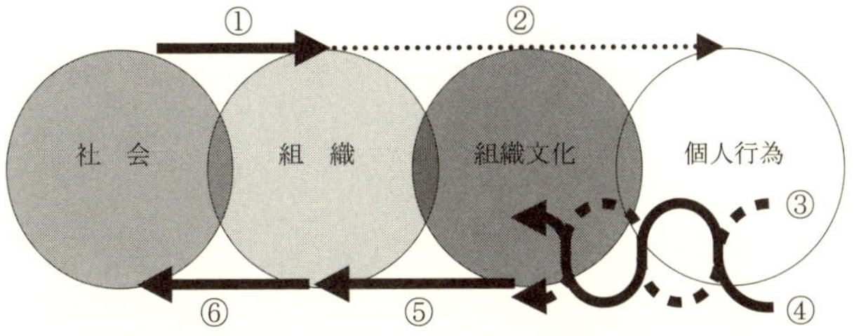

構成員たちの意味解釈と意味構成の繰り返しの中から組織的現実が生まれていく。構成員はみな解釈主体であり，創造主体である。それゆえ，③マネジメント過程が希薄であり，②再帰的過程もまた機能主義より弱い。
ちなみに，各プロセスは，①環境からの影響の過程→②組織文化の再帰的な影響過程→③マネジメントによる組織文化生成の過程→④自生的な組織文化生成の過程→⑤組織創発の過程→⑥組織から環境への影響の過程である。

第4項　シンボリック解釈主義アプローチの有効性と問題点(2)
　　　　モデルに不可欠な理論的要素（パワーおよびポリティクス概念）
　　　　に関連して

　シンボリック解釈主義アプローチは，パワーおよびポリティクス概念に関しても決して満足いくものではない。たしかに参加する（研究の対象として参与観察する）現場の状況によっては，同アプローチでも，パワーの行使やポリティカルな活動の実際が描かれうる。しかし，同アプローチにおいてそれらが積極的に論じられることは非常に少ない。次章で登場するギデンズが解釈学派を批判するのは，まさにこのパワー概念の希薄さにある[23]。

　また，上述したように，組織や社会，あるいは組織文化を行為者に外在する客観的実在としてではなく，主観的ないし間主観的に構成されるものと捉えていることから，同アプローチは，とくに再帰的影響力に不足している。それゆえ，シンボリック解釈主義は，ルークスのいう2次的権力や3次的権力の説明力についても非常に弱々しい。これでは，前章で示したような，理不尽さを感じながらも抑圧され不祥事に繋がる行為や考え方を受け入れていく個人や，その理不尽さや抑圧感すら感じなくなる，つまり倫理観が麻痺していく個人の様などを描くことが出来ない。このようにパワーやポリティクスに関してシンボリック解釈主義アプローチは，多くの問題を抱えている。

第5項　機能主義とシンボリック解釈主義の止揚は可能か
　　　　―構造化理論アプローチへ―

　さて，本章では，ここまで組織文化論における2つのアプローチが組織不祥事の分析枠組みとして適当か否かを検討してきた。これまでの検討からわかるように，どちらのアプローチも優れた点を持ちつつも，見逃せない問題点を抱えており，本書が第1章で掲げた条件にあったアプローチとは言い難

い。しかし同時に，2つのアプローチは，本書の視点から見れば，お互いがお互いの弱みを補強し合う相補的な関係にあるということも容易に窺い知れよう。それゆえ，本書の望むフレームワークを構築するには，この2つを総合することが望ましいように思われる。しかし，2つのアプローチが本章でこれまで検討してきたようにそれぞれ相反する科学的立場にあるため，不用意な総合は木に竹を接ぐようなものであり危険である。よって，この2つのアプローチおよびその根底にある科学観をどう止揚していくかが本書の望むモデルを構築する重要な鍵となるであろう。

この止揚問題は，何も筆者だけの問題ではないようだ。最近では，同様の問題意識からそれを克服すべくさまざまな試行錯誤がなされている[24]。たとえば，ハッチ（M. J. Hatch）は，シャインの組織文化論とシンボリック解釈主義のアイデアを融合させ，組織文化をより動態的に検討できるモデルを構築しようと試みている[25]。また，シュルツ＆ハッチ（M. Schultz & M. J. Hatch）などは，この問題を科学観の止揚を持って解決しようとしている。これは，マルチプルパラダイム（multiple paradigms）論と呼ばれる議論で，たとえばシュルツ＆ハッチは，パラダイム間の共訳不可能性（incommensurability）を認めず，パラダイム間の共通点と差異をうまく橋渡ししてやることで，パラダイムを交配させる（paradigms-crossing）というやり方を提案している[26]。また，今田高俊教授は，科学方法論の変換理性という科学の方法手続きの自由な組み換えを提案している[27]。これらの議論は，非常に興味深いものの，科学哲学やポストモダン論などにも関わる非常に難しい問題であり，慎重に扱うべき課題である。科学観レベルでの止揚問題は筆者には手に余る問題であり，またそれだけに安易に上述の止揚の試みのどれかに依拠するわけにはいかない。

そこで本書では，（若干消極的ではあるが）科学観レベルでの止揚の議論をし，自らの手で止揚を試みるという難題に挑まなくても済む，理論レベルで本書の条件を満たしている既存の第3のアプローチを探すことにした。そこで目に留まったのが次章で検討するギデンズの構造化理論およびそれを経営組織論に応用した議論である。

注
1） G. Burell & G. Morgan, *Sociological Paradigms and Organization Analysis*, Heinemann, 1979.（鎌田伸一・金井一頼・野中郁次郎訳『組織理論のパラダイム』千倉書房, 1986年, 35頁。)
2） *Ibid*.（前掲訳書, 22頁。)
3） *Ibid*.（前掲訳書, 22頁。)
4） *Ibid*.（前掲訳書, 22頁。)
5） *Ibid*.（前掲訳書, 22頁。)
6） 坂下昭宣著『組織シンボリズム論』白桃書房, 2002年, 98頁。
7） ただし, シャインの研究を注意深くみていくと, 組織として見ている所は「活動の調整のシステム」によって「調整された活動のシステム」の方であり, バーナードのそれと大差はないことがわかる。
8） M. Schultz, *On Studying Organizational Cultures*, Walter de Gruyter, 1995, p.14.
9） 本項は, 拙稿「組織文化論における自己組織性アプローチの可能性について―機能主義とシンボリック解釈主義の限界を超えて―」『専修大学経営研究所報』第136号, 2000年；拙稿「組織文化論」佐久間信夫・坪井順一編『現代の経営組織論』学文社, 2005年, 175-177頁を加筆修正したものである。
10） T. E. Deal & A. A Kennedy, *Corporate Cultures*, Addison-Wesley, 1982.（城山三郎訳『シンボリック・マネジャー』新潮社, 1983年, 14頁。)
11） *Ibid*.（同上掲訳書, 29頁。)
12） E. H. Schein, *Organizational Culture & Leadership*, Jossey & Bass, 1985.（清水紀彦・浜田幸雄訳『組織文化とリーダーシップ』ダイヤモンド社, 1989年, 12頁。)
13） E. H. Schein, *Organizational Culture & Leadership*, Jossey & Bass, 1985（清水紀彦・浜田幸雄訳『組織文化とリーダーシップ』ダイヤモンド社, 1989年。), E. H. Schein, *Organizational Culture & Leadership* 2nd ed, Jossey & Bass, 1992; E. H. Schein, "How Can Organizations Learn Faster?", *Sloan Management Review*, vol.34, 1993; E. H. Schein, "On Dialogue, Culture, and Organizational Learning", *Organizational Dynamics*, vol.22 autumn, 1993, など参考に筆者が作成。
14） M. Schultz, *op.cit.*, p.17, 149.
15） M. Schultz, *op.cit*, p.15; G. Morgan, P. J. Frost & L. R. Pondy, "Organizational Symbolism", In L. R. Pondy, P. J. Frost, G. Morgan & T. Dandridge (eds), *Organizational Symbolism*, JAI Press, 1983, p.4.
16） V. L. Meek, "Organizational Culture: Origins and Weaknesses", *Organization Studies*, 1988, p.463.
17） 坂下昭宣著, 上掲書, 202-208頁。
18） C. Geertz, *The interpretation of Cultures*, Basic Books, 1973.（吉田禎吾・柳川啓一・中牧弘允・板橋作美訳『文化の解釈学Ⅰ』岩波現代選書, 1987年, 6頁。)
19） V. Burr, *An Introduction to Social Constructionism*, Routledge, 1995.（田中一彦訳『社会的構築主義への招待―言説分析とは何か』川島書店, 1997年, 6頁。) 木村純子著『構築主義の消費論』千倉書房, 2001年, 78頁, など参考。
20） K. E. Weick, *THE SOCIAL PSYCHOLOGY OF ORGANIZING*, 2nded., The McGrowHill, 1979.（遠田雄志訳『組織化の社会心理学』[第2版]文眞堂, 1997年。)；経営学史学会編『経営学史事典』文眞堂, 2002年, 172頁。
21） M. Schultz, *op.cit*.

22) L. Smircich, "ORGANIZATIONS AS SHARED MEANINGS", In L. R. Pondy, P. J. Frost, G. Morgan & T. Dandridge (eds), *op.cit*, pp.55-65.
23) A. Giddens, *New Rules of Sociological Method*, Hutchinson, 1976.（松尾精文ほか訳『社会学の新しい方法基準』而立書房, 1987年, 72頁。）
24) たとえば, D. A. Gioia & E. Pitre, "Multiparadigm Perspectives on Theory Building", *Academy of Management Review*; J. Hassard, "Multiple Pradigms and Organizational Analysis:A Case Study", *Organizational Studies*, 12-2, 1991, など。
25) M. Hatch, "The Dynamics of Organizational Culture", *Acadmy of Management Review*, 18-4, 1993.
26) M. Schultz & M. J. Hatch, "Living with Multiple Paradigms: The Case of Paradigms Interplay in Organizational Culture Studies", *Academy of Manegement Review*, 21-2, 1996.
27) 今田高俊著『自己組織性―社会理論の復活―』創文社, 1986年。

第3章
組織不祥事を紐解くための組織文化論モデルの構築に向けた理論的考察(2)
―組織文化に対する構造化理論アプローチの構築とその有効性―[1]

　さて，前章では，既存の組織文化論2大アプローチについて「組織不祥事を分析するための組織文化論モデルとしてふさわしいか否か」，検討を行なった。そこで明らかになったことは，いずれの既存アプローチも何らかの問題を抱えており，本書の求めるモデルを務めるという点では少々力不足であるということである。そこで，筆者は，それらに代わる第3のアプローチを組織文化論に限らず，経営組織論や社会学などの中から広く探すことにした。その探求のなかで目に留まったのが，ギデンズの構造化理論（Structuration Theory）およびそれを経営組織論へ応用した議論（本書ではそれらをミクロ・マクロ・リンクの組織論と呼称する）である。本章では，第3のアプローチとして，先行研究（ミクロ・マクロ・リンク組織論）をうまく利用しながら，そのギデンズの構造化理論の組織文化論への応用を検討し，組織不祥事分析モデルとしての可能性を探ることにしたい。それでは，まず，ギデンズの構造化理論についてみていくことにしよう。

第1節　ギデンズの構造化理論とは何か
―構造化理論の背景―

　アンソニー・ギデンズ（Anthony Giddens）は，1938年生まれのイギリスの社会学者である。図表3-1にあるように彼が構造化理論を積極的に論

じた1970年代は，東西の冷戦状態，各地での地域紛争の勃発，ベトナム戦争の泥沼化，世界各地での学生運動，そして南北問題など，戦後の世界がふたたび燻りはじめた時代であり，同時に社会学の世界にとっても1つの転換期であった。戦後，社会学の世界は，パーソンズに代表されるような社会の秩序や均衡，安定性を重視する機能主義的社会学に支配されていた。しかし，1960年代，70年代と上述のような既存の秩序を揺るがす世界的な動きが現れると，それに呼応するかのようにして，社会学の領域でも，それまで支配的だった機能主義が批判され，現象学的社会学，シンボリック相互作用論，エスノメソドロジー，構造主義，ポスト構造主義，ネオ・マルクス主義などさまざまなミニパラダイムが登場し，覇権争いが行なわれるようになった。このようないわば「セオリージャングル」の時代に，ギデンズは，個々のミニパラダイムに飽きたらず，それら理論の総合，つまり社会理論の体系的再構築を図ろうと試みた。「構造化理論」とは，彼のその総合の試みなのである。

彼の構造化理論に関する著作は多数あるが，主たるものは図表3-1の通りである。本書における構造化理論の把握も多くをこれら文献に依っている。

図表3-1　ギデンズの構造化理論に関する代表的な著作一覧

出版年	タイトル
1973	*Class Structure of Advanced Societies*, Hutchinson.（市川統洋訳『先進社会の階級構造』みすず書房, 1977年。）
1976	*New Rules of Sociological Method*, Hutchinson.（松尾精文ほか訳『社会学の新しい方法基準』而立書房, 1987年。）
1977	*Studies in Social and Political Theory*, Hutchinson.（宮島喬ほか訳『社会理論の現代像』みすず書房, 1986年。）
1979	*Central Problems in Social Theory: Action, Structure and Contradiction in Social Analysis*, The Macmillan Press.（友枝敏雄ほか訳『社会理論の最前線』ハーベスト社, 1989年。）
1984	*Constitution of Society:Outline of the Theory of Structuration*, Polity Press.
1993	*New Rules of Sociological Method 2nd ed*, Hutchinson.（松尾精文ほか訳『社会学の新しい方法基準 第二版』而立書房, 2000年。）

また，ギデンズの研究領域は，この構造化理論に関する研究以外にも，国家論や社会変動論，近代化論など非常に幅が広い。また最近では，これまでの研究をバックボーンとした「第三の道」なる政治理論を展開し，英ブレア政権など現実の政治実践にも大きな影響を与えている。このうちの近代化論と「第三の道」論は，環境観の議論に関連して次節で若干触れることにする。また，ギデンズの構造化理論誕生の背景は，彼の科学観にも深い関係がある。それゆえ，この背景に関する検討は，次節の科学観の検討においても触れられることになるだろう。

第2節　構造化理論の科学観，人間観，環境観，組織観，マネジメント観

　さて，ギデンズの構造化理論について議論する前に，前章の2つのアプローチと同様に，それが礎とする科学観，人間観，環境観などについて検討することにしよう。

(1)　科学観

　ギデンズは，主観主義，客観主義という2つの科学に対する立場のいずれかに完全に依拠するということをせず（どちらにも不備があるとして），社会科学を二重の解釈学として理解する[2]。二重の解釈学とは，社会科学を「社会的行為者みずからによってすでに意味の枠のなかに構成されている世界を問題とし，そして，日常言語と専門的言語を媒介して，それらの意味の枠を社会学自体の理論図式のなかで再解釈する」[3]ものであるとする科学の立場である。要するに，それは，問題となる世界における人々の解釈を，日常言語や専門用語を用いて研究者があらためて解釈するというのが社会科学の方法であるということである。そして，さらにギデンズは，その二重の解釈学を通じて，「(1) 社会科学の記述的メタ言語の中での，異なる生活様式の解釈学的解明と媒介，(2) 人間の行為作用によって達成された帰結としての，社会の生産と再生産の解明」[4]を行なうことが社会科学（とくに社会学）の

任務であるとする。経営組織論，とりわけ ① 組織不祥事の発生メカニズムの解明，そして若干ではあるが ② 不祥事の予防および不祥事を起こしてしまった組織の再生に関するいわばマネジメントの提案を議論する（任務とする）本書にあって，この社会学を中心とした科学観および任務は必ずしもぴったりフィットするものとは言えない。とくに解釈学的な色彩の強さと政策提言（実践へのインプリケーション）に関する任務の欠如に疑問が残る。しかし，組織不祥事を起こしてしまうようなある種特異な組織の内幕を理解し，その中で組織不祥事を引き起こす組織文化がどのように醸成されていくのかを明らかにしていくという本書の任務 ① は，ギデンズのいう社会科学の任務にうまく当てはまる内容である。また，個々の内幕を明らかにした上でなければ，本書の任務 ② に詳細かつ具体的に答えることは出来ないのも確かである。さらに，ギデンズは，上述のように自らの理論を支えとした「第三の道」という政策提言を実際に精力的に行なっている。そこから，任務には示されていないものの，彼が政策提言を決して軽視していない，むしろ非常に重要視していることが窺える。それゆえ，本書は，ギデンズの科学に対する立場に全面的に賛成とは言えないが（もちろん更なる検討が必要であるが），非常に興味深く，また有用性のある立場であると考えている。

　さて，ギデンズは，上述のほかにも，主観主義ないし客観主義のいずれかの立場に立つやり方は，主体／客体の二元論を生み，行為主体を重視する理論と社会や制度を重視する理論のどちらかに社会理論を分断してしまうといった指摘もしている。バーレル&モーガンの4象限（4つのパラダイム）は，まさにそれを表している（図表2-2）。ギデンズによれば，このような二元論から生まれた社会理論は，それぞれに問題を抱えている。たとえば，機能主義は，社会秩序・均衡などマクロが重視され，社会化（価値の内面化）といった概念が人間の主体的・創造的行為を奪っているとされる。また，解釈主義は，主体の能動的行為に目を奪われ，逆にマクロな秩序やそれに伴うパワーの行使などに希薄であるとされる。[5] これは，社会を組織に置き換えれば，まさに本書が前章で示した既存の組織文化論における問題点そのものである。

　以上のような科学観に立ち，今述べたような主観／客観，主体／客体と

いった二元論，そしてそこから生まれる理論上の問題を克服しようとするギデンズによる総合の試みが本書でこれから取り上げる「構造化理論」なのである。筆者がギデンズの構造化理論に目を留めた第一の理由は，ここ（社会と組織，対象は違えども構造化理論が組織文化論にも該当する問題の克服の試みであること）にあった。また，ギデンズの「構造」概念が本書の「組織文化」概念とよく似ており，組織文化論への応用が比較的容易であろうと考えられたことも大きな理由のひとつであるが，この点については，後述することにしよう。

(2) 人間観

さて，つぎにギデンズ（およびその理論）の人間観（行為および行為者）について検討していくことにしよう。

ギデンズによれば，行為とは「世界内事象の進行中における，身体的存在による，現実の，ないし企図された因果的な介入の流れ」[6]である。別言すれば，行為とは「変更可能な対象世界への介入」[7]であり，つまりそれは，個人行為が社会や組織の創造や強化，変革の中心的な役割を担っていることを表しているといえる。

さらに，ギデンズによれば，この「行為」は，行為者の既存の構造（後述するが「組織化された規則と資源」のこと）の使い方に対する意識（知識を持つ状態）に導かれる。この構造の使い方についての知識は，発話の前提条件としての文法と同じように，うまく言葉に表現できなくても確かに持っている，いわばポランニー（M. Polanyi）のいう暗黙知（tacit knowledge）[8]であることが多い。ギデンズによれば，行為者の意識は，言説的意識（discursive consciousness）（行為者が，行為者自身の行為の条件も含む社会的条件について，話したり言説的表現を与えることの出来る知識を持つ状態），実践的意識（practical consciousness）（社会制度についての非言説的な知識，暗黙知を持つ状態），無意識（the unconscious）という3層構造をなしているとされる[9]。上述の構造の使い方に対する意識，つまり行為を導く意識は，このうちのとくに実践的意識と深く関わっているとされる。

ここから導かれる重要なギデンズの知見は，「行為者」とは，実践的意識によって暗黙的ではあるが意識的に構造を「使って」行為する主体的存在であるということである。行為者は，構造の使い方に関する知識をもって「自省的 (reflexive)」に自らや他者の行為を評価・判断し，理由づけしながら次なる行為を繰り出していくのである。つまり，ギデンズにあって行為者は，ただ単に盲目的に構造に「従う」受動的存在ではないのである。この実践的意識を持つがゆえに，行為者は，構造化（詳しくは後述）を通して，ときに社会や組織の創造・強化・変革を主導する積極的な行為主体になりうるのである。ただし，ギデンズによれば，人は，まったく自由であるという訳ではなく，構造や制裁，あるいは物質的（生物的・地理的・機械的）条件に「拘束 (constrain)」されているともしている[10]。

　最後にもう1つ行為に対する重要な知見が残されている。ギデンズは，先述したが，行為者の持つ意識の3層構造の1層として，無意識というものを挙げている。また，ギデンズは，言説的意識にしても実践的意識にしても，それらを既存の構造やその使い方に対する完璧な知識の獲得を前提とした概念と捉えていない。これらより，ギデンズは，行為者の自己理解の範囲を超えて行為に作用する「行為の知られざる条件」が存在することを想定するのである[11]。つまり，ここから導かれる重要な知見は，行為，そして後述する主体的行為と社会構造の創り創られる関係である構造化には，つねに「意図せざる結果」がつきものであるということである。この意図せざる結果への注視は，今日の経営学における重要課題の1つでもあり[12]，その意味においてもギデンズ理論の経営組織論への応用の試みは，興味深いものである。

(3) 環境観

　ギデンズは，当たり前ではあるが，自然は「人工のものではない，人間に《よって》生み出されるものではない」[13]とする。「人間は自然を変形させるし，またそうした変形が人間の社会的存在の条件のみならず文化的発達の推進力でもある」[14]が，それでも自然は人間によって生み出されるものではな

いと彼は考えている。

　それに比して，社会（システム）は，人間によって創られるものである。また，人間を創るものでもある。つまり，ギデンズによれば，人と社会は創り創られる関係にあるのである。そして，その社会システムは，「組織化された規則と資源」としての構造（さらなる詳述は構造化の概念の件で）によって，「特定の時代や社会といった限定された時間―空間関係のなかに構造化」[15]される「社会的相互行為のシステム」[16]であると定義される。

　また，ギデンズは，近代以降に生まれた新しい問題（環境問題とグローバリゼーション）に対処していくための新しい国家のあり方として，右派でも左派でもない「第三の道」という対話型の市民社会の構築を提唱している。付言すれば，これは，対話による相互信頼を基礎とする市民社会（地域共同体，NPO，NGOなどがその中心）を創出し，その市民社会を中心に国家（社会）全体を動かし，国（政治）は，それらの活動をサポートしていくという国家のあり方である[17]。これも彼の1つの社会観（社会はどうあるべきか）と捉えることが出来るだろう。

(4) 組織観

　ギデンズは，組織を「相互行為のシステム」と定義しており，ここから彼が組織を社会システムの1種類と捉えていることがわかる。また，ギデンズは，機能主義社会学において「構造」と「システム」の概念上の違いが不明瞭になってしまっていることを指摘し，構造を社会システムの特性と捉え，社会システムは決して構造そのものではなく，社会システムは「構造を《持つ》のである」[18]とし，2つの同一視への注意を促している。この社会システム（ここでは組織）と構造の関係の捉え方は，活動の調整のシステムではなく「調整された活動のシステム」を組織として把握するバーナードのそれに似ている。

(5) マネジメント観

　ギデンズによれば，「管理（administration）」とは，「人々の行動が展開

する場面の操作を通じた人々の行動の規制と調整」[19]である。ギデンズは，元来経営組織論者ではないが，この管理の概念定義は経営組織論で非常に馴染み深いものである。また，この管理概念は，本書第1章で示したマネジメント概念ともよく似ており，英訳語は異なるが，ここでは2つ（本書のマネジメントとギデンズの管理）をほぼ同義と捉えてよいと考える。管理をパワーと結びつけて議論する彼の傾向など若干気になるところもあるが，それでも経営組織論への応用を考えると大変興味深い定義づけであるといえよう。

さて，ギデンズないし彼の理論は，科学や人間，環境，組織などに対して以上のような考え方あるいは概念定義をしている。では，ギデンズは，これらに基づきどのように構造化理論を展開しているのだろうか。次節では，構造化理論の基本的枠組みについて検討していくことにしよう。

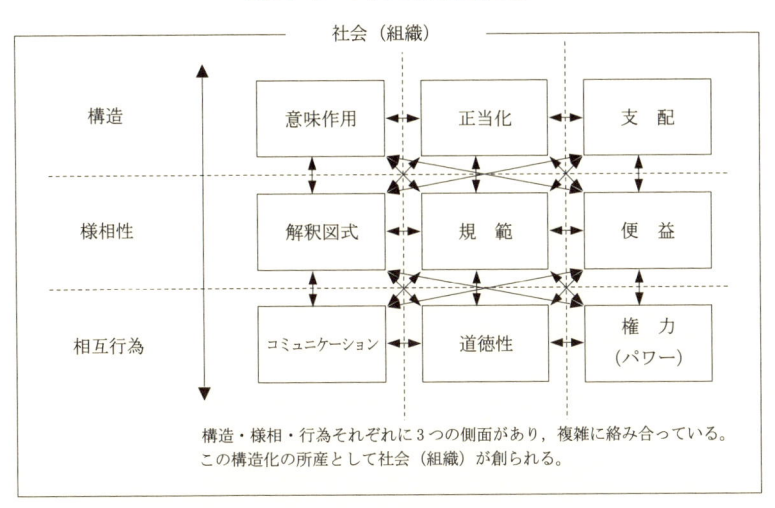

図表3-2　ギデンズの構造化理論

	社会（組織）		
構造	意味作用	正当化	支配
様相性	解釈図式	規範	便益
相互行為	コミュニケーション	道徳性	権力（パワー）

構造・様相・行為それぞれに3つの側面があり，複雑に絡み合っている。この構造化の所産として社会（組織）が創られる。

出所：A. Giddens, *New Rules of Sociological Method*, Hutchinson 2nd ed, 1993.（松尾精文・藤井達也・小幡正敏訳『社会学の新しい方法基準―理解社会学の共感的批判―』而立書房，2000．）訳書214頁を大幅に加筆修正。

第3節　構造化理論の基本的枠組み
―「構造化」について―

　さて，ギデンズの科学観や人間観，社会観などを押さえたところで，ここからは，「構造化」理論の基本的枠組みについて考察していくことにしよう。
　ギデンズによれば，「構造化の概念が意味するのは構造の2重性（duality of structure）である」[22]。ギデンズは社会構造を「組織化された規則と資源」として把握し，社会システムの特性であるとする。そして，その組織化された規則と資源である「社会構造は人間の行為作用によって構成されているだけではなく，同時にそうした構成をまさに《媒介するもの》である」[21]とする。つまり，社会構造（規則と資源）は，個人の行為によって創られるものである一方で，同時にそのような社会構造を創る個人行為そのものを再帰的に創り出す2重の性格をもつものであるということである。ギデンズは，この個人行為と社会構造の創り創られる関係を，構造化，あるいは構造の2重性と呼ぶのである。そして，また，ギデンズは，本書筆者が先に行為概念の検討で示したように，構造化には意図せざる結果がつきものであり，個人行為と社会構造は，意図せざる結果を生み出しながらも，創り創られていくのであるとしている。
　では，この構造化は，具体的にはいかにして行なわれるのか。ギデンズは，この構造化の概念をより具体的に展開するに当たり，個人行為と社会構造の間を実際に橋渡しするものとして「様相（modality）」[22]という概念をさらに提示する。この構造化の様相とは，「行為者が相互行為を発生させる際に依拠するもの」[23]であり，同時に「相互行為システムの構造的構成要素を再生産する媒体でもある」[24]ものである。つまり，個人行為と社会構造は，この様相という媒介を通してお互いに影響を与えあう（創り創られる），つまり構造化がなされるというわけである。さらに，ギデンズは，図表3－2のように個人行為（相互行為），様相，構造それぞれに3つの次元が存在することを明らかにし，構造化の説明をより詳しく具体的に展開させる。以

下少々長いが，ギデンズの説明を引用することにする。

「私（ギデンズ―本書筆者注）のいう『様相』とは，社会的再生産の過程における，相互行為と構造の媒介のことをさす。（図表3-2の下から―本書筆者注）1列目の諸概念は相互行為の属性を示し，他方3列目の諸概念は構造の特性描写である。相互行為における意味のコミュニケーション（communication）は，それぞれの参加者の言動が参加者によって意味を《理解される》ための，その手段となる解釈図式（interpretative schema）の使用を必然的に伴う。そのような認知図式（解釈図式のこと―本書筆者注）の適用は，相互知識（mutual knowledge）（社会的相互行為の際に必要な同行為に対する常識的理解のこと―本書筆者注）の枠内では共同体によって共有される『認知的秩序（図中の意味作用（signification）《世界観》のこと―本書筆者注）』に依拠し，またそうした『認知的秩序』から得られる。しかし，解釈図式の適用は，一方でそのような認知的秩序に依拠しながら，同時にその認知的秩序を《再構成する》のである。相互行為における権力（power）の使用は，参加者が，他者の行動に影響を与えることで結果を生み出すことが可能となる，便益（facility）の適用を必然的に伴う。便益は，支配（domination）の秩序から得られると同時に，便益が用いられることで，支配の秩序を再生産する。最後に，相互行為の道徳（morality）的構成（およびサンクション（sanction）―本書筆者注）は，正当（legitimation）的秩序から得られる規範（norm）の適用を必然的に伴うが，それにもかかわらず，まさにそうした規範の適用によって正当的秩序を再構成するのである」[25]。

そして，ギデンズの理論では，この様相を通して構造に従った行為あるいは構造を利用した行為，ないし構造を再構築するような行為が秩序立てられ結びつき，それによって出来上がる全体（単なる行為の寄せ集めを意味しない）として社会システム（組織はその1種）が捉えられている。つまり，ギデンズは，構造化の所産として出来上がる全体を社会システムと捉えるわけである。ギデンズは，この行為と構造の創り創られる関係（構造化）が社会システムへとなっていくそのロジックを，記号論の統辞的関係と範列的関係のロジックを用いて説明している[26]。統辞的関係とは，例えば文のような

意味作用の生じる記号の直線的な結合関係（記号が時間的あるいは空間的に線条的に配列される関係）を指す。また，範列的関係とは，記号間の代替性（等価あるいは対立）のある関係を指している。図表3-3に示されるように，文は，範列的関係にある記号（単語）の集合から記号（単語）を選択し，それを統辞的な結合関係の下に結びつける行為（発話あるいは筆記）により，出来上がる全体である。これは，まさに，行為－構造－社会システムの関係を表している。つまり，範列的集合（構造）から選ばれ，統辞的性格に秩序立てられた記号（行為）の集合（もちろん，単なる行為の寄せ集めを指してはいない）として現実に立ち現れるのがシステム（社会あるいは組織）であるというわけである。行為はたとえそれに還元し得なくとも構造に従った途端に社会システムの構成要素そのものとなり，2つはまったく別物ではなく，切り離しえない不可分な関係にあるということがここであらためて理解できる。さらに図表3-3からだけでは明確に把握できないが，ここで構造化理論のポイントとなるのは，範列的集合（構造）から記号（行為）を選ぶのが個人行為者によってだけでも社会システム（組織）によってだけ

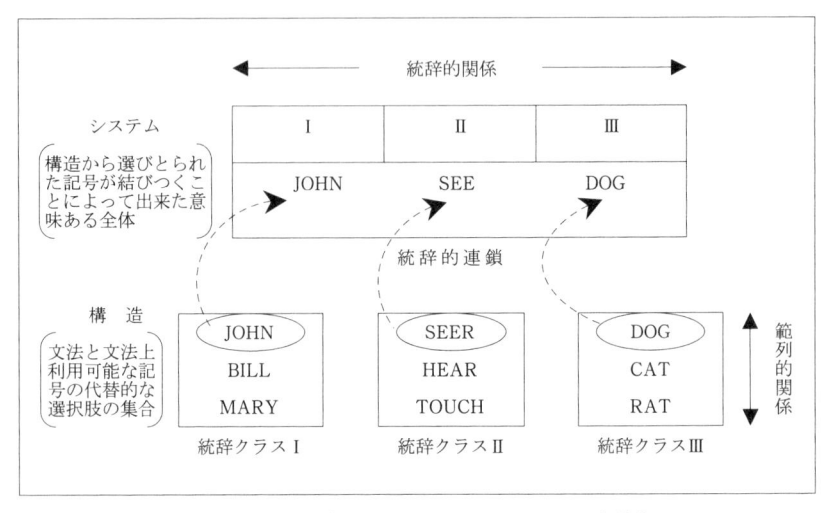

図表3-3　統辞的関係と範列的関係

	統辞的関係		
システム	I	II	III
構造から選びとられた記号が結びつくことによって出来た意味ある全体	JOHN	SEE	DOG

統辞的連鎖

構　造				
文法と文法上利用可能な記号の代替的な選択肢の集合	JOHN BILL MARY	SEER HEAR TOUCH	DOG CAT RAT	範列的関係
	統辞クラスI	統辞クラスII	統辞クラスIII	

出所：池上嘉彦著『記号論への招待』岩波書店，1984年，147頁，を加筆修正。

でもないという点である。つまり，構造に対する知識を持つ行為者が様相を利用して行為を選び取り，その選び出した行為を相互に結びつけていくことでシステムを創るのみならず，逆にその秩序立てられた相互行為によって構成されたシステムの状態が即座に構造そして様相を通じて行為者の次なる行為を規定していくのである。

　ギデンズの構造化理論によると，行為と構造と社会システム（組織）は，以上のような関係として捉えられている。このように記号論も踏まえて構造化理論を検討してみると，ギデンズの示す行為と社会（組織）の関係は，行為と社会（組織）のどちらかが一方的にもう一方を創るのではなく，どちらもが創る側でありかつ創られる側であり，さらには一方を創ることがイコール自らを創ることになるという相互が浸透した二重の関係にあることを示している。

　さて，本節ではここまで，簡単にではあるがギデンズの構造化理論を検討してきた。この構造化理論は，詳細は後述するが，まずその構造概念と組織文化論の組織文化概念とが非常によく似ていることから組織文化論への応用に大きな可能性を感じさせる。そして，さらに，この構造化理論は，前章で挙げた既存の組織文化論が抱えていた問題（あくまで本書の目指す組織不祥事分析のモデル構築に関連してだが）を克服し，本書が示すモデルに不可欠な2つの条件（理論的視点＝ミクロ・マクロ・リンクと理論的要素＝パワー＆ポリティクス）をしっかりと満たしてくれそうな気配を感じさせる。しかし，ギデンズの議論があくまで社会と行為に関する議論であるため，ここまでの検討では，本書の目指す分析モデルとしてそれが有効か否かいまひとつ判然としない。また，筆者の力だけで，そもそも社会理論である構造化理論を経営組織論のモデルにしていくのは非常に難しい。そこで，次節以降では，構造化理論を経営組織論へ応用しているいくつかの先行研究（これら先行研究はミクロ・マクロ・リンク問題の解明に挑んでいる組織研究であるため，本書では，これをミクロ・マクロ・リンクの組織論と呼称することにする）を検討し，ギデンズ構造化論が本書の目指す分析モデルとして有効か否か目星をつけていきたい。そのうえで，それらミクロ・マクロ・リンク組織

論を参考かつ下地にしながら構造化理論の組織文化論への応用モデルを構築し，最後にそれの組織不祥事の組織文化論的分析モデルとしての有用性について考えていくことにしたい。

第4節　構造化理論の経営組織論への応用

本節では，構造化理論を応用した組織文化論モデル構築の1つのステップとして，構造化理論の経営組織論への応用を試みた先行研究（ミクロ・マクロ・リンクの組織論）を検討していくことにする。

第1項　先行研究（構造化理論の経営組織論への応用に関する既存研究）の検討
　　　　―2つのタイプの応用モデルの存在とその経営組織論での位置づけ―

ギデンズの構造化理論を経営組織論に応用し，ミクロとマクロのリンクに挑もうとする試みは，その研究内容や視点から3つの種類に分けることが可能である。1つは，マネジメント，とりわけトップマネジメントのマネジメント活動と組織構造の相互影響関係を中心に見据えながら個人行為―組織―社会の創り創られる関係を探求していこうという試み（本書ではこれを便宜上〈試み／その1〉と呼ぶことにしたい）であり，もう1つは，マネジメント層以外の組織構成員の行為と組織構造の相互影響関係を中心としながら個人行為―組織―社会の創り創られる関係を探求していこうという試み（本書ではこれを便宜上〈試み／その2〉と呼ぶことにする）。そして，最後に3つめは，上述2つの試みとは対象のレベルが異なる，つまり，組織と組織間関係構造（ないし市場構造）の相互影響関係から組織―社会の創り創られる関係を探求しようという試み（本書ではこれを便宜上であるが〈試み／その3〉と呼称する）である[27]。ただし，本書で不祥事分析をするにあたって注目しているのが個人行為―組織―社会のリンクであること，〈試み／その

3〉が〈試み／その1・その2〉の延長線上で捉えることが出来るだろうことなどから，本書では，〈試み／その1〉と〈試み／その2〉に絞って考察を進めることにしたい。

(1) これら先行研究の経営組織論における位置づけ

さて，これら先行研究の具体的な検討に入る前に，その経営組織論における位置づけを見ておくことにしよう。これら既存の試みは，経営組織論の中でもセルズニックを端緒とする制度派の経営組織論者あるいは制度派組織論に強く影響を受けた研究者たちによって行なわれることが多いようである。以下で取り上げるように問題意識は多種多様であるが，根本には，制度派組織論にみられる限界の克服があるようである。

そもそも制度派とよばれる組織論は，組織を人間による合理的で意図的なデザインの所産としてよりむしろ，社会の価値観や規範，世論，慣習などといった環境要因に影響を受けて作り上げられる決して合理的とはいえない「制度（institution）」として捉える[28]。たとえば，大月博司，藤田誠，奥村哲史の3教授は，組織現象の制度的な解釈の一例として，日本企業における執行役員制の導入の例を挙げている[29]。同教授らによれば，日本企業における執行役員制の導入の背景には，企業は「意思決定の迅速化」，「コーポレート・ガバナンスの強化」をすべきという世の中の価値観や規範の流れが作用していると考えられる。そして，そのような社会の流れのなかで，実際に執行役員制が多くの企業で採用されつつあるということは，「執行役員制を導入すれば意思決定が迅速になる，またコーポレート・ガバナンスも強化される」という一種の「合理的な神話（rationalized myth）」が世間に存在していることを意味し，企業はその神話に則って一種の儀式としてそれを採用しているということになる。

このように，制度派の経営組織論は，社会などの環境要因と組織ないし組織構造（制度派はこれを「制度化された規則（institutionalized rule）」と呼ぶ）との関係を研究する，どちらかといえば，環境決定論的な色彩の強い組織論であると言える。つまり，制度派組織論は，環境からの影響をあまり

に強調しすぎて，組織内での行為者の主体的なふるまいを蔑ろにしてきたのである。ミクロ・マクロ・リンクの経営組織論者たちは，この点を制度派組織論の問題点とし，制度派の環境決定論的な組織モデルに組織内行為主体を組み込み，個人行為と制度化された規則（組織構造），世間（社会）の相互影響関係（創り創られる関係）をより包括的に説明できるモデルを構築しようと試みているのである。

　また，この環境決定論的で行為主体が欠如しているという問題は，コンティンジェンシー理論にも見られる問題であり，制度派と共にコンティンジェンシー理論の修正にもギデンズの構造化理論はたびたび登場している。これらより，ミクロ・マクロ・リンクの組織論と本書で呼ぶ理論が，バックボーンを制度派組織論やコンティンジェンシー理論などに持ちながらも，組織生成において社会環境などの影響力と行為主体の影響力を同等に重視する組織論の構築を目指す研究者たちによって議論されているものであることが分かる。

　ちなみに，本書は，繰り返しになるが，組織文化論の観点から組織不祥事を分析するモデルの構築を行ない，そこから組織不祥事を取りまく実践に対する何らかのインプリケーションを探ろうという試みである。それゆえ，本書の経営組織論のなかでの位置づけは，組織文化論という視点から考えるリスクマネジメント論ないし経営倫理学といった立場だといえるかもしれない。ミクロ・マクロ・リンクの組織論とは構築しようと試みるモデルの方向（ミクロ・マクロ・リンク）は似通っているが，そもそもの背景は異なると言えよう。また，付言すれば（これも繰り返しになるが），本書の科学に関する立場は，上述したように本書の目指すモデル構築のためには主観主義／客観主義，機能主義／解釈主義といった二元論を乗り越えなければならないと考えている。ただし，この問題は非常に難題であるため，先述したがその可否や是非など深く入り込んだ検討は別の機会にすることにしたい。

　さて，前置きが長くなったが，それでは，ギデンズの構造化理論の経営組織論への応用を試みた先行研究（ミクロ・マクロ・リンクの組織論）について具体的な理論を例にとりながらみていくことにしよう。

(2) ミクロ・マクロ・リンク組織論の〈試み／その1〉

では，まず，マネジメント活動（とくにトップマネジメントのそれ）と組織構造の相互影響関係を中心に見据えながら個人行為―組織―社会の創り創られる関係を説明・分析するモデルの構築の試みである〈試み／その1〉について2組の研究者の議論を中心に見ていくことにしよう。

(2)-1. ランソン＆ヒニングス＆グリーンウッド（S. Ranson, B. Hinings & R. Greenwood）の議論[30]

ランソン＆ヒニングス＆グリーンウッドの議論は，「組織構造は時を経ていかに変化していくか」[31]を問題意識とし，それを組織構造と個人行為の相互影響関係から説明するモデルづくりを目的としている。彼らは，既存の経営組織論における組織構造の捉え方には，「役割や手続きの公式的な構成（configuration）として，つまり組織の規定されたフレームワーク（the prescribed framework）」[32]として構造を捉えるやり方（フレームワークとしての構造と呼称する）と，「相互行為のパターン化された調整（the patterned regularities of interaction）」[33]（相互行為のパターンとしての構造と呼称する）として構造を捉えるやり方との2通りがあることを指摘する。そして，彼らは，どちらの構造概念も満足いくものではないと続ける。まず，フレームワークとしての構造概念は，公式的なルール（規則）や地位，オーソリティの関係は分かっても，実際の相互行為の動きが見えてこない。そのため，同構造概念には，相互行為から構造が出来上がる様子が説明できないという問題点がある。つぎに，彼らは，相互行為のパターンとしての構造には，上述したフレームワークとしての構造とは逆の問題点があると指摘する。つまり，相互行為のパターンとしての構造概念は，実際の相互行為の動きや創発的な構造形成は説明できても，公式的なルールや地位，オーソリティ関係の説明に疎いのである。ランソン＆ヒニングス＆グリーンウッドは，このように既存の組織構造概念の問題を指摘した後，実は組織構造というものは，規定されたフレームワークであると同時に相互行為の実現された構成であり，お互いが相互浸透しているものではないかと考えた。つまり，

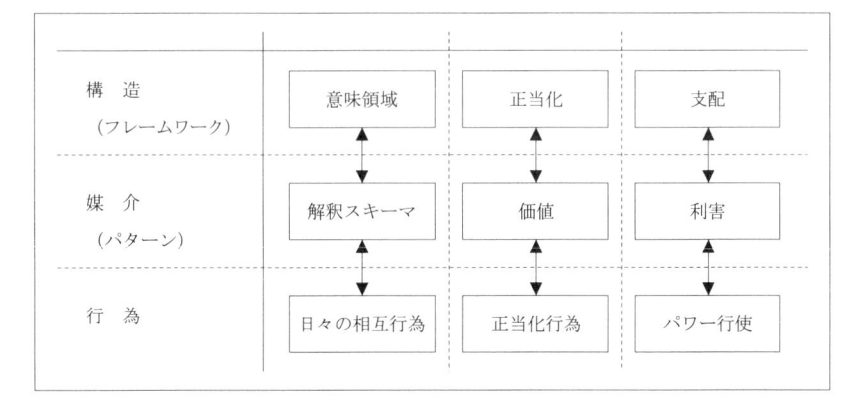

図表 3 - 4　ランソン&ヒニングス&グリーンウッドの分析モデル

構　造 (フレームワーク)	意味領域	正当化	支配
媒　介 (パターン)	解釈スキーマ	価値	利害
行　為	日々の相互行為	正当化行為	パワー行使

出所：Ranson, S., Hinings., & Greenwood, R., "The Structuring of Organizational Structures", *Administrative Science Quarterly*, 25, 1980. を参考に筆者が作成。

　フレームワークとしての構造（公式的なルールや地位，オーソリティ関係）は，相互行為の現実のパターンを構成し，同時に相互行為のパターンによって構成されるのである[34]。この発想は，まさにギデンズの構造化理論であり，彼らの組織構造変革（変化）の説明モデルは，ギデンズの構造化理論のエッセンスを組織に応用したモデルであるといえる。

　ランソン&ヒニングス&グリーンウッドの議論（モデル）は，整理すると図表 3 - 4 のように表すことが出来る。ここからも，彼らの議論がギデンズの構造化理論の組織論への応用であることが窺える。1 列目は，フレームワークとしての構造であり，3 列目は相互行為である。そして，2 列目は，相互行為をパターン化し，フレームワークと結びつける媒介（先述した相互行為の実現されたパターンとしての構造）であり，これはギデンズのいう様相に極似している。また，それぞれに 3 つの次元があるという想定もギデンズをうまく継承しているといえよう。たとえば，組織における日々のコミュニケーションは，解釈スキーマ（interpretive schemes）（世界に関するわれわれの経験の地図を作成する認知スキーマであり，ある状況への接近方法や行為方法についての共有された諸仮定として組織における相互行為に影響

第4節　構造化理論の経営組織論への応用　89

を与えるもの)[35]を通してパターン化され，それによって構造（意味領域の次元）が形成され，逆に構造によって日々の行為をパターン化させる解釈スキーマが創られ，それに応じてコミュニケーション行為が形成される，という説明が出来よう[36]。他の2つの次元についても，前節で引用したギデンズの説明とほぼ同じような説明が出来るし，ランソン&ヒニングス&グリーンウッドも実際にそのような形で説明している[37]。また，彼らは，この構造・媒介・相互行為の各3次元の説明（図の横の関係，たとえば，解釈スキーマ－価値－利害の関係）に関してもギデンズと同様に，それぞれがばらばらにあるのではなく，具体的状況にあってそれらは複雑に絡み合っているということを付け加えている。たとえば，パワーの行使によって形成された構造が解釈スキーマに影響を与え，そこから日々のコミュニケーションを変化させたり，またその逆があることなどを説明している[38]。

　さらにランソン&ヒニングス&グリーンウッドは，環境要因を次のように取り上げている。彼らによれば，環境には「社会－経済環境 (socioeconomic infrastructure)」と「制度的環境 (institutional environments)」の2種類がある[39]。前者は，社会の経済的ニーズに関わっており，後者は，社会の価値や規範，イデオロギーなどを指している。彼らによれば，組織は，常にこのような環境の中で生きているため，環境への配慮した組織構造づくりが環境から促されているのである。そして，構造の強化ではなく構造の変化を伴う構造化は，この環境の変化，そして図表3-4で示した9つの要因のいずれかの変化による他要因との矛盾をきっかけにスタートするとされている[40]。

　ランソン&ヒニングス&グリーンウッドによるギデンズ構造化理論の応用は以上の通りである。彼らの議論は，構造と行為に注視しているためか，組織そのものの存在が霞んでいるが，ギデンズ論をそのまま適用すれば，彼らの示す構造化の所産として組織が現れることは容易に理解できる。また，彼らは，「構造化は，典型的に何人かの行為者の特権である」[41]とし，パワーを持つ限られた行為者による構造化の考察に限定している。そのことから，その考察対象は，マネジメント層（とりわけトップ）のマネジメント活動と

組織構造の相互影響関係を中心に見据えた個人行為－組織－社会の創り創られる関係の探求の試みであると捉えることが出来る。このような理由から，本書では，彼らは明言していないが，彼らの議論を〈試み／その1〉に分類したことを最後に付け加えておく。では，つぎにベッケルト（J. Beckert）の議論を検討していくことにしよう。

(2)-2. ベッケルト（J. Beckert）の議論[42]

ベッケルトの議論は，本項(1)で示したように制度派組織論の修正（行為者の主体性が希薄で環境決定論的な色の強い制度派組織論への戦略的に振る舞う行為主体の組み込み）を目的としている。

ベッケルトは，社会の価値や規範といった環境から影響を受ける制度としての組織の中に，組織構造を変革する行為者の主体的行為（戦略的ふるまい(strategic agency)[43]）の概念として，シュムペーター（J. Schumpeter）およびその研究者たちの主張する「アントレプレナー（entrepreneur）」と

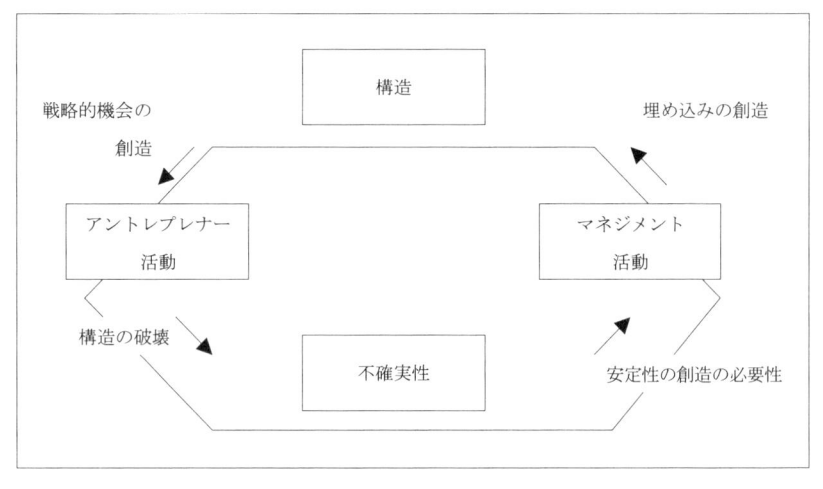

図表 3-5　ベッケルトの分析モデル

出所：J. Beckert, "Agency, Entrepreneurs, and Institutional Change. The Role of Strategic Choice and Institutionalized Practices in Organizations", *Organization Studies*, 20-5, 1999. p.788 を邦訳，一部加筆修正。

いう概念を組み込む[44]。ここでアントレプレナーは，革新的な行為者というより，革新的な行為者による革新的行為，つまり行為の1タイプ（an action-type）として捉えられている[45]。本書では，「アントレプレナー」という表現では，一般的には行為者をイメージさせてしまうであろうことから，ベッケルトのいうアントレプレナーを「アントレプレナー活動」あるいは「アントレプレナーの戦略的ふるまい」と表記し，その活動の主体をアントレプレナーと表記することにする。ベッケルトは，シュムペーターに倣い，アントレプレナー活動を，ルーティンを離れて創造的破壊（creative destruction）を行なう，つまり古い構造を破壊し，新たな構造を創造する活動とし，環境の不確実性を削減するために「ルーティンに基づいて行為する」マネジメント活動と区別している[46]。さらに，ベッケルトは，このアントレプレナー活動を，上述したギデンズの行為概念で補強している[47]。つまり，ベッケルトは，アントレプレナー活動（ギデンズのいう行為）を，既存の構造に「従って」生まれるものではなく，それを「使って」既存の構造に介入することであるとしたのである。また，ベッケルトは，この行為概念以外にも個人行為と組織構造（制度化された規則）の相互影響関係に関する議論においてもギデンズの構造化理論の影響を受けているようだ[48]。つぎにそれを，図表3-5を見ながら検討することにしよう[49]。

　まず，ベッケルトは，以下で述べる3つの状況を満たしたとき，アントレプレナーが既存の組織構造（制度化された規則）から制約を受けながらも，それよりも優れた組織構造の存在を探索する活動，つまり戦略的なふるまいの端緒が開かれるとしている。その3つの状況とは，つまり① 安定した確実性の高い環境，② 安定環境でありながらも環境から競争圧力がかかっているような状況，③ 既存の組織構造から逸脱した戦略的ふるまいを邪魔するサンクション手段を利害関係者集団が持ち合わせていない状況，の3つである。また，ベッケルトは，上述したように既存の構造が探索活動の制約となるとしながら，それと同時に既存の構造があるからこそ不確実性が削減され，探索活動が可能となるとも述べている。この点は，ギデンズの構造化理論の影響を感じさせる部分である[50]。

つぎに、上述の探索活動の結果、既存の構造より優れた構造が知覚され、その発見により既存の構造の正当性 (legitimacy) が失われたとき、アントレプレナーの戦略的ふるまいは、創造的破壊の実行段階に移る。ベッケルトによれば、この創造的破壊段階は、「制度の脱埋め込み (institutional disembedding)」と「新しい制度構造の創発 (the emergence of new institutional structure)」が密接に結びつき、パラレルに進行するプロセスである[51]。またここで、ベッケルトは、アントレプレナー活動が進むと不確実性が増し、逆にその活動を邪魔することになるという意図せざる結果の生起の可能性も指摘している。次の段階でも見られるが、この意図せざる結果の強調は、ギデンズ構造化理論の影響であるといえよう[52]。

この増大した不確実性を削減するために、このダイナミズムは、つぎに「制度の再埋め込みプロセス (the process of institutional re-embedding)」[53]あるいは「再制度化 (re-institutionalization)」[54]と呼ばれる段階に進む。ベッケルトによれば、この段階で活躍するのは、アントレプレナー活動ではなく、マネジャーが新しい構造に基づいて行為することで不確実性を削減させようと努めるマネジメント活動である[55]。マネジャーの新しい構造に基づくマネジメント活動によって不確実性が削減されていくと、構造およびそれに基づく実践行為が正当化され、また権力者 (powerful agents) もそれを支持するようになる。それにより、ますます確実性が高まると、ますます構造の正当性と権力者の支持が増すが、同時に次なるアントレプレナー活動の機会も与えるという意図せざる結果を生むことになる[56]。

ベッケルトによるギデンズ構造化理論の応用は以上の通りである。彼の議論も、ランソンらと同様に構造と行為に注視しているためか、組織そのものの存在が霞んでいる。しかし、ベッケルトの議論もまたギデンズ論に従っていると考えると、ここまで述べてきた彼の示す構造化の所産としてその先に組織が現れることは容易に理解できる。ベッケルトのモデルは、様相概念の欠如、3つのレベル（構造・様相・行為）の3次元（図表3-5参照）についての議論が不完全であることなど、ギデンズの構造化理論を忠実に取り込んだモデルとは言い難い。しかし、創り創られる構造化のロジックはもちろ

んのこと，権力者（powerful agent）による支持／反対活動や革新的なふるまいに対するサンクションの問題，規則や行為の正当性の問題など，ギデンズ論から導出される興味深いトピックを経営組織論にふんだんに盛り込んだ示唆に富む議論である。そのような理由から，ここではベッケルトのモデルを議論することにした。

(3) ミクロ・マクロ・リンク組織論の〈試み／その2〉

さて，つぎに，マネジメント層以外の組織構成員の行為と組織構造の相互影響関係を中心に見据えながら個人行為－組織－社会の創り創られる関係を説明・分析するモデルの構築の試みである〈試み／その2〉について代表的な研究者の議論を中心に見ていくことにしよう。

(3)-1. バーリー（S. R. Barley）の議論[57]

バーリーの議論は，技術的イノベーションや戦略的変化がいかに組織構造に影響を与えるかをそもそもの問題意識としている。それは，単に技術変化・戦略変化と組織構造変化の直接的な因果関係の分析ではなく，技術変化・戦略変化が，いかに組織構成員の行為に影響を与え，その結果としていかなる組織構造の変化，ひいては組織の変化をもたらすのかを問題とし分析するものである。また，彼の考察対象は，〈試み／その1〉でみられるような複合公式組織全体というよりも，そのなかの1単位組織に絞られており，技術や戦略の変化を「外正的変化（exogenous change）」[58]，つまり組織の外から与えられた変化と考えている。たとえば，バーリーは，ある病院組織内の診療放射線（レントゲン）部門（つまり単位組織）にCTスキャンが導入された際の同部門の構造変化について調査している。つまり，バーリーは，マネジメント活動によってなされる技術的，戦略的変化，それに伴う構造変化（いうなればデザイン）の決定や実行を研究対象とするのではなく，マネジメント活動によって決定され実行された変化に組織構成員たちがいかに対応し，さらには自らの単位組織の構造ひいては単位組織そのものをいかに創り変えていくのかを研究の主眼においているのである。

94　第3章　組織不祥事を紐解くための組織文化論モデルの構築に向けた理論的考察(2)

図表3-6　バーリーの構造化プロセスの連続モデル

```
行為の領域 ──────構造への行為の影響──────────────────────────→
              b
               ＼c
           ┌─────────┐    ┌─────────┐    ┌─────────┐
           │スクリプト1│    │スクリプト2│    │スクリプト3│
行為への制度 └─────────┘    └─────────┘    └─────────┘
的拘束 → a       d
制度の領域 ──── T1 ──────── T2 ──────── T3 ─────────→
           ┌─────────┐  ┌─────────┐  ┌─────────┐
           │外性的あるいは│  │外性的あるいは│  │外性的あるいは│
           │戦略的変化  │  │戦略的変化  │  │戦略的変化  │
           └─────────┘  └─────────┘  └─────────┘
```

注：段々と濃くなっていく背景は，構造化の累積的効果を示している。
出所：S. R. Barley, "Technology as An Occasion for Structuring: Evidence from Observations of CT Scanners and Social Order of Radiology Departments", *Administrative Science Quarterly*, 31, 1986. p.82. を邦訳，加筆。

　さて，バーリーはこのような問題意識と研究対象を持っているのだが，〈試み／その1〉で挙げた2組の議論同様，彼もまた既存の分析モデルに限界を感じていた。先述のランソン＆ヒニングス＆グリーンウッドと同じように，既存の組織構造概念をフレームワークとしての構造と相互行為のパターンとしての構造の2つに分類し，そのどちらもバーリーの目指す分析モデル（技術・戦略変化をきっかけに相互行為と組織構造の相互影響による変化を分析するモデル）をつくるには不適格であることを指摘した。そして，それに代わる相応しい概念およびモデルとして構造化理論を採用し，応用するのである。彼のモデルもまたランソンら同様，うまくギデンズの構造化理論を取り込んだ経営組織論である。では，そのバーリーのモデルを，図表3-6を参照しながら検討していくことにしよう。

　まず，図表には，左から右へと2本の太い矢印が描かれている。上の太い矢印は行為を，下の太い矢印は組織構造（制度）を表している。なぜ矢印で表されているかといえば，それは，構造化に伴う時間の流れを表わすためで

あり，この点は，前の2組のモデルよりもダイナミズムを感じる。ここで示される行為は，先述したギデンズのそれとほぼ同様の概念であると考えてよさそうである。つまり，行為とは，既存の組織構造という制約の中，実践的意識（構造を使う知識）によって導かれるものであり，また組織構造の創造・強化・変革（ひいては組織の創造・強化・変革）を導くものである。行為の矢印は，このような行為そのものの変化の時間的流れ（ひいてはそれによって導かれる日々のさまざまな出来事の流れ）[59]を表わしているのである。つぎに，ここで示される組織構造は，「社会的行為者のカテゴリー（categories）と彼らの適切な活動あるいは関係とを結び付ける共有された規則と典型」[60]である。つまり，組織構造とは，行為者の置かれた地位や状況における適切な活動を導いてくれる組織で共有された規則であるということであろう。そして，組織構造の矢印は，組織で共有される規則の変化の時間的流れを表わしているのである。

　つぎに，バーリーの構造化概念について検討してみよう。バーリーにあっても，構造化の基本的な意味については，ギデンズのそれと変わらない。つまり，構造化とは，構造を「人間の行為作用によって構成されるだけではなく，同時にそうした構成をまさに《媒介するもの》である（つまり，同時にそのような構造を創る個人行為そのものを再帰的に創りだすものであるということ—本書筆者注）」[61]と捉えることで，個人行為と組織構造の相互影響関係を理解する概念である。そして，図表の中央にある「スクリプト（scripts）」というのが，ギデンズで言うところの様相である。バーリーは，このスクリプトを上述した規則としての組織構造を特定の状況にあわせてより具体的にしたものでもあると言っている[62]。また，バーリーは，同じスクリプトを「観察可能な，繰り返される活動であり，特定の状況に関する相互行為の特性のパターンである」[63]とも説明している。この2つの捉え方は，一見矛盾しているように見える。なぜなら，前者は，特定状況に対する何らかの具体的な行為規則をもってスクリプトだとし，後者は，その行為規則によって導かれた活動をもってスクリプトだとしているからである。しかも，前者はギデンズの様相に対応した捉え方であるといえるが，後者はそうとは言えな

い。しかし，バーリーは，スクリプトとは，ギデンズの様相概念を経験的に確認しうるものにした概念であるとも述べている[64]。つまり，定性的な実証研究を行なうバーリーにとって，スクリプトは，ギデンズの様相概念に対応した「特定状況における行為規則」であると同時に，実際の観察にあっては，規則に導かれた「観察可能な，繰り返し行なわれる活動」なのであり，2つの定義は矛盾ではなくスクリプトの2つの側面であるということが出来る。では，つぎに，バーリーのモデルにおける具体的な構造化のプロセス，つまり図表の行為矢印と組織構造矢印を結び上下に行き交う矢印についてバーリー＆トルバート（S. R. Barley & P. S. Tolbert）の議論も交えながらみていくことにしよう。

　まず，バーリーは，構造化，とりわけ構造の変化を伴う構造化の契機として，外生的あるいは戦略的変化の生起を挙げている。この点については，先述したが，たとえば病院組織の放射線部門へのCTスキャンの導入などがそれに当たる[65]。

　つぎに，この外生的・戦略的変化に伴い，行為は，スクリプトを介して既存の組織構造に影響を受けながら（1番左の右斜め上へと伸びる矢印aとb）徐々に変化し，逆にスクリプトを変化させ，さらにはその変化したスクリプトを媒介に組織構造を変化させていく（その隣に真っ直ぐ下に降りる矢印cとd）。そして，新たな組織構造は，次なる行為に影響を与え（図表中央の右斜め上へと伸びる矢印）…。と構造化は繰り返されていく（そしてその所産として組織も変化していく）[66]。矢印ごとに説明するならば，まず矢印aは，組織構造の特定状況に用いられるスクリプトへのコード化のプロセスを表わし，つぎに矢印bは，組織構造をコード化したスクリプトの行為者による取り込みのプロセスを表わす。さらに，矢印cは，行為によるスクリプトの改訂あるいは再生のプロセスであり，矢印dは，改訂あるいは再生されたスクリプトの客観化（objectification）と外在化（externalization）のプロセスである[67]。

　また，バーリーは，先述したようにこの構造化のモデルを使った参与観察（Urban病院とSuburban病院の放射線（レントゲン）部門におけるCTス

キャンの導入による組織構造の変化について) を行なっている[68]。この調査によれば，CT スキャンの導入により，技師 (technologist) (X 線写真や CT スキャンを撮る人) と診断医 (radiologist) (撮った写真をみて診断を下す人) の権力構造やコミュニケーション構造などが大幅に変化した。バーリーは，この結果を受け，「意思決定者は，実際のところ相互行為秩序の進展に影響を与えるが，決定の構造的結果は予測出来ないようだ」[69]と述べている。つまり，バーリーもギデンズに倣って構造化には意図せざる結果がつきものであることを指摘しているのである。

　バーリーによるギデンズ構造化理論の応用は以上の通りである。彼の議論も，上述 2 組と同様に構造と行為に注視しているためか，組織そのものの存在が霞んでいる。しかし，バーリーの議論もまたギデンズ論に従っていると考えると，ここまで述べてきた彼の示す構造化の所産としてその先に組織が現れることは容易に理解できる。バーリー自ら述べているように，解釈スキーマの軽視[70]など彼の研究もまたギデンズの構造化理論の完全な応用であるとはいえないが，それでもギデンズ論を非常にうまく経営組織論に応用しているといえる。

第 2 項　既存の 2 つのタイプの応用モデルの相補的関係

　さて，前項では，ギデンズの構造化理論を経営組織論に応用した先行研究を 2 つに分類し，それぞれの代表的な議論についてその内容を明らかにした。〈試み／その 1〉にしても〈試み／その 2〉にしても，ギデンズの構造化理論を巧みに組織論に取り込んでいる。また，権力者たちのパワー行使や構造からの静かなる圧力 (2 次的ないし 3 次的なパワー) などについてもギデンズ構造化理論を応用しているだけあってうまく描けている。とりわけバーリーは，それを用いた実証研究から興味深い知見を導いている。これらをみていると，ギデンズの構造化理論を経営組織論に応用するという試みはどうやら可能であるし，また有効であるようだ。しかし，〈試み／その 1〉，〈試み／その 2〉どちらの〈試み〉も本書が構築を目論むモデルに「そのま

ま」利用するには物足りなさが残る。〈試み〉を2つに（厳密には3つに）分けた時点でこれは容易に予測できたことではあるのだが，本書がモデルに不可欠と考える理論的視点，つまりミクロ・マクロ・リンクにおいて，どちらの〈試み〉も不足があるのである。これは，もちろん，あくまで本書の求めるモデルの条件に照らして不足があるということである。では，2つの〈試み〉のミクロ・マクロ・リンクのどこに問題があるのであろうか。図表に表わすと次の通りである。

図表3-7，3-8にあるように〈試み／その1〉は，マネジメント活動と構造の関係に強く，マネジメント層以外の成員の活動と構造の関係に希薄である。そのため，〈試み／その1〉は，そのまま応用しても③マネジメントによる組織文化生成の過程に強いが，④自生的な組織文化生成の過程が希薄なモデルが出来上がってしまう。逆に〈試み／その2〉は，マネジメント層以外の成員たちの活動と構造の関係に強く，マネジメント活動と構造の関係に希薄である。そのため〈試み／その2〉は，そのまま応用しても④自生的な組織文化生成の過程に強いが，③マネジメントによる組織文化生成の過程が希薄なモデルが出来上がってしまう。そもそもの分類からして当然

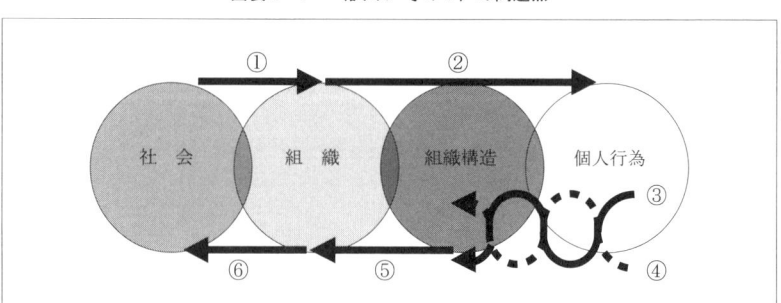

図表3-7　〈試み／その1〉の問題点

〈試み／その1〉は，そのまま応用しても③マネジメントによる組織文化生成の過程に強いが，④自生的な組織文化生成の過程が希薄なモデルが出来上がってしまう。
ちなみに，①環境からの影響の過程→②組織構造の再帰的な影響過程→③マネジメントによる組織構造生成の過程→④自生的な組織構造生成の過程→⑤組織創発の過程→⑥組織から環境への影響の過程を示している。ただし，本書の目指すのは組織文化を介したミクロ・マクロ・リンクモデルである。

第4節 構造化理論の経営組織論への応用　99

図表3-8 〈試み／その2〉の問題点

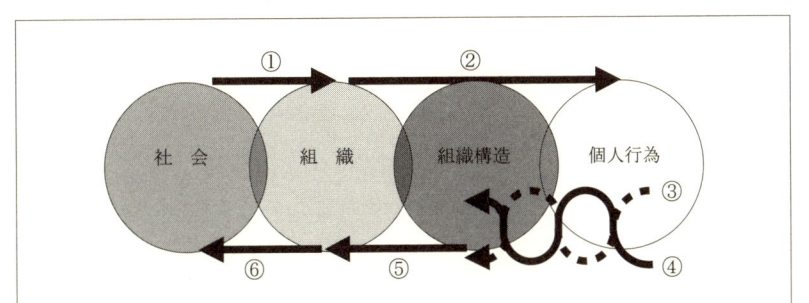

```
         ①              ②
    ┌─────────────────────────────┐
   社会    組織    組織構造    個人行為
                                    ③
         ⑥       ⑤              ④
```

〈試み／その2〉は，そのまま応用しても④自生的な組織文化生成の過程に強いが，③マネジメントによる組織文化生成の過程が希薄なモデルが出来上がってしまう。
ちなみに，①環境からの影響の過程→②組織構造の再帰的な影響過程→③マネジメントによる組織構造生成の過程→④自生的な組織構造生成の過程→⑤組織創発の過程→⑥組織から環境への影響の過程を示している。ただし，本書の目指すのは組織文化を介したミクロ・マクロ・リンクモデルである。

の帰結ではあるが，2つの〈試み〉にはこのような問題があるのである。

しかし，同時に容易に分かることは，2つの〈試み〉が相補関係にあるということである。この2つの〈試み〉をうまく組み合わせることが出来れば，組織構造と組織文化の概念の違いはひとまず置いておくとして（後ほど検討する），本書の目指すモデルが求めるミクロ・マクロ・リンクの条件を満たすことになる。さて，それは可能だろうか。

第3項　相補的な2つのタイプの既存モデルの統合の試み

2つの〈試み〉は相補関係にあり，2つを組み合わせれば，理想のモデルに近づく。これをみてすぐに思い出されるのは，第2章で検討した既存の組織文化論2大アプローチの議論である。第2章で検討した機能主義組織文化論とシンボリック解釈主義組織文化論の関係もやはり本章で検討した2つの〈試み〉と同じ相補関係にあった。第2章では機能主義とシンボリック解釈主義の止揚も考えたが，両者の科学観の隔たりを超える作業は，本書筆者の手に余る難作業であり，本書では検討を保留している。

さて，では，このミクロ・マクロ・リンク組織論の2つの〈試み〉は統合可能だろうか。本書筆者は，それが可能であると考える。まず，機能主義とシンボリック解釈主義の止揚を阻んだ科学観であるが，この〈試み／その1〉と〈試み／その2〉の統合にあっては，何の支障にもならない。なぜなら，2つの〈試み〉共にギデンズの構造化理論という同一の理論を基礎においているからである。そのため科学観の対立はありえない。とりわけ，ギデンズの構造化理論を忠実に応用しようとしているランソン＆ヒニングス＆グリーンウッドと，バーリーのモデルの間には，かなり親和性があるように思える。たしかに，両者のモデルの細かい部分で相違があるのは事実であり，完全にフィットするかどうかは，議論の余地がある。しかし，問題意識，行為・構造・組織といった基本的な概念，構造化の応用の仕方についてはそれほど違いがないのもまた事実であり，検討の価値はありそうである。

また，しかし，〈試み／その1〉と〈試み／その2〉のそれぞれの既存のモデルをそのまま接続し統合するというのは，無理があるだろうし安易であろう。そこで，科学観上もモデル上も然したる衝突がないわけであるから，どちらか1つのモデルに，2つの〈試み〉の「視点」を同時に組み込むというのはどうだろう。たとえば，既存のランソン＆ヒニングス＆グリーンウッドのモデル（その視点は，トップマネジメント層のマネジメント活動と複合公式組織の全体的な組織構造との相互影響関係を中心に見据えた個人行為－組織－社会の創り創られる関係にある）に，バーリーの視点に立ったランソンらのモデル，つまりマネジメント層以外の組織構成員の行為と組織構造の相互影響関係を主眼においたランソンらのモデルを作り接続するのである。もちろん，その逆に，バーリーのモデルをベースにランソンらの視点を組み込んで統合モデルを作るというのも考えられる。本書では，構造化の時間的連続性の把握を可能とするバーリーのモデルをベースに統合したモデルの試作を試みた（図表3−9参照）。これにより，構造化を，時間的流れを伴ったものとして把握でき，また階層性を配慮したモデルにすることができる。ただ，ここで直感的に1つ気になるのは，トップマネジメント層のマネジメント活動が相互影響関係の対象とする組織構造が複合公式組織のそれであるの

第4節　構造化理論の経営組織論への応用　101

図表3-9　構造化理論の経営組織論への応用

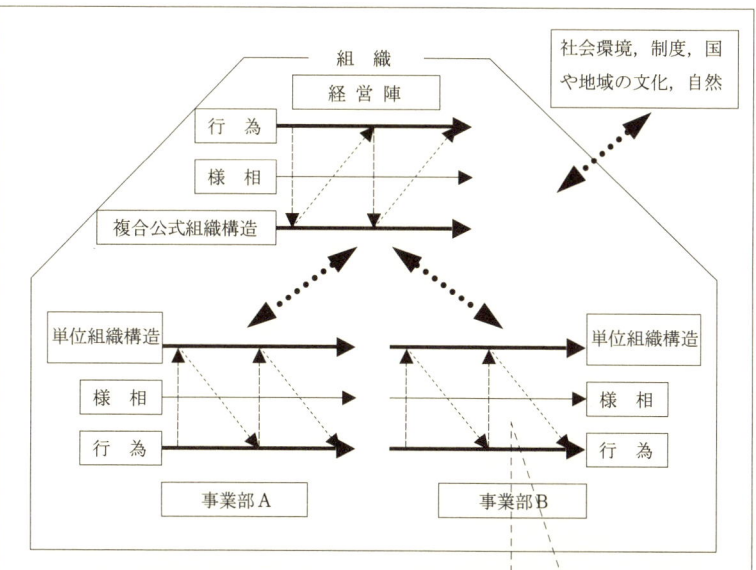

［組織図：組織内に「経営陣」（行為・様相・複合公式組織構造）と、事業部A・事業部B（単位組織構造・様相・行為）が配置され、相互の矢印でつながっている。右上に「社会環境、制度、国や地域の文化、自然」］

例：経営陣の全社的組織変革に基づき、事業部Aの組織構造も変化。それに伴い、事業部Aの構成員の行為が変化。構成員の行為の変化が事業部の組織構造を強化あるいは変化させ、複合公式組織の構造に影響を与え、経営陣の行為（あるいは意思決定）を強化あるいは変化させる。

出所：拙稿「組織における不祥事の組織文化論的分析に関する一考察―A. ギデンズの構造化理論を用いて―」『専修大学経営研究所報』158, 2003年、7頁を一部修正

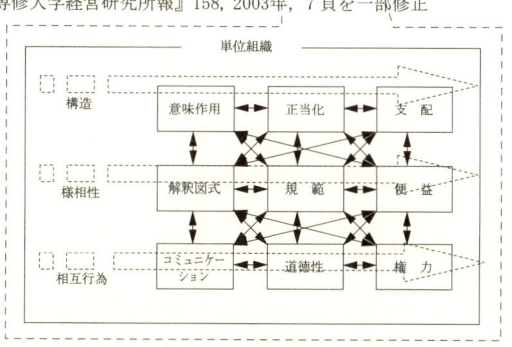

［単位組織の図：構造（意味作用・正当化・支配）、様相性（解釈図式・規範・便益）、相互行為（コミュニケーション・道徳性・権力）］

バーリーモデルおよびそれを基礎にした本書のモデルでは、時間的な連続性を強調するために、構造化がジグザグの単線で単純に描かれているが、実際は、ギデンズが示す9つの要素の複雑な絡み合いを想定している。

に対し，それ以外の成員の活動が相互影響関係の対象とする組織構造が単位組織のそれであることがモデル接続に齟齬をきたすようにも思える点である。しかし，たとえば，「経営陣の全社的組織変革に基づき，事業部Aの組織構造も変化。それに伴い，事業部Aの構成員の行為が変化し，さらに構成員の行為の変化が事業部の組織構造を強化あるいは変化させ，複合公式組織全体の構造に影響を与え，経営陣の行為（あるいは意思決定）を強化ないし変化させる。それら構造化の所産として組織全体が変化していく。」というようなことを考えたならば，齟齬は問題ではないことが分かる[71]。また，同一単位組織内でのマネジメント活動と組織構造そしてそれ以外の成員の活動という3つの関係のなかでの構造化を分析するという場合は，マネジメントが構造化する組織構造も成員の行為が構造化するそれも同一であるわけだから，上述のような接続ではなく，たとえば，バーリーのモデルにマネジメント活動の領域の矢印を一本付け加えるといったマネジメント視点の接続を行なえばよいであろう。

　また，バーリーモデルを基礎に据えた上記の本書の試作モデルでは，構造化の時間的な連続性を強調するがために，構造化がジグザグの単線で単純に描かれている。しかし，ギデンズの構造化理論に従えば，この単線のなかには，図表3-2のような9つの要素の複雑な絡み合いがつまっていることになろう[72]。この単純化された図ではそのことが見えづらくなっているのでそのことを最後に付け加えておくことにしたい。

　さて，バーリーの議論に依拠しながら，ギデンズ構造化理論を基底に据えた経営組織論の試作モデル（経営組織論における構造化理論アプローチ）ができあがった。このモデルであれば，上述したように，本書の目指すモデルの構築に不可欠な理論的視点と理論的要素をうまく包含出来そうである。また，このモデルは，構造化を時間的な流れ（時間的連続性）を伴ったものとして把握でき，また経営組織を語るに欠かせない組織の階層まで配慮のうちに出来る。しかし，同試作モデルには肝心の組織文化概念が存在せず，同モデルは，現時点では組織文化論モデルではない。前節で述べたが，ギデンズの構造概念（またそれを応用した組織論者たちの構造概念）は，本書で掲げ

る（組織文化論では非常に一般的な）組織文化の概念に非常によく似ている。次節では，モデル構築の最後の仕上げに，組織文化論への応用の試みをすることにしたい。

第5節　構造化理論の組織文化論への応用とその有効性

第1項　構造化理論アプローチへの組織文化概念の組み込み

　ギデンズによれば，構造化で示される構造の3つの次元―意味作用・支配・正当化―は，それぞれ《意味論的規則》のシステム・《資源》のシステム・《道徳的規則》のシステムとして分析することが可能である[73]。この3つの次元の言い換えは，先述の構造の定義（組織化された規則と資源）と関わらせた表現であるといえる。またこのように表現し直すことで明らかになることは，ギデンズの捉える構造のうちの特に意味作用（《意味論的規則》のシステム）と正当化（《道徳的規則》のシステム），さらにはその様相の解釈図式と規範が，「組織で共有される意味や価値のセットないし体系」と定義される組織文化の概念そのものであるということである。そう考えているのは，何も筆者だけではない。ライリー（P. Riley）やウィットマー（D. F. Witmer），伊藤博之教授など，さまざまな論者たちが，ギデンズの構造および様相を社会の文化あるいは組織の文化として扱っている[74]。そして，何よりもギデンズ自身が，構造を統合的に扱えば，それを用いて文化についての議論が出来ると述べている[75]。それゆえ，本書では，ギデンズの構造概念を組織文化概念と同義と捉え，構造と組織文化を置き換えて用いることにしたいと思う[76]。

　これにより，経営組織論における構造化理論アプローチへの組織文化概念の組み込みができたことになり，組織文化に対する構造化理論アプローチ（いうなれば構造化理論的組織文化論モデル）がここに「ひとまず」出来上がった。

104　第3章　組織不祥事を紐解くための組織文化論モデルの構築に向けた理論的考察(2)

第2項　組織文化に対する構造化理論アプローチの試作

ここまで，バーリーの組織論に依拠しながら，ギデンズの構造化理論を基

図表3-10　構造化理論の組織文化論への応用

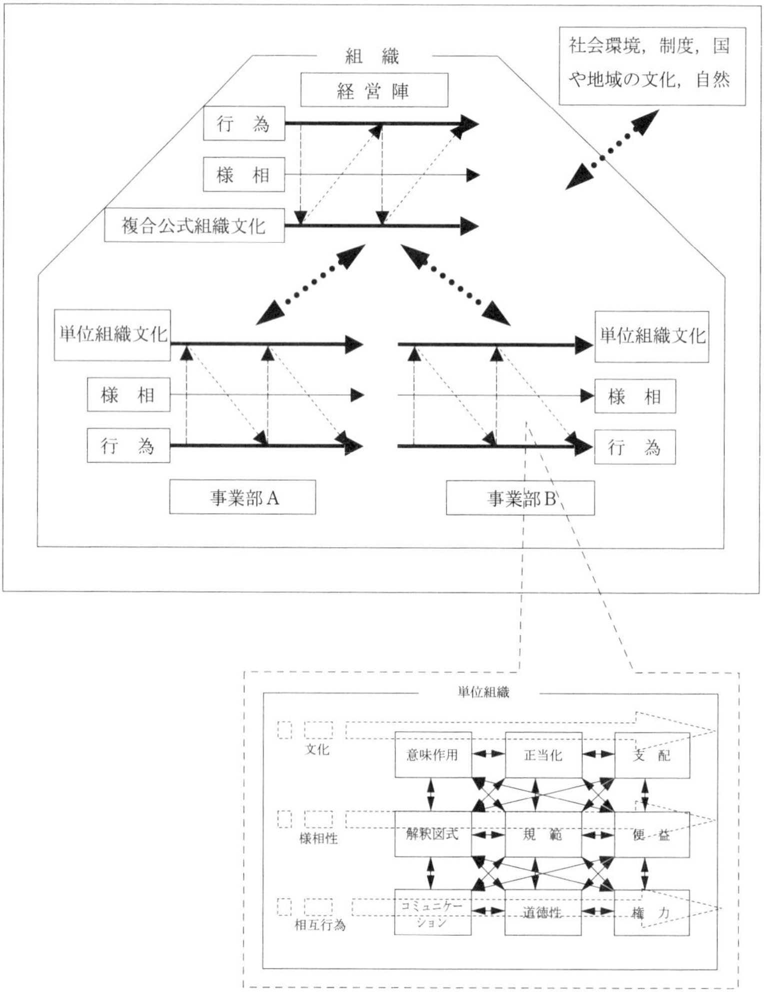

底に据えた組織文化論モデルの構築を試みてきた。それは，前項の組織文化概念の組み込みにより一応の完成を迎えた。前節で示した図表3-9を修正し，再掲してみよう（図表3-10）。前節の図表3-9との違いは，「組織構造」が「組織文化」に変わっているという点だけである。ただし，付言すると，前節での検討からもわかるように，「様相」も組織文化の一部であるという点を注意しなければならない。構造の二重性にならって組織文化の二重性と言ったところであろうか。

さて，このモデルは，本書の目指すモデルとして有効なのだろうか。前項までに何度かその有効性に関する可能性について触れてきたが，一応の完成を迎えたこの段階で，あらためてこの組織文化に対する構造化理論アプローチの有効性についてまとめておくことにしよう。ただし，次項は，第1章で掲げたモデル構築に不可欠な理論的視点と理論的要素に照らしての有効性，つまりモデル構成として有効か否かの考察にとどめることにする。組織不祥事の分析に対してどのような有効性，有用性があるのかについては，章を改め次章で詳しく検討することにしたい。

第3項　組織文化に対する構造化理論アプローチの有効性
　　　　　―本書の目指すモデルに不可欠な視点と要素に照らした際の
　　　　　　モデル構成としての有効性―

(1)　構造化理論アプローチの有効性その1
　　　　―モデル構築に不可欠な理論的視点：ミクロ・マクロ・リンクに
　　　　　関連して

本書で構築した組織文化に対する構造化理論アプローチ（かなり違和感があるがいうなれば構造化理論的組織文化論）は，ミクロ・マクロ・リンク組織論の持つ2つの視点（①マネジメント活動と組織構造の構造化，②マネジメント層以外の人々の活動と組織構造の構造化）をうまく取り込むことで，本書で求めるミクロ・マクロ・リンクのプロセス（第1章第3節参照）をしっかり説明できるモデルになっている。

機能主義アプローチが抱えていた問題（自生的な組織文化生成の過程の欠如）については〈試み／その２〉の視点によって，シンボリック解釈主義が抱えていた問題（マネジメントによる組織文化生成の過程の欠如）については〈試み／その１〉の視点によって，カバーがなされている。こうすることによって，組織文化を媒介とした個人行為－組織－社会の相互影響関係を包括的に捉えることができ，さらにはそれにより組織不祥事の発生のメカニズムをダイナミックな個人行為－組織－社会の動きの中で捉えることが出来ると考えられる。

(2) 構造化理論アプローチの有効性その２
――モデル構築に不可欠な理論的要素：パワーおよびポリティクス概念に関連して

ギデンズの構造化理論では，パワーおよびその行使（ポリティクス）を重要視している。構造化の図表３－２の中にも表されているように，パワーは，支配秩序との間で構造化をするものとされ，しかも図表の中央に描かれている。また，彼によれば，「『行為』の観念は，《論理的に権力（パワーのこと―本書筆者注）の観念と結びついて》いる」[77]。そして，「『権力』は，人間の行為の《変換能力》をさす」[78]。この発言からもわかるように，ギデンズにあってパワーは行為に密接に関わっており，行為者の主体的な活動（特に変革に関わる）能力を強調する非常に重要な概念なのである。本書第１章では，パワー行使が組織文化を創るという議論を行なったが，ギデンズの上記のような把握は，まさにこれに関連する。また，同時に，ギデンズは，「拘束（constrain）」概念によって，構造（本書モデルでは組織文化）の持つ２次的・３次的なパワー（見えづらい・見えないパワー）についても論じており，この点においても本書の議論とうまくかみ合っている。

また，本書が構造化理論を組織文化論に応用するに当たり参考にしたミクロ・マクロ・リンク組織論もギデンズ同様，パワーおよびその行使についてしっかりモデルのうちに収めている。たとえば，ランソン＆ヒニングス＆グリーンウッドは，図表３－４にあったようにギデンズの構造化をうまく利用

して正当化やパワー行使を扱っている。また，ベッケルトは，変革を邪魔する権力者の動き（ポリティクス）などを議論している。さらに，バーリーは，CT スキャン導入による診療放射線部門の構造化に関する研究において，CT スキャンの導入による支配（パワー）構造の変化を中心に観察を行なっている。

このように，構造化理論アプローチは，パワーとポリティクスさらには再帰的な拘束をしっかりとその理論的要素として取り込んでいる。こうすることで，構造化理論アプローチは，組織にはびこる理不尽や，組織文化を媒介にしたミクロ・マクロ・リンクに伴う抑圧（組織の中での圧力だけでなく，競争圧力など社会からの圧力も含む）や非合理などを扱うことができ，組織不祥事についてもそういった理不尽や非合理，抑圧と形容されるような出来事の絡み合いの中で分析することが可能となるであろう。

(3) 構造化理論アプローチの有効性その3：マネジメント概念

最後に，構造化理論アプローチの有効性の3つめとして，マネジメント概念について触れておくことにしよう。これは，モデル構築に不可欠な視点と要素として挙げたものではないが，経営組織論のモデルとして必要不可欠な要素であるため，あえて項目を設けて触れることにした。

本章第2節で検討したが，ギデンズにとってマネジメントとは，「人々の行動が展開する場面の操作を通じた人々の行動の規制と調整」[79]である。ギデンズは，経営者でも経営組織論者でもないが，このマネジメントの捉え方は，経営組織論で非常に馴染み深いものであり，本書第1章で示した本書のマネジメント概念とほぼ同義である。ちなみに，本書においてマネジメントとは，「組織の維持・存続に向け，組織の活動を統制・調整し，組織の有効性と能率そして社会性（社会における協働の場としての存在意義）の達成を図る活動のこと」である。社会学の議論を経営学に取り入れようとする際，大きな壁となって立ちはだかるものの1つがこのマネジメント概念の有無なのであるが，これについてはあまり問題がなさそうだ[80]。

ただ，まったく問題が無いわけではない。構造化理論を基底に据えた本書

モデルは，構造化理論が行為と構造，そして社会システムを創り創られる，つまり相互規定的な関係として捉え，また「意図せざる結果」の発生を前提としているため，いわゆる非決定論的な理論（組織や社会の動きを予測出来ないとする）になっている[81]。そのため，本書モデルは，政策提言能力（実践へのインプリケーション），特に法則定立的な提言力に大きな疑問を抱えているのである。つまり，本書モデルには，実際の「マネジメント」に貢献できるのか否かといった問題があるのである。若干話はずれているが，経営組織論のモデルに不可欠な要素という意味では，大変重要な問題である。この点については，第6章にてあらためて検討することにしよう。

さて，前項までに一応の完成をみた組織文化に対する構造化理論アプローチ（構造化理論的組織文化論）は，本項で検討したとおり，本書第1章で示した「本書モデルに不可欠な理論的視点および要素」，さらには「経営学ないし経営組織論に不可欠な要素」をしっかりとそのうちに収めたモデルであることが分かった。では，組織不祥事を分析するに当たっては，この構造化アプローチにどんな有効性があるのだろうか。本章でもミクロ・マクロ・リンク，パワーおよびポリティクスに関連して若干それについて検討した。次章では，それらも含めて議論を進めていきたいと思う。

注
1) 本章は，拙稿「ミクロ・マクロ・リンクの組織論に関する一考察」『専修大学経営研究所報』第148号，2002年，拙稿「『ギデンズ構造化論』の組織におけるミクロ・マクロ・リンク問題への応用可能性」『経営哲学とは何か』文眞堂，2003年，301-307頁，を大幅に加筆修正したものである。
2) ギデンズは，本書でも前章において既存の組織文化論2大アプローチの科学観を検討する際に用いた主観主義と客観主義という2つの立場について，社会科学にあってはこのどちらにも問題があり，どちらかに完全に依拠するというわけにはいかないとする。まず，ギデンズによれば，社会科学（とくにギデンズの場合，社会学）は，「客体の『あらかじめ与えられた』世界にかかわるのではなく，主体の能動的な行為によって構成され，生産される世界を問題にしている」(A. Giddens, *New Rules of Sociological Method*, Hutchinson, 1976. (松尾精文ほか訳『社会学の新しい方法基準』而立書房，1987年，231頁。))。そのため，社会科学にあって客観主義，とくに実証主義が自然科学のような厳密なそれではありえないとする。さらに，ギデンズは，社会科学における主観主義，とりわけ相対主義から導かれる共約不可能性を警戒する。上述のような社会科学が問題とする世界の分析は，研究者がその世界に潜入し，自らの「意味の枠」ないし相互知識でもってその世界（およびその世界における理解の仕方）を理解するこ

とによってなされるものである。それゆえ、社会科学にあって行き過ぎた主観主義や相対主義、そして共約不可能性を前提とすることはありえないとする（A. Giddens, New Rules of Sociological Method, Hutchinson, 1976.（松尾精文ほか訳『社会学の新しい方法基準』而立書房, 1987 年, 20, 234 頁。））。

3) A. Giddens, *New Rules of Sociological Method*, Hutchinson, 1976.（松尾精文ほか訳『社会学の新しい方法基準』而立書房, 1987 年, 234-235 頁。）
4) *Ibid*.（前掲訳書, 235 頁。）
5) *Ibid*.（前掲訳書, 235 頁。）A. Giddens, *Central Problems in Social Theory: Action, Structure and Contradiction in Social Analysis*, The Macmillan Press.（友枝敏雄ほか訳『社会理論の最前線』ハーベスト社, 1989 年。）
6) A. Giddens, *op. cit.*, 1976.（前掲訳書, 104 頁。）A. Giddens, *op. cit.*, 1979.（前掲訳書, 60 頁。）
7) A. Giddens, *op. cit.*, 1979.（前掲訳書, 60 頁。）
8) M. Polanyi, *The tacit Dimension*, Routledge & Kegan Paul Ltd., 1966.（佐藤敬三訳『暗黙知の次元―言語から非言語へ―』紀伊国屋書店, 1980 年。）
9) A. Giddens, *op. cit.*, 1979.（前掲訳書, 290 頁。）
10) A. Giddens, *Constitution of Society: Outline of the Theory of Structuration*, Polity Press, 1984, pp.174-179.
11) A. Giddens, *op. cit.*, 1979.（前掲訳書, 63 頁。）
12) 三戸公著『随伴的結果―管理の革命―』文眞堂, 1994 年；沼上幹著『行為の経営学―経営学における意図せざる結果の研究―』白桃書房, 2000 年。
13) A. Giddens, *op. cit.*, 1976.（前掲訳書, 13-14 頁。）
14) A. Giddens, *op. cit.*, 1976.（前掲訳書, 14 頁。）ちなみに、社会やテクノロジーの自然的世界に及ぼす影響があまりにも強く、自然的現象が社会的現象になるようなことを自然の社会化という。たとえば生殖などがそれにあたる。A. Giddens, *Sociology*, 3rd ed., 1997.（松尾精文ほか訳『社会学 改訂第 3 版』而立書房, 1998 年, 155-156 頁。）
15) A. Giddens, *op. cit.*, 1979.（前掲訳書, 298 頁。）
16) *Ibid*.（前掲訳書, 71 頁。）
17) A. Giddens, *The Third Way: The Renewal of Social Democracy*, Polity Press, 1998（佐和隆光訳『第三の道―効率と公正の新たな同盟』日本経済新聞社, 1999 年。）など。また、このような社会観には、ギデンズの「再帰的近代化 (reflexive modernity)」（ないしハイモダニティ (high modernity)）という時代観が大きな影響を与えている。これは、社会が再帰性の徹底化によって方向感覚を喪失する、人々が先を予期できない、思い通りに行かないといった不安を抱いている、今日をそのような時代ととらえる時代観である。A. Giddens, *The Consequences of Modernity*, Polity Press, 1990.（松尾精文・小幡正敏訳『近代とはいかなる時代か？―モダニティの帰結』而立書房, 1993 年。）
18) A. Giddens, *op. cit.*, 1976.（前掲訳書, 173 頁。）
19) A. Giddens, *The Nation-State and Violence*, Polity Press, 1985.（松尾精文・小幡正敏訳『国民国家と暴力』而立書房, 1999 年, 61 頁。）
20) A. Giddens, *op. cit.*, 1979.（前掲訳書, 75 頁。）
21) A. Giddens, *op. cit.*, 1976.（前掲訳書, 174 頁。）
22) A. Giddens, *op. cit.*, 1979.（前掲訳書, 87 頁。）
23) *Ibid*.（前掲訳書, 87 頁。）
24) *Ibid*.（前掲訳書, 87 頁。）

25) A. Giddens, *op. cit.,* 1976.（前掲訳書，175-176 頁。）
26) A. Giddens, *op. cit.,* 1979.（前掲訳書，69, 71 頁。）友枝敏雄著『モダンの終焉と秩序形成』有斐閣，1998 年，133 頁；池上嘉彦著『記号論への招待』岩波書店，1984 年，145-147 頁。
27) たとえば，P. Nelson, T. B. Lawrence & C. Hardy, "Inter-Organizational Collaboration and The Dynamics of Institutional Fields", *Jounal of Manegement Studies,* 37-1, 2000. 1.
28) 大月博司・藤田誠・奥村哲史著『組織のイメージと理論』創成社，2001 年，208 頁。
29) 上掲書，212 頁。
30) 本書では，S. Ranson, B. Hinings & R. Greenwood, "The Structuring of Organizational Structures", *Administrative Science Quarterly,* 25, 1980, を中心に検討する。
31) *Ibid.,* p.1.
32) *Ibid.,* p.2.
33) *Ibid.,* p.2.
34) *Ibid.,* p.3.
35) *Ibid.,* p.5.
36) *Ibid.,* pp.5-6.
37) *Ibid.,* pp.7-8.
38) *Ibid.,* p.8.
39) *Ibid.,* p.10.
40) *Ibid.,* pp.12-13.
41) *Ibid.,* p.7.
42) 本書では，J. Beckert, "Agency, Entrepreneurs, and Institutional Change. The Role of Strategic Choice and Institutionalized Practices in Organizations", *Organization Studies,* 20-5, 1999, を中心に検討する。
43) J. Beckert, *op. cit.,* p.782.
44) *Ibid.,* p.782.
45) *Ibid.,* p.782.
46) *Ibid.,* p.786.
47) *Ibid.,* pp.789-790.
48) *Ibid.,* pp.789-790.
49) *Ibid.,* p.788.
50) *Ibid.,* p.782-784, 791-792.
51) *Ibid.,* pp.787.
52) *Ibid.,* pp.786-787.
53) *Ibid.,* p.787.
54) *Ibid.,* p.788.
55) *Ibid.,* p.782.
56) *Ibid.,* p.791.
57) 本書では，S. R. Barley, "Technology as An Occasion for Structuring : Evidence from Observations of CTScanners and Social Order of Radiology Departments", *Administrative Science Quarterly,* 31, 1986; S. R. Barley & P. S. Tolbert, "Institutionalization and Structuration: Studying the Links between Action and Institution", *Organization Studies,* 18-1, 1997. を中心に検討する。
58) S. R. Barley, *op. cit.,* p.82.
59) S. R. Barley, *op. cit.,* p.82; S. R. Barley & P. S. Tolbert, *op. cit.,* p.98.

60) S. R. Barley & P. S. Tolbert, *op. cit.*, p.96.
61) A. Giddens, *op. cit.*, 1976（前掲訳書, 174 頁。）; S. R. Barley, *op. cit.*, p.80; S. R. Barley & P. S. Tolbert, *op. cit.*, p.97.
62) S. R. Barley & P. S. Tolbert, *op. cit.*, p.98.
63) *Ibid.*, p.98.
64) *Ibid.*, p.98.
65) S. R. Barley, *op. cit.*, p.82.
66) S. R. Barley, *op. cit.*, p.82.
67) S. R. Barley & P. S. Tolbert, *op. cit.*, pp.100-102.
68) S. R. Barley, *op. cit.*; S. R. Barley, "The Alignment of technology and Structure through Roles and Networks", *Administrative Science Quarterly*, 35, 1990.
69) S. R. Barley, *op. cit.*, p.102.
70) S. R. Barley & P. S. Tolbert, *op. cit.*, p.113.
71) もう少し具体的なケース（フィクション）を示すならば以下の通り。事業部制を採る企業 X の会長以下トップマネジメント層の取締役たち（経営陣）が，不確実性の増した環境に対応するために，より企業家精神とイノベーションに溢れた活気ある組織の構築を模索した。喧々諤々の議論の結果，同社経営陣は，事業部制のカンパニー制への移行（この移行には各カンパニーへの人事裁量権や財務裁量権などの面での大幅な権限委譲が伴った），そして，さらに，革新的なベンチャー企業 A 社（X 社と同じ業界で企業家精神が旺盛で，次々と革新的な製品を生み出すことで有名）を買収し統合する（1 カンパニーとなる，つまり A カンパニーとなる）することを決定し，実行した。つまり，X 社の複合公式組織の大きな構造変化が起きたのである。そして，その変化を受けて各カンパニーの構成員たちが行為することで，各カンパニーの組織構造もそれぞれ変化した。たとえば，A カンパニーでは，合併に反対していた有能な構成員たちが，つぎつぎと辞職し，それと共に猛反発のなかで合併に合意した A カンパニープレジデント（元 A 社社長）の人望も急激に薄くなり，カンパニー内の権力構造に歪みが生じてきた。さらに，A カンパニーは，X 社の全社的ビジョンと戦略，経営手法などに少なからず拘束され，既存の人事制度や製品開発，生産，販売そしてマーケティングミックスの公式的な方法まで変更を余儀なくされた（つまり，さまざまな場面での意思決定や行動の公式的な規則＝構造の一部が変化した）。このような A カンパニーの構造変化は，A カンパニーの構成員たち持ち前の自由な環境から生まれる自由な発想さえも拘束し，その結果，同カンパニーの企業家精神も革新的な新製品の数も減退し，業績の悪化を招いた。そして，A カンパニーのみならず，各カンパニーでもトップマネジメント層にとってさまざまな意図せざる構造変化が起こった。これを受け，トップマネジメント層は，複合公式組織全体の新たな変革に乗り出した…。
72) バーリーもそれを想定している。S. R. Barley & P. S. Tolbert, *op. cit.*, pp.97-98.
73) A. Giddens, *op. cit.*, 1976.（前掲訳書, 177 頁。）
74) P. Riley, "A Structurationalist Account of Political Culture", *Administrative Science Quarterly*, 28, 1983; D. F. Witmer, "Communication and Recovery :Structuration as an Ontological Approach to Organizational Culture", Communication monographs, 64-4, 1997., 伊藤博之稿「組織転換と構造化理論――アメリカ・ハイテック企業のエスノグラフィー――」『彦根論叢』310, 1998 年。
75) A. Giddens, *op. cit.*, 1976.（前掲訳書, 177 頁。）
76) ただし，ここで問題になるのがギデンズの構造概念にあって組織文化概念にない「資源」（支配やパワーに関連）の扱いである。ギデンズによると，この資源には，物的財の支配に関わる配分的資源（allocative resources）と人々の活動の支配に関わる授権的資源（authoritative

resources）の2種類がある。ギデンズによれば，資源において最も重要なのは，そのうちの後者（授権的資源）であり，前者はその付帯的現象であるとしている。この授権的資源についてもう少し詳しく見ていくと，ギデンズは，その内容として以下の3つを挙げている。つまり，授権的資源とは，① 日々の生活の時間や空間構成に関する社会的な区分や② 相互連携における人々の関係，③ 自己開発や自己表現の機会の構成といったものであり，それにより人々の活動は大きな影響（支配ないしパワー）を受けるというのである。つまり，授権的資源とは，非物質的な資源のことであり，その社会における実際の時間／空間構成や人間関係の布置のことであるというわけである。しかし，これらが授権的資源たりうるには，それらを資源とみなす，シャイン流にいえば，基本的諸仮定（時間，空間，人間関係の本質的意味）がなければならない。つまり，これら資源にはそれと表裏一体となった仮定（「〇〇とはこういうものだ」などそれを資源として意味づけるもの）が必ず存在しているはずなのである。シャイン流に言えば，これら資源は，基本的諸仮定に支えられた人工物であり，重要なのは人工物よりもその裏にある仮定である。本書では，ギデンズの構造概念をうまく組織文化概念に置き換えるために，資源そのものもさることながらその裏にある諸仮定（あるものを支配の資源と意味づける仮定，ないしその意味づけの体系）により着目して構造の支配次元を捉えたい。こう捉えることで，本書では，ギデンズのそれとは多少異なるが（もちろん更なる検討の余地は残るが），構造概念をまるごと組織文化概念に置き換えうると考えるのである。A. Giddens, *op. cit.*, 1979（前掲訳書，110-111頁。）; A. Giddens, *op. cit.*, 1985（前掲訳書，15-26頁。）; A. Giddens, *op. cit.*, 1984, pp.258-260.

77) A. Giddens, *op. cit.*, 1976.（前掲訳書，157頁。）
78) A. Giddens, *op. cit.*, 1976.（前掲訳書，157頁。）
79) A. Giddens, *op. cit.*, 1985.（前掲訳書，61頁。）
80) また，ギデンズ理論には，この他にも動機づけや権限と責任，意思決定といった経営組織論に不可欠な概念も明に暗に含まれている。ギデンズによれば，動機づけとは，便益や利害に関連し，構造の再生産に関与するものである。本書の第5章の分析において，支配秩序に関する組織構造として人事管理関係，モチベーション管理関係の仕組みを当てはめているのはそのためである。また，権限と責任については，権限を支配秩序，責任を規範で扱っている。最後に意思決定については，明確ではないが，自省的行為の自省の中に含まれていると考えられる。ただし，これらは，経営組織論の概念としてそのまま使用可能なものかもう少し検討が必要である。A. Giddens, *op. cit.*, 1976（前掲訳書，119, 184頁。）; A. Giddens, *op. cit.*, 1979（前掲訳書，63頁。）; A. Giddens, *op. cit.*, 1984, 5-14頁。
81) 網倉久永稿「組織研究におけるメタファー――非決定論的世界での組織理論に向けて――」『組織科学』33-1, 1999年。

第4章
組織不祥事を紐解く組織文化論モデルとしての構造化理論アプローチの提唱[1]

　さて，これまで本書では，組織不祥事を分析する組織文化論モデルを構築するために，組織文化論における機能主義アプローチ，シンボリック解釈主義アプローチ，組織文化に対する構造化理論アプローチと検討を重ねてきた。それらの検討から，本書では，構造化理論アプローチに組織不祥事分析モデルとしての可能性を感じるに至った。前章では，構造化理論アプローチが本書冒頭で掲げたモデルに不可欠な視点と要素（ミクロ・マクロ・リンクの視点とパワーおよびポリティクスの概念）を，そして経営学として重要な理論的要素（マネジメント概念および観点）を含んだモデルであり，モデル構成において本書の目指す組織不祥事分析モデルとして大変有望であるということを論じた。これに続き，本章では，この構造化理論アプローチが組織不祥事分析に対していかなる有用性を持ちえているのかをさらに検討していくことにする。そうすることで，同アプローチが組織不祥事分析に対する有効なモデルでありうるか明らかにしたい。

第1節　不祥事分析モデルとしての構造化理論の有用性の検討（先行研究からの検討）

　さて，本書モデル（組織文化に対する構造化理論アプローチ）が組織不祥事を分析するにあたりどのような有用性を持ちえているのかを検討する前に，本節では，ギデンズの構造化理論を用いた不祥事・犯罪分析の先行研究

を吟味し、そこから構造化理論そのものが不祥事や犯罪の分析に対してどのような有用性を持っているのかについてまず見ていくことにしたい。

現時点での本書筆者の調べによるとであるが、ギデンズの構造化理論を組織不祥事の分析に用いた研究は、まだない。ただし、個人ないし犯罪グループによる犯罪に関する先行研究（犯罪学）はいくつかある。図表4-1はそのうちの数点をまとめたものである[2]。たとえば、ボトムス&ウィルス（A. Bottoms & P. Wiles）は、家族や友人との関係といった近しい社会構造から、職場や学校、警察などとの関係といった地域レベルの社会構造、そして経済、政治、教育、治安など国家レベルの社会構造まで、あらゆる社会構造と行為の関係（構造化）から犯罪の発生メカニズムを解明する必要性を主張している。また、ブルース、ロシーノ&マッコール（M. Bruce, V. Roscigno, and P. McCall）は、アフリカ系アメリカ人の暴力的犯罪の発生メカニズムを構造化理論で分析している。彼らは、経済制度（労働市場など）、政治、民族（差別など）、教育制度、居住地域といったさまざまな社会構造と行為の複雑な構造化から犯罪行為の発生を分析している。ディラード&ユーサス（J. F. Dillard & K. Yuthas）の研究は犯罪学ではなく、企業倫理論への

図表4-1 構造化理論による不祥事・犯罪分析の先行研究[2]

研究者	内容
ボトムス&ウィルス (A. Bottoms & P. Wiles)	家族や友人との関係といった近しい社会構造から、職場や学校、警察などとの関係といった地域レベルの社会構造、そして経済、政治、教育、治安など国家レベルの社会構造まで、あらゆる社会構造と行為の関係（構造化）から犯罪の発生メカニズムを解明する必要性を主張。
ブルース、ロシーノ&マッコール (M. Bruce, V. Roscigno and P. McCall)	アフリカ系アメリカ人の暴力的犯罪の発生メカニズムの構造化理論による分析。経済制度（労働市場など）、政治、民族（差別など）、教育制度、居住地域といったさまざまな社会構造と行為の複雑な構造化から犯罪行為の発生を分析している。
ファラル&ボウリング (S. Farrall & B. Bowling)	犯罪者が犯罪へのコミットを中止する（足を洗う）理由や方法を構造化理論とライフコース分析を組み合わせて用い、解明する。
ディラード&ユーサス (J. F. Dillard & K. Yuthas)	直接、企業不祥事や企業犯罪を扱っているわけではないが、企業の倫理と倫理的行為の相互影響関係をギデンズの構造化理論を用いて論じている。

第1節　不祥事分析モデルとしての構造化理論の有用性の検討（先行研究からの検討）　115

応用であるが，不祥事関連分野での貴重な先行研究であるため挙げることにした。

　これら先行研究から導出される構造化理論を不祥事ないし犯罪研究に用いるまず1つめの有用性は，① 不祥事・犯罪の発生ないし予防メカニズムを，構造化を核とした個人行為と社会の相互影響関係の中から捉えることが出来るという点である。犯罪の発生原因や犯罪から足を洗う要因を過度にマクロ（社会構造やその人を取り巻く環境）の所為にするのではなく，また過度にミクロ（犯罪者個人の動機や性格）にその責任を押し付けるでもなく，その創り創られる関係の中に見出していくべきだとし，そういった分析を可能にする点は，これら構造化理論を用いた研究の非常に有用な点だと考えられる。

　そしてつぎに，これら先行研究に見られる2つめの有用性は，② 犯罪の発生・予防のメカニズムを，個人とその個人が関与する「複数」の社会構造や文化との間の複雑な構造化の所産として捉えることが出来るという点である。犯罪の発生メカニズムの多様な角度からの検証必要性，予防の多面的取り組みの必要性を訴え，それを可能にするこの点も，社会が複雑化・多様化する今日にあってこれら研究の非常に意義深い点だと考えられる。

　今とりあげた有用性は，本書モデルが組織不祥事を分析するにあたっても同じく有用な点であると考えられる。個人行為と組織文化の構造化を核としながら，個人行為－組織－社会の相互影響関係を捉える本書モデルも ① にあるように組織不祥事の発生およびその予防のメカニズムを個人行為－組織－社会の相互影響関係の中で捉え見出すことが出来よう。また，組織不祥事の舞台となる当該組織（複合公式組織）とそこに所属する構成員の間の構造化を中心に議論を進める本書モデルであるが，第1章第2，3，4節，また前章で述べたとおり，複合公式組織の中の各単位組織や社会の中の利害関係者など，組織内外の多様な関わりを想定しているため，② についても議論の範囲内に収めることが出来よう。

　本節では，ここまで犯罪研究に構造化理論を用いた先行研究の考察を通し，犯罪や不祥事の分析に対して構造化理論がどのような有用性を持ってい

るのかについて検討してきた。これにより，本書は，構造化理論によって犯罪や不祥事を検討することに独自の有用性（上述①と②）があることを理解した。また，その独自の有用性については，本書モデルが組織不祥事を分析するにあたっても同様に意義ある有用な点であることを理解した。

さて，本書モデル（組織文化に対する構造化理論アプローチ）は，上記以外に組織不祥事の分析に対してなにか有用性を持っていないだろうか。筆者は，上記以外にもいくつかの本書モデル独自の有用性があると考えている。次節では，それらさらなる有用性について検討していくことにしよう。

第2節　組織文化に対する構造化理論アプローチの組織不祥事分析モデルとしての有用性

筆者は，組織文化に対する構造化理論アプローチには，組織不祥事分析に対して以下の4つの有用性があると考える。

第1項　有用性(1) 不可欠な2つの条件

前章で述べたように，構造化理論アプローチは，本書冒頭で掲げたモデルに不可欠な理論的視点（ミクロ・マクロ・リンク）と理論的要素（パワーとポリティクスの概念）を包含している。

まず本書モデルは，理論的視点であるミクロ・マクロ・リンクを構造化ロジックによって獲得することにより，組織不祥事の発生メカニズムを，組織文化を媒介とした個人行為－組織－社会の相互影響関係の中で捉えることが出来る（前章第5節）。本章第1節で示したとおり，犯罪学のいくつかの研究において，犯罪の発生メカニズムの分析には，複雑な個人と社会の相互影響関係，つまりミクロ・マクロ・リンクを捉えることが重要であると指摘されている。そのような指摘からも，ミクロ・マクロ・リンクという理論的視点を持つことが組織不祥事分析にあって非常に有意義であることが窺い知れよう。この有用性は，本章第1節ですでに述べた有用点である

第2節　組織文化に対する構造化理論アプローチの組織不祥事分析モデルとしての有用性　117

が，構造化理論を用いた研究の最も有用な点であるため，敢えて再びとりあげた。

　つぎに，本書モデルは，理論的要素であるパワーとポリティクスの概念を構造化の一部として取り込み，それにより，これも前章5節にあるように，組織不祥事の発生メカニズムを，利己的なパワー行使のやりとりの中から生まれる不道徳な組織文化や，その組織文化を媒介にしたミクロ・マクロ・リンクに伴う抑圧（組織の中での圧力だけでなく，競争圧力など社会からの圧力も含む）などの絡み合いの中で捉えることが可能となる。これは，前節で検討した犯罪学の先行研究には見られないが，構造化理論の応用ならではの有用な点である。

第2項　有用性(2)正当性概念

　また，構造化理論アプローチは，正当性というものを道徳的行為と主に関係する構造の1次元（正当的秩序）として捉えている。繰り返せば，ギデンズは，それらをつぎのように論じている。つまり，「相互行為の道徳的構成は，正当的秩序から得られる規範の適用を必然に伴うが，それにもかかわらず，まさにそうした規範の適用によって正当的秩序を再構成するのである」[3]。本書では，第1章で組織文化が生み出す社会的道徳とずれた正当性根拠が組織不祥事の大きな原因であることを主張した。構造化理論アプローチを使えば，組織における正当性がいかに構築されていくのかを動態的に理解することができ，そうすることで組織不祥事についても組織文化と社会道徳のずれや軋みといったものとの絡み合いの中で分析することが可能となるであろう。

　また，この正当性と前項で示したパワーやポリティクスが絡まることで，利己的なパワー行使やネガティヴなポリティクスの末に生まれた組織文化が道徳に反する行為（本書の倫理的態度に従えば，他者への配慮を欠いた行為）を正当と容認したりする様や組織における正当性が行為者の認識や行為を規制したり，抑圧したりする様を明らかにすることが出来る。そうするこ

とで不道徳であったり非合理であったりする不祥事につながる行為がなぜ組織で認められたのかを明らかにすることが出来る。これも構造化理論の応用ならではの有用性であろう。

第3項　有用性(3) 9つの要素の複雑な絡み合い

さて，今述べたような要素の絡み合いは，何も正当性とパワーの間だけで行なわれるものではない。ギデンズに従えば，構造化にあっては9つの要素が複雑に絡み合うのである。つまり，組織文化に対する構造化理論アプローチは，文化に関わる①意味作用，②正当性，③支配，様相性に関わる④解釈図式，⑤規範，⑥便益，そして相互行為に関わる⑦コミュニケーション，⑧道徳性，⑨パワーという9つの要素の複雑な絡み合いを核とした個人行為－組織－社会の相互影響関係から生まれるものとして組織不祥事を分析することが出来るのである。そうすることによって，組織不祥事の発生メカニズムや不祥事を起こしてしまった組織の再生メカニズムを各レベルで多面的に捉え，その複雑さを理解することが出来るのである。

たとえば，図表4-2にあるように，本書モデルを用いれば，①一部の人々の便益や利害に囚われたパワーの行使が支配秩序や正当化秩序（道徳的本質）を歪め，②それが規範を通して他者の道徳的行為の内容を変えていく，さらには③解釈図式を通して意味作用，そして日常の何気ないコミュニケーション行為を歪めてしまう，そしてそれら歪んだ考え方や行為があたかも常識であるかのごとく組織に広がり，その錯覚が組織を不祥事へと導いていくといった様子を明らかにすることが出来るのである。このような9つの要素の絡み合いを中心に組織不祥事を分析できるのも本書モデルならではの有用性であると考えられる。

第4項　有用性(4) 時間的流れを伴うダイナミズム

そして，最後に，本書モデルは，構造化理論の応用の中でもバーリーのそ

第2節 組織文化に対する構造化理論アプローチの組織不祥事分析モデルとしての有用性 119

れを大いに参考にしている。それゆえ，本書モデルは，組織文化を媒介とした個人行為－組織－社会の相互影響関係を時間的な流れ（時間的連続性）を伴うものとして捉えることが出来る。これにより，本書モデルは，組織不祥事の発生メカニズムを時間的な流れの中で理解することに有用である。組織不祥事は，突発的に起こるものもあれば，長期間熟成されて起こるものもあるだろう。それゆえ，発生の経緯を時間的流れの中で明らかに出来ることは，組織不祥事分析にあって非常に意義のあることだと考えられる。

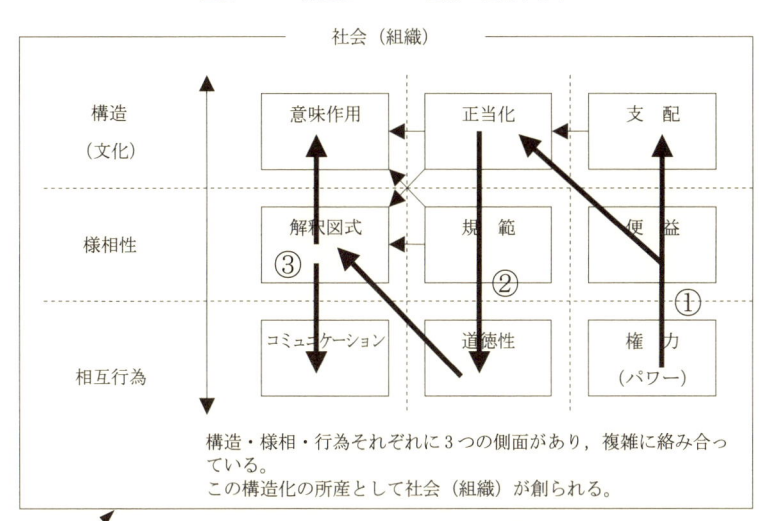

図表4-2 構造化の9つの要素と組織不祥事

構造（文化）	意味作用	正当化	支配
様相性	解釈図式 ③	規範 ②	便益 ①
相互行為	コミュニケーション	道徳性	権力（パワー）

社会（組織）

構造・様相・行為それぞれに3つの側面があり，複雑に絡み合っている。
この構造化の所産として社会（組織）が創られる。

例えば，①一部の人々の便益や利害に囚われた権力（パワー）の行使が支配秩序や正当化秩序（道徳的本質）を歪め，②それが規範を通して道徳的行為の内容を変えていく，更には③解釈図式を通して意味作用，そして日常の何気ないコミュニケーション行為を歪めてしまう，そしてそれら歪んだ考え方や行為があたかも常識であるかのごとく錯覚してしまう可能性というものを見出すことが出来るのである。

第 3 節　組織不祥事分析を紐解く組織文化論モデルとしての構造化理論アプローチの提唱

　ここで，これまでを簡単に振り返ってみることにしよう。

　本書では，ここまで，組織の不祥事を分析する組織文化論モデルの構築に努めてきた。組織不祥事は，古くて新しい経営学における，そして社会における忌々しき問題である。組織不祥事がなぜ起こるのか。それを防ぐ手立てはないのか。起こしてしまった組織が立ち直るすべはないのか。本書は，こういった問題を組織における認識や選択，活動に大きな影響を与えている「組織文化」にスポットを当てることで解明しようと考えたのである。

　本書では，この組織不祥事の組織文化論的分析には，2 つの条件を満たした組織文化論モデルが必要であると考えた。つまり，それは，理論的視点としてのミクロ・マクロ・リンクと理論的要素としてのパワーおよびポリティクス概念のモデルへの包含である。企業における組織の不祥事や病院における組織の不祥事に代表されるような組織不祥事は，単なる個人的な行為の所為でもなければ，一方的に組織や社会の所為でもなく，それらの間の相互作用の中で生まれていくものであり，そしてそれらには得てして利己的な駆け引きや理不尽な抑圧が絡まっているものである。2 つの条件は，実際に起きたいくつもの組織不祥事に見られる以上のような特徴から得たものであり，また本章で検討した犯罪学の知見からも理解しうる点である。

　本書では，この条件を満たした組織文化論モデルの構築を目論み，本章冒頭でも述べたが，組織文化論における機能主義アプローチ，シンボリック解釈主義アプローチ，組織文化に対する構造化理論アプローチと検討を加えてきた。そして，それらの検討から，本書では，構造化理論アプローチに組織不祥事分析モデルとしての大いなる可能性を感じるに至ったのである。それは，理論的構成としてはもちろんのこと，前節で検討したように，組織不祥事分析にあたっていくつもの独自の有用性を持ちえていることからである。

　本書第 1 章第 5 節では，本書が構築を目指す組織文化論モデルには，組織

不祥事分析に対して3つの可能性があると記した。つまり，それは，① 組織不祥事を組織文化の所産として把握できる，② 組織不祥事を，組織文化を介した個人行為－組織－社会の相互影響関係の所産として把握できる，そして ③ 組織不祥事を，組織文化を媒介とし，個人行為－組織－社会相互のパワーやポリティクスを孕んだ影響関係の所産として把握できる，の3点である。前節での検討と比較すると分かるとおり，これら3つの可能性は，構造化理論アプローチにとってその有用性の一部に過ぎず，それ以上の可能性をもったモデルであるのである。とりわけ，9つの要素の絡み合いは，前節で例示したように非常に興味深い分析をもたらしてくれるであろう。

さて，以上のような本書のこれまでの検討から，本書では，この「組織文化に対する構造化理論アプローチ」を組織不祥事の分析に対して非常に有用なモデルのひとつであるとしたい。

ただし，これはあくまで理論検討上の推測に過ぎず，この時点ではその有用性を断言することはできない。また，本書において，組織不祥事の発生メカニズムについては議論が進んでいるものの，予防および再生（実践へのインプリケーション）については議論が不完全である。そこで，本書では，まず次章において実際の組織不祥事をこの枠組みに試験的に当てはめ，発生メカニズムの分析道具としての本アプローチの有用性を確認することにしたい。そして，それらを確認したうえで，次々章では，実践へのインプリケーションを検討することにする。

注
1) 本章は，拙稿「組織における不祥事の組織文化論的分析に関する一考察」『専修大学経営研究所報』158号，2004年；拙稿「組織における不祥事の組織文化論的分析に関する一考察2」『専修大学経営研究所報』166号，2005年の一部を大幅に加筆修正したものである。
2) A. Bottoms & P. Wiles, "Explanations of Clime and Place", in D. J. Evance, N. R. Fyfe & D. T. Herbert (eds), *Clime, policing and place: essays in environmental criminology*, Rouledge, 1992; S. Farrall & B. Bowling, "Structuration, human development and desistance from crime", *The British Journal of Criminology*, 39-2, 1999; M. Bruce, V. Roscigno and P. McCall, "Structure, Context and Agency in the Reproduction of Black-on-Black Violence" *Theoretical Criminology*, 2-10, 1998; J. F. Dillard & K. Yuthas, "Ethical Audit Decisions: A Structuration Perspective", *Journal of Business Ethics*, 36-1/2, 2002.
3) A. Giddens, *op.cit.*, 1976.（前掲訳書，175-176頁。）

第 5 章
実際の組織不祥事問題を組織文化に対する構造化理論アプローチで紐解く[1]

　さて，本章では，本書モデル（組織文化に対する構造化理論アプローチ）の有用性および問題点をさらに検討するために，現実に起きた組織不祥事をこのモデルに試験的に当てはめていくことにする。本章で題材にするのは，株式会社 JCO，東京女子医科大学病院，横浜市立大学医学部附属病院，三菱自動車工業株式会社の起こした 4 件の不祥事（事故・事件）である。

　ただし，ここであらかじめ断っておかねばならないのは，今回の事例分析は，分析枠組みの有用性を半歩踏み込んで検討するためのあくまで試験的なものであるということである。本章の試みは，公式の事故報告書や当該組織のホームページ上での発表，あるいは研究者らの論文などといった公に発表ないし刊行された資料のみを使用したごく単純な分析であり，それゆえ，分析の正確さ，精密さなどいくつかの点で限界がある。たとえば，構造化の 9 つの要素は，実際にはそれぞれが分かちがたく絡まっており，それを上述のような限定された資料のみで正確に峻別するのは非常に難しい。そのため，今回の要素分類および各要素間の関係は，非常に単純なものにとどまっている。

　厳密な分析は，今後，参与観察やインタビュー，アンケートなど詳細な調査を通して行なうことにしたいが，まずは 2 次資料による試験的な分析を積んでモデルの精度を高めていくことからはじめることにする。

　また，ここでの分析では，組織文化と行為の構造化に関連する明示的で公式的な組織における分業の仕組みや権限・責任の仕組み，情報管理上，人事

管理上の仕組みなどを,組織文化を支える組織構造ないし組織の公式的な仕組みとして組織文化レベルの囲みの中で扱っている[2]。これは,組織の動きをより具体的に理解することを意図してなされている。またそれら構造・仕組みが意味・正当化・支配秩序のいずれの文化を支えるものになっているのかという分類は,コミュニケーション経路に関わるものや違反行為を標準化するマニュアル化に該当するものなどを意味秩序に,倫理や教育に関わるものを正当化秩序に,そして権限や権力の構造およびその配分に関わるものを支配秩序に当てはめている。しかし,上述したようにこの分類にはまだまだ検討の余地がある。

第1節　JCO東海村臨界事故

さて,本書でまずとり上げるのは,1999年に起きた㈱JCOの臨界事故についてである。1979年に,住友金属鉱山株式会社の100％出資会社として設立されたJCOは,原子力発電所で使用する核燃料を加工する民間の核燃料加工メーカーである。このJCOが,1999年9月30日に,高濃縮度ウラン燃料を加工中に,臨界,つまり核の連鎖反応の暴走を引き起こし,放射能が装置から漏れ,従業員,地域住民を含め,439名が被爆,うち直接作業を行なった従業員2名が死亡するという,臨界事故では世界第3位の大惨事を起こしてしまった。さまざまな資料や報告書を収集し,この事故を調べてみると,この事故は,まさに連続的な構造化の結果生まれた組織的な事象であったということが分かってきた。

以降,図表5-1から5-4がJCOの事故を構造化理論アプローチに当てはめてみた分析結果である。下の矢印に沿った囲みが相互行為レベルの出来事,真ん中が様相,一番上が構造および文化になっている。また,相互行為レベルの太い矢印を下から突き上げているのが社会などの外部環境との影響関係を示している。この図表は,図表3-10のモデルにそれぞれの時期における9つの各要素の絡みが分かりやすいように図表3-2を重ね合わせて表したものである。ただし,今回は,規模的に小さな組織であったこと,試験

的な分析であることなどから，図表3-10のような階層への考慮は省いてある。また，各要素への分類も完全ではない。

さて，まず，図表5-1からみていくことにしよう。図表5-1では，設立してまもなく，相互行為レベルで違反行為が現れてきている。ここでいう違反行為とは，許可されていない手順による濃縮ウランの加工のことである。ただし，この時点では，まだ相互行為レベルでの変化（違反行為の開始）に留まっており，構造および文化レベルでの変化はみられない。

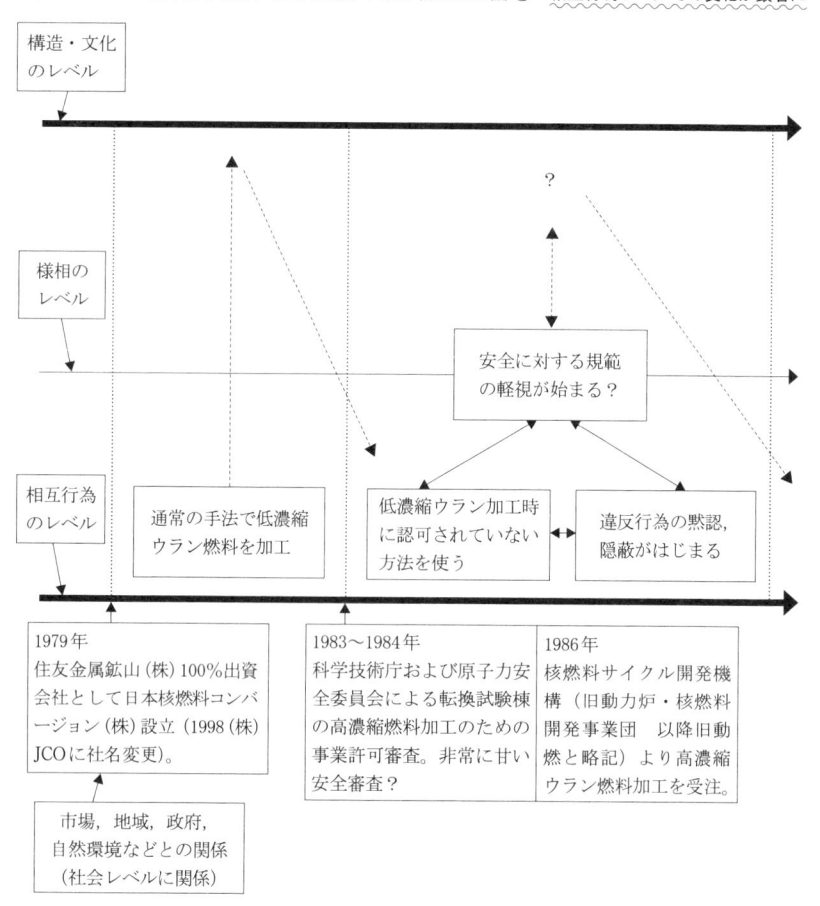

図表5-1 JCO東海村事業所における臨界事故と構造化理論①　相互行為レベルでの変化が顕著に

構造・文化のレベル

様相のレベル

安全に対する規範の軽視が始まる？

相互行為のレベル

通常の手法で低濃縮ウラン燃料を加工

低濃縮ウラン加工時に認可されていない方法を使う

違反行為の黙認，隠蔽がはじまる

1979年
住友金属鉱山(株)100%出資会社として日本核燃料コンバージョン(株)設立（1998(株)JCOに社名変更）。

市場，地域，政府，自然環境などとの関係（社会レベルに関係）

1983～1984年
科学技術庁および原子力安全委員会による転換試験棟の高濃縮燃料加工のための事業許可審査。非常に甘い安全審査？

1986年
核燃料サイクル開発機構（旧動力炉・核燃料開発事業団　以降旧動燃と略記）より高濃縮ウラン燃料加工を受注。

図表 5-2　JCO 東海村事業所における臨界事故と構造化理論②　支配・便益・権力に関係する構造の歪みが顕著に

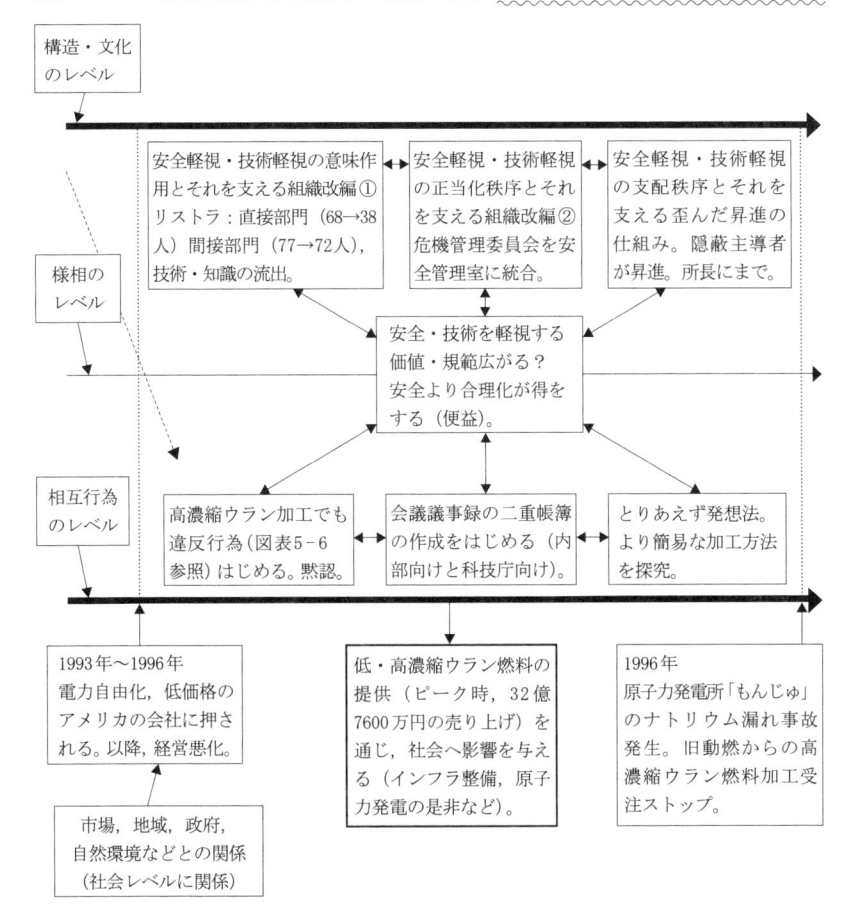

```
構造・文化
のレベル
   ┌─────────────────────────────────────────────────────────────►
   │    ┌──────────────┐   ┌──────────────┐   ┌──────────────┐
   │    │安全軽視・技術軽視│   │安全軽視・技術軽視│   │安全軽視・技術軽視│
   │    │の意味作用とそれを│   │の正当化秩序とそれ│   │の支配秩序とそれを│
   │    │支える組織改編①  │   │を支える組織改編② │   │支える歪んだ昇進の│
   │    │リストラ：直接部門│   │危機管理委員会を安│   │仕組み。隠蔽主導者│
   │    │(68→38人) 間接部 │   │全管理室に統合。  │   │が昇進。所長にまで。│
   │    │門 (77→72人)、  │   │              │   │              │
   │    │技術・知識の流出。│   │              │   │              │
   │    └──────┬───────┘   └──────┬───────┘   └──────┬───────┘
様相の          │                  │                  │
レベル          │        ┌─────────▼─────────┐        │
   │           │        │安全・技術を軽視する│        │
   │           └───────►│価値・規範広がる？ │◄───────┘
   │                    │安全より合理化が得を│
   │                    │する（便益）。     │
   │                    └─────────┬─────────┘
相互行為                           │
のレベル    ┌──────────────┐   ┌──▼───────────┐   ┌──────────────┐
   │       │高濃縮ウラン加工│   │会議議事録の二重│   │とりあえず発想法。│
   │       │でも違反行為(図 │◄─►│帳簿の作成をはじ│◄─►│より簡易な加工方│
   │       │表5-6参照)はじ │   │める(内部向けと │   │法を探究。      │
   │       │める。黙認。    │   │科技庁向け)。   │   │              │
   │       └──────────────┘   └──────────────┘   └──────────────┘
   └─────────────────────────────────────────────────────────────►

┌──────────────┐   ┌──────────────┐   ┌──────────────┐
│1993年～1996年 │   │低・高濃縮ウラン│   │1996年        │
│電力自由化、低価│   │燃料の提供(ピー │   │原子力発電所「も│
│格のアメリカの会│   │ク時、32億7600 │   │んじゅ」のナトリ│
│社に押される。以│   │万円の売り上げ)│   │ウム漏れ事故発生│
│降、経営悪化。  │   │を通じ、社会へ影│   │。旧動燃からの高│
│              │   │響を与える(イン │   │濃縮ウラン燃料加│
│              │   │フラ整備、原子力│   │工受注ストップ。│
│              │   │発電の是非など)。│   │              │
└──────────────┘   └──────────────┘   └──────────────┘

    ┌──────────────┐
    │市場、地域、政府、│
    │自然環境などとの関係│
    │(社会レベルに関係)│
    └──────────────┘
```

　つぎに，図表5-2で大きな変化が現れる。電力自由化に伴い，アメリカ企業などとの熾烈な国際競争を強いられるようになることで，違反が黙認されるどころか，内部向けと科学技術庁向けで二重に帳簿を作成するなど，隠蔽行為が巧妙になっていっている。さらにこの頃，より簡易な加工方法を率先して探究することが「とりあえず発想法」と呼ばれ，励行されるようになっていた。JCOではこの時期，上述した外的変化（市場構造の変化）をきっかけに，違反行為が組織内で広く容認また促進されるようになり，組織全体

126　第5章　実際の組織不祥事問題を組織文化に対する構造化理論アプローチで紐解く

図表5-3　JCO東海村事業所における臨界事故と構造化理論③　違反の日常化

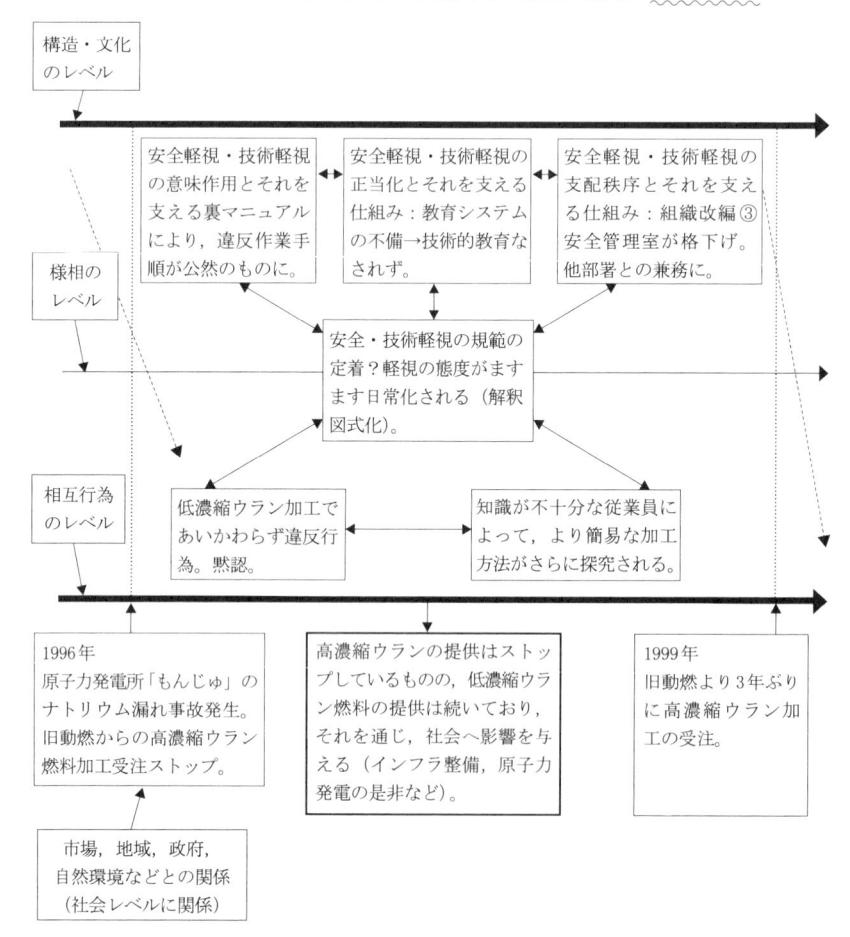

【構造・文化のレベル】
- 安全軽視・技術軽視の意味作用とそれを支える裏マニュアルにより、違反作業手順が公然のものに。
- 安全軽視・技術軽視の正当化とそれを支える仕組み：教育システムの不備→技術的教育なされず。
- 安全軽視・技術軽視の支配秩序とそれを支える仕組み：組織改編③安全管理室が格下げ。他部署との兼務に。

【様相のレベル】
- 安全・技術軽視の規範の定着？軽視の態度がますます日常化される（解釈図式化）。

【相互行為のレベル】
- 低濃縮ウラン加工であいかわらず違反行為。黙認。
- 知識が不十分な従業員によって、より簡易な加工方法がさらに探究される。

- 1996年　原子力発電所「もんじゅ」のナトリウム漏れ事故発生。旧動燃からの高濃縮ウラン燃料加工受注ストップ。
- 高濃縮ウランの提供はストップしているものの、低濃縮ウラン燃料の提供は続いており、それを通じ、社会へ影響を与える（インフラ整備、原子力発電の是非など）。
- 1999年　旧動燃より3年ぶりに高濃縮ウラン加工の受注。

市場，地域，政府，自然環境などとの関係（社会レベルに関係）

に安全軽視の価値観（様相）が本格的に芽吹いたようである。また、この時期、リストラによる技術者の大幅カット、危機管理委員会の安全管理室への統合、歪んだ昇進の仕組みの形成など構造レベルの変化が激しくなり、同時に文化、特に支配秩序・正当化秩序の変化が激しくなっているだろうことが読み取れる。このことによって安全や技術より効率を重視したほうが得だ、重視すべきだという安全・技術軽視の様相（便益と規範）がさらに広がり、

第1節　JCO東海村臨界事故　127

図表5-4　JCO東海村事業所における臨界事故と構造化理論④　事故の発生

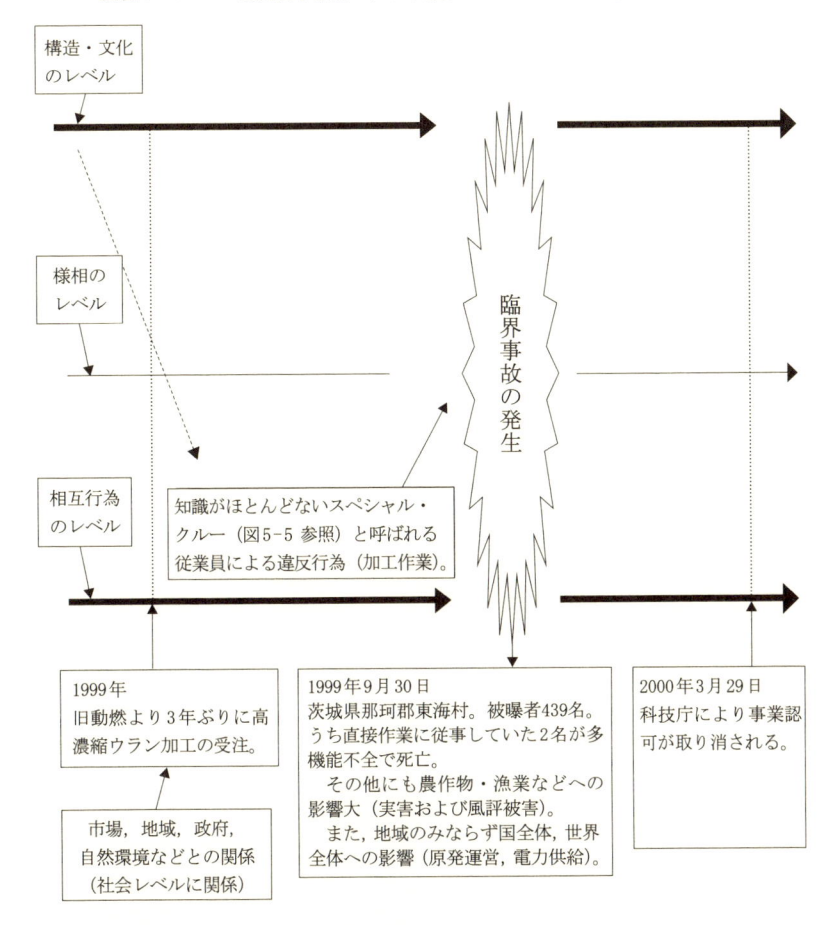

```
構造・文化
のレベル ──────────▶────────────────▶

              ╲
様相の          ╲
レベル ──────────────────────────────

相互行為
のレベル ──────────▶────────────────▶

┌──────────┐  ┌────────────────────┐  ┌──────────┐
│1999年    │  │知識がほとんどないスペシャル・│  │          │
│旧動燃より │  │クルー（図5-5参照）と呼ばれる│  │          │
│3年ぶりに高│  │従業員による違反行為（加工作業）。│  │          │
│濃縮ウラン │  └────────────────────┘  │          │
│加工の受注。│                              │          │
└──────────┘                              │          │
     ▲       ┌────────────────────┐   │1999年9月30日│  ┌──────────┐
     │       │臨界事故の発生        │   │茨城県那珂郡東海村。被曝者439名。│  │2000年3月29日│
┌──────────┐                              │うち直接作業に従事していた2名が多│  │科技庁により事業認│
│市場, 地域, 政府,│                         │機能不全で死亡。              │  │可が取り消される。│
│自然環境などとの関係│                     │　その他にも農作物・漁業などへの│  └──────────┘
│（社会レベルに関係）│                     │影響大（実害および風評被害）。  │
└──────────┘                              │　また, 地域のみならず国全体, 世界│
                                          │全体への影響（原発運営, 電力供給）。│
                                          └────────────────────┘
```

違反行為がそれによってさらに強化されていったようである。

そして，図表5-3では，違反が日常化してきている感がある。図表5-2では，支配秩序や正当化秩序，つまりパワーや道徳にまつわる部分で組織文化に変化があり，違反行為をすると得をするとかそれと相まって違反行為をするべきであるといった様相が現場に広がり，違反が強化されていく，いわば強化キャンペーン期間であったのが，ここにきて，そういった目立った構造や文化の側からの強化の動きが減ってきている。しかし，それでも違反行

為は止まらない。組織内では裏マニュアルが作成され，技術的教育はなされずにただそのマニュアルに従うことで作業が遂行されていた。さらにこの頃には，当初知識を持った技術者によって行なわれていた簡易な加工法の発想（とりあえず発想法）が知識のない従業員の間で当たり前のように行なわれるようになっていた。これらから，この時期，違反は当然のこととして定着（解釈図式化）してしまったように見受けられる。

そして，最後，図表5-4では，ついに事故が起きてしまう。最終的に事故を起こした作業員たちは，ほとんど加工に関する知識がなかったようだ。彼らは，スペシャルクルーと呼ばれ（図表5-5），通常は排水・廃液・廃棄物処理にあたる従業員であった。これは，安全軽視というより安全無視である。

このように，JCOの臨界事故を組織文化に対する構造化理論アプローチを用いて分析してみると，この事故が，まさに行為と組織文化の連続的な構

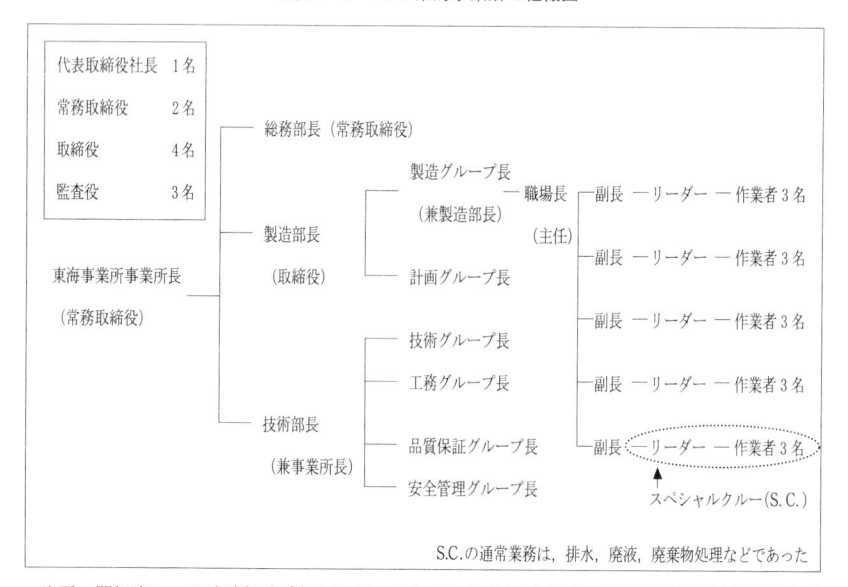

図表5-5　JCO東海事業所の組織図

代表取締役社長	1名
常務取締役	2名
取締役	4名
監査役	3名

東海事業所事業所長（常務取締役）
- 総務部長（常務取締役）
- 製造部長（取締役）
  - 製造グループ長 ─ 職場長（兼製造部長）（主任） ─ 副長 ─ リーダー ─ 作業者3名
  - 計画グループ長 ─ 副長 ─ リーダー ─ 作業者3名
  - ─ 副長 ─ リーダー ─ 作業者3名
- 技術部長（兼事業所長）
  - 技術グループ長
  - 工務グループ長 ─ 副長 ─ リーダー ─ 作業者3名
  - 品質保証グループ長 ─ 副長 ─(リーダー ─ 作業者3名)← スペシャルクルー(S.C.)
  - 安全管理グループ長

S.C.の通常業務は，排水，廃液，廃棄物処理などであった

出所：関根憲一・山崎功郎稿「新しいジャストインタイム(6) JCOの臨界事故原因と再発防止提案」『工場管理』47 (9) 2001. 66頁を加筆。

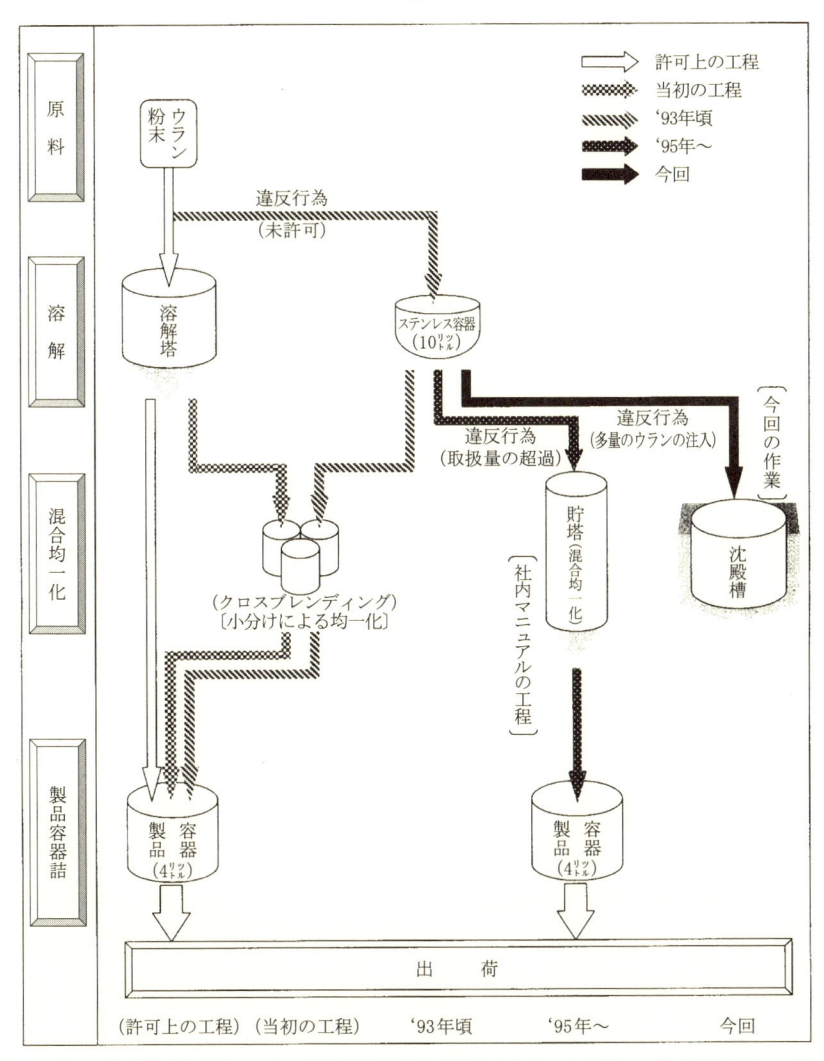

第1節　JCO東海村臨界事故　129

図表5-6　JCO転換試験棟の精製工程

出所：日本原子力学会原子力安全調査専門委員会「JCOウラン加工工場における臨界事故の調査報告」2000. 15頁。http://www.nr.titech.ac.jp/~hsekimot/AESJSafety/

造化の所産として生じた組織的なものであるということが理解できたのではないだろうか。また，JCOの構造化には，当初，ほんの一握りの技術者の

違反行為から始まり（図表5-1），その後，支配・便益・権力および正当化・規範・道徳性に関する構造化が激しく動き，違反行為を得なものとし，同時にそういった行為を正当なもの，そうすべきものと誤認させ，つまり道徳心をゆがめさせるような時期（図表5-2）があって，最終的には，日常的なものとさせる，つまり意味秩序・解釈図式にまで影響が及んでいく（5-3以降）という流れがあることが分かった。

第2節 横浜市立大学医学部附属病院患者取り違い事故

さて，つぎにとり上げるのは，1999年に横浜市立大学医学部附属病院で起きた手術患者取り違え事故である。横浜市立大学医学部附属病院は，その名のとおり，横浜市立大学医学部の附属病院である。病床数620床，診療科目21診療科，医師・歯科医師222人（うち病院教員98人），特別職診療医72人，研修医150人，看護婦・士等665人，臨床検査技師53人，放射線技師38人，薬剤師32人，その他医療技術系30人，事務職員73人，その他50人，計1385人（1999年当時）の大病院であり，厚生労働省から特定機能病院（地域の一般病院や診療所からの紹介患者の診療を基本とし，高度医療のための人員，設備，技術水準を備えた病院）の認可を受けている。この横浜市立大学医学部附属病院で，1999年1月11日，外科病棟（第一外科）の患者A氏（74歳，男性，心臓疾患），B氏（84歳，男性，肺腫瘍の疑い）の手術を行なう際，2人を取り違え，それぞれ本来行なうべき手術（A氏に僧帽弁形成術または僧帽弁置換術，B氏に開胸生検，右肺上葉切除手術，リンパ節郭清）とは異なる手術（A氏に右肺嚢胞切除縫縮手術，B氏に僧帽弁形成術）を行なってしまうという事故が起きてしまった。A氏もB氏も当時は命に別状はなかった（その後，A氏は胃がんで同年10月，B氏は2000年10月に亡くなっている）。同事故に関するさまざまな資料や報告書（とりわけ事故調査委員会の調査報告を中心に）を収集し，調べてみると，この事故は，連続的な構造化の結果生まれた組織的な事象であったということが分かってきた。

第2節　横浜市立大学医学部附属病院患者取り違い事故　131

図表5-7　横浜市立大学医学部附属病院における患者取り違え事故と構造化理論①　取り違え直前

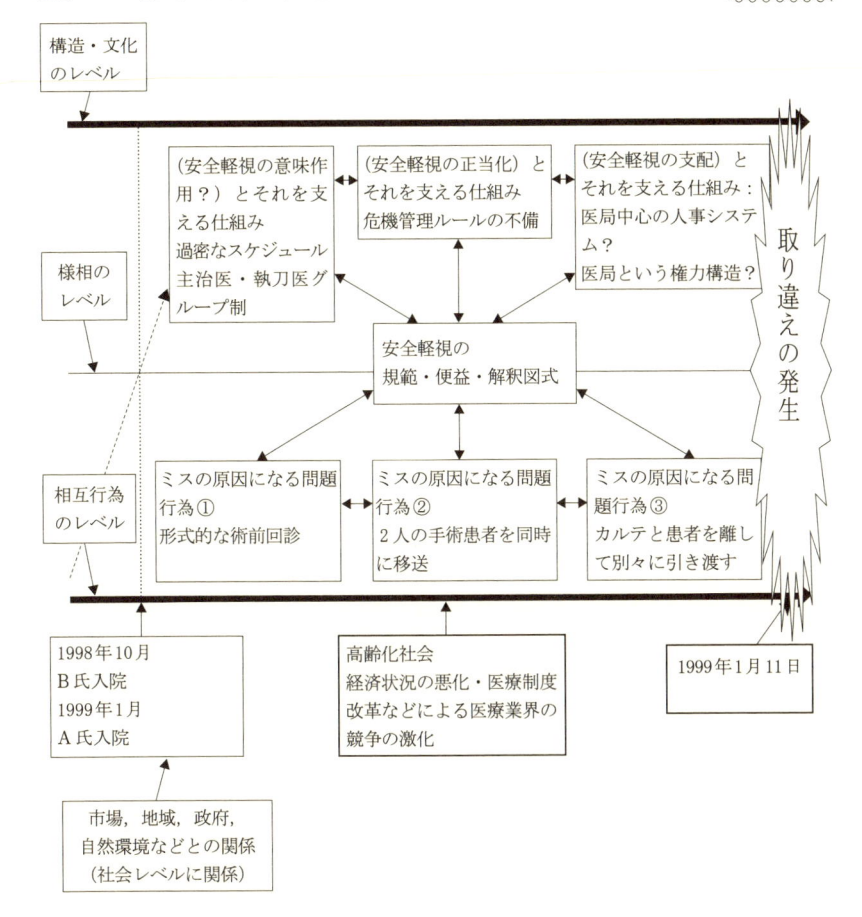

```
構造・文化
のレベル
         ┌─────────────────────────────────────────────────────┐
         │  (安全軽視の意味作  (安全軽視の正当化)   (安全軽視の支配)と  │ 取
         │  用?)とそれを支    とそれを支える仕組み  それを支える仕組み：│ り
様相の    │  える仕組み       危機管理ルールの不備  医局中心の人事システ│ 違
レベル    │  過密なスケジュール                    ム?               │ え
         │  主治医・執刀医グ                      医局という権力構造? │ の
         │  ループ制                                                │ 発
         │              ↘         ↓          ↙                  │ 生
         │                安全軽視の                               │
         │                規範・便益・解釈図式                     │
         │              ↗         ↑          ↖                  │
相互行為  │  ミスの原因になる問題  ミスの原因になる問題  ミスの原因になる問│
のレベル  │  行為①              行為②              題行為③         │
         │  形式的な術前回診    2人の手術患者を同時  カルテと患者を離し│
         │                     に移送            て別々に引き渡す   │
         └─────────────────────────────────────────────────────┘
1998年10月        高齢化社会                      1999年1月11日
B氏入院          経済状況の悪化・医療制度
1999年1月        改革などによる医療業界の
A氏入院          競争の激化

市場，地域，政府，
自然環境などとの関係
（社会レベルに関係）
```

　まず，図表5-7は，取り違え直前の構造化である。医療業界は，高齢化社会による国民医療費の増大に伴い，国（厚生労働省）から医療制度改革という名の下に経営効率の向上を迫られている。そのような外的圧力の下，過密な勤務スケジュール，主治医・執刀医グループ制，危機管理ルールの不備，などといった組織全体的な構造によって安全軽視の組織文化が醸成される下地が作られ，現場に安全軽視の様相が漂っていたようである。この頃（取り違え事故以前）から，2人の患者を同時に移送したり，カルテと患者

132　第5章　実際の組織不祥事問題を組織文化に対する構造化理論アプローチで紐解く

図表5-8　横浜市立大学医学部附属病院における患者取り違え事故と構造化理論②　取り違えたまま手術へ

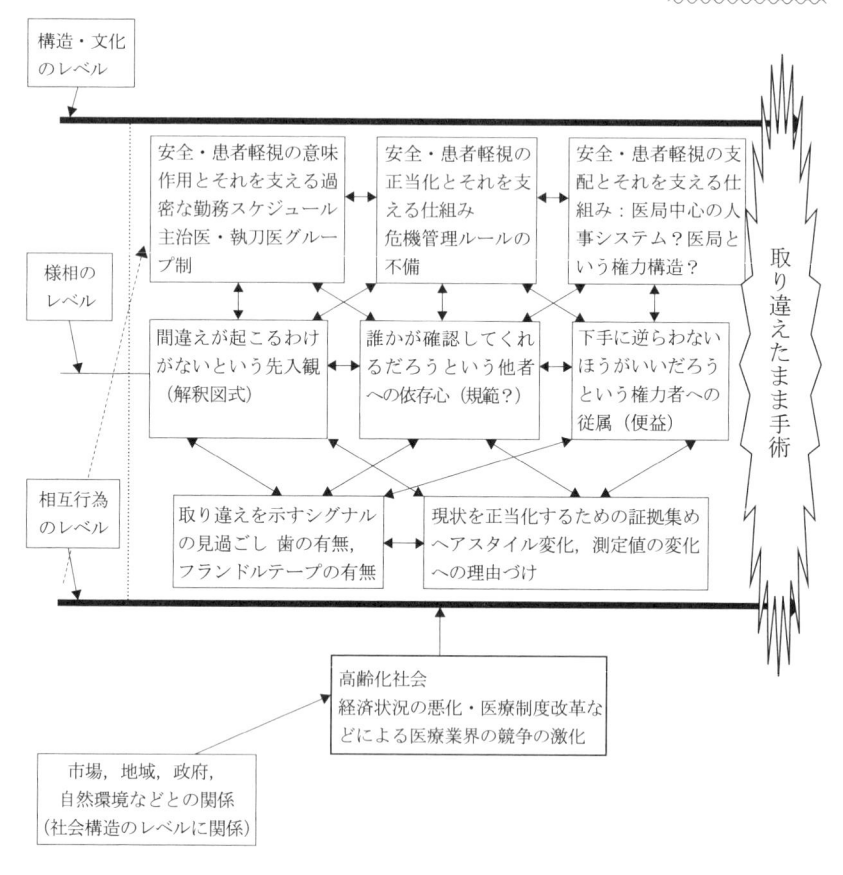

[構造・文化のレベル]
- 安全・患者軽視の意味作用とそれを支える過密な勤務スケジュール　主治医・執刀医グループ制
- 安全・患者軽視の正当化とそれを支える仕組み　危機管理ルールの不備
- 安全・患者軽視の支配とそれを支える仕組み：医局中心の人事システム？医局という権力構造？

[様相のレベル]
- 間違えが起こるわけがないという先入観（解釈図式）
- 誰かが確認してくれるだろうという他者への依存心（規範？）
- 下手に逆らわないほうがいいだろうという権力者への従属（便益）

[相互行為のレベル]
- 取り違えを示すシグナルの見過ごし　歯の有無、フランドルテープの有無
- 現状を正当化するための証拠集め　ヘアスタイル変化、測定値の変化への理由づけ

→ 取り違えたまま手術

[市場、地域、政府、自然環境などとの関係（社会構造のレベルに関係）]
→ 高齢化社会　経済状況の悪化・医療制度改革などによる医療業界の競争の激化

を離して別々に引き渡したり，術前回診が形式的で患者さんの顔をしっかり確認しないといったミスの元になるような行為が繰り返されていた。そして，実際過去に取り違え未遂も起こしていた。この時点ですでに，安全軽視はかなり定着し，ミスにつながる問題行為は当たり前の日常的な行為になっていた。

　つぎに，図表5-8は，取り違え事故が起きた時点から手術にいたるまでの構造化を示している。現場には，間違えが起こるわけがないという先入観（解釈図式化），他者への依存（誰かが本人確認をしてくれるだろう。道徳の

低下),権力者への従属(取り違えしている気がするけど切り出せないし,上司が間違いないと言うなら間違いないだろう,下手に逆らわないほうがいいだろう,その方が得だろうという便益,利害観)といった安全および患者を軽視した様相が広がり,行為者たちは間違えを示すシグナル(患者の歯の有無,剃毛の範囲,経皮吸収型の心疾患治療薬であるフランドルテープの有無など)をことごとく見逃したり,間違えていないと解釈しようとそのための納得いく証拠集めの作業(たとえば,ヘアスタイルが術前と違うのは前日に散髪をしたせいだ。さまざまな測定値が術前と異なるのは患者の体調変化のせいだなど)を行なったりしている。そしてついには取り違えに気づかぬまま,手術を行なってしまった。この時期で印象的なのは,間違えが起こるはずがないであろうという解釈図式が人々にことごとくシグナルを見過ごさせたり,現状を正当化するための証拠集めをさせたりしている点である。いわゆる選択知覚が行なわれていたのである。

このように,横浜市立大学医学部附属病院の手術患者取り違え事故を,構造化理論アプローチを用いて分析してみると,この事故が,まさに行為と組織文化の連続的な構造化の所産として起きた組織的なものであるということが理解できたのではないだろうか。ただし,同病院の場合,JCOや後述の東京女子医大病院,三菱自動車工業のように明らかに逸脱を目的とした仕組みや構造が意図的にないし直接的に作られていたわけではないのが特徴である。それゆえ,本例は,どんな組織でも不祥事を起こしうる危うさを物語る一例であるともいえる。

第3節　東京女子医科大学病院医療事故隠蔽事件

つぎにとりあげるのは,2001年に東京女子医科大学病院で起きた手術中の人工心肺装置の操作ミスによる患者の死亡事故とそれを隠蔽するという事件である。東京女子医科大学病院は,こちらもその名の通り,東京女子医科大学の附属病院である。病床数1423床,診療科目36診療科,医師907名,看護師1164名,その他職員1211名,合計3282名(2004年現在)と上述の

横浜市立大学医学部附属病院を上回る大病院である。また東京女子医科大学病院も前述の横浜市大病院同様，特定機能病院の認定を受けている。この大病院の心臓血圧研究所という部署で，2001年3月2日，心房中隔欠損症（心臓の左右の心房を隔てる壁に穴が開いている先天性の病気）の12歳の少女がその穴を塞ぐための心臓手術を受ける際，手術担当医師たちが人工心肺装置（術中，心臓の代わりに血液を体内に循環させるための装置）の操作を誤り，3日後の同年3月5日，少女が死亡してしまうという事故が起きてしまった。同事故に関するさまざまな資料や報告書を収集し，調べてみると，この事故も，連続的な構造化の所産として生まれた組織的な事象であったであろうことが分かっている。

　まず図表5-9は，事故前の構造化である。同病院は，心臓血圧研究所や消化器病センター，呼吸器センターなど臓器別のセンター制が導入されており，各センターは独立採算制になっている（図表5-12参照）。同制度の下では，企業における事業部制がそうであるのと同じようにセンター間での競争が促され，切磋琢磨される反面，業績が重んじられ，センター間でのディスコミュニケーションや縄張り争いなどセクショナリズムの弊害が生まれていたという指摘がされている。それに加え，事件のあった心臓血圧研究所内でも循環器内科，循環器外科，小児循環器内科，小児循環器外科の間で対立があったという指摘もある。その他の医師とその他の医療従事スタッフとの間の権限の格差（医師上位の構造），医師の技術に対する過信と装置に対する知識不足を助長する仕組み（技士数が非常に少ない，装置に対する注意書きやマニュアルがないなど），医局中心の人事システムなどといった組織構造，そしておそらく治める人の個性なども相俟って業績中心で内向き（秘密主義），そして患者軽視・安全軽視の組織文化が醸成され，現場にも同様の様相が漂っていたと考えられる。当該事故・事件が起きる前までにも同病院は医療事故で訴訟になっていたり，またカルテの改ざんが行なわれたりしており，この時点ですでにミスや隠蔽に繋がる問題行為（手術に技士を同席させない，患者に対するインフォームドコンセント―病状や治療方針などに関する説明とそれへの同意に不備があるなど，医師と他の医療従事者間，医師

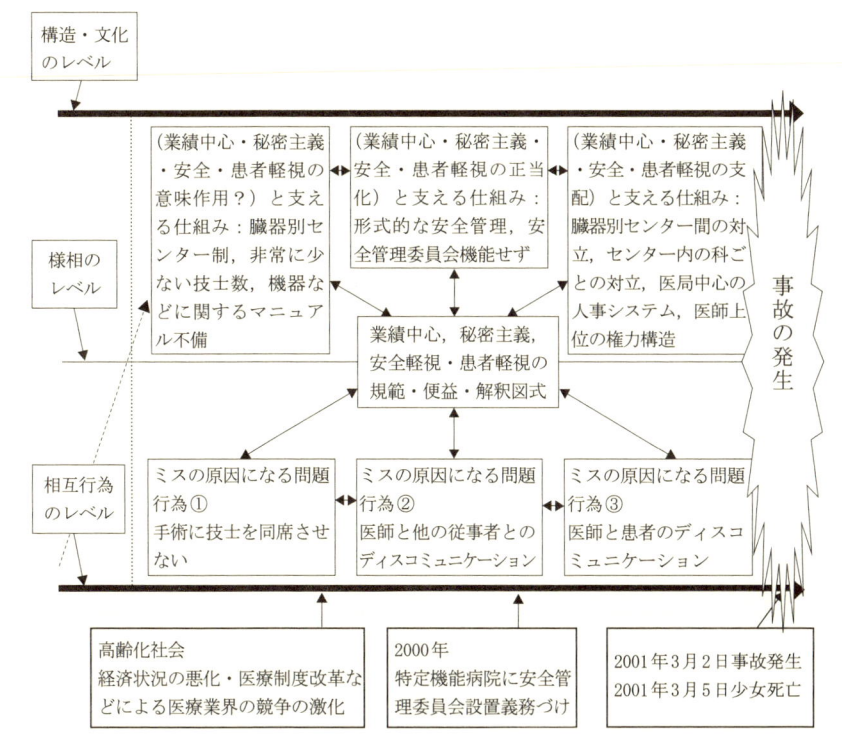

第3節　東京女子医科大学病院医療事故隠蔽事件　135

図表5-9　東京女子医科大学病院における医療事故と構造化理論①　事故直前

レベル	構造・文化	様相	相互行為
構造・文化のレベル	（業績中心・秘密主義・安全・患者軽視の意味作用？）と支える仕組み：臓器別センター制、非常に少ない技士数、機器などに関するマニュアル不備	（業績中心・秘密主義・安全・患者軽視の正当化）と支える仕組み：形式的な安全管理、安全管理委員会機能せず	（業績中心・秘密主義・安全・患者軽視の支配）と支える仕組み：臓器別センター間の対立、センター内の科ごとの対立、医局中心の人事システム、医師上位の権力構造
様相のレベル		業績中心，秘密主義，安全軽視・患者軽視の規範・便益・解釈図式	
相互行為のレベル	ミスの原因になる問題行為①　手術に技士を同席させない	ミスの原因になる問題行為②　医師と他の従事者とのディスコミュニケーション	ミスの原因になる問題行為③　医師と患者のディスコミュニケーション

事故の発生

高齢化社会　経済状況の悪化・医療制度改革などによる医療業界の競争の激化

2000年　特定機能病院に安全管理委員会設置義務づけ

2001年3月2日事故発生
2001年3月5日少女死亡

を含めた医療従事者と患者間の間でのディスコミュニケーション）は，当たり前の日常的な行為になりつつあった。

また，上述の横浜の事故以来，特定機能病院では安全管理委員会の設置が義務付けられていた（外部の制度からの安全志向，患者志向への同調化圧力）が，「各部署のリスクマネジャーを各科の診療部長，つまり教授が形式的に行なっていた」[3)]り，意識の高い人だけを十数名集めていたなどもあって，安全管理への現場の意識（様相）もいまひとつ高まらず，またインシデント（一歩間違ったら重大なミスに繋がるだろうヒヤリとしたハッとした出来事），アクシデントリポートもあまり集まらず，委員会はうまく機能していなかったようだ。ここに，組織構造・仕組みを改編しても組織文化，様

136　第5章　実際の組織不祥事問題を組織文化に対する構造化理論アプローチで紐解く

図表5-10　東京女子医科大学病院における医療事故と構造化理論②　事故後－隠蔽

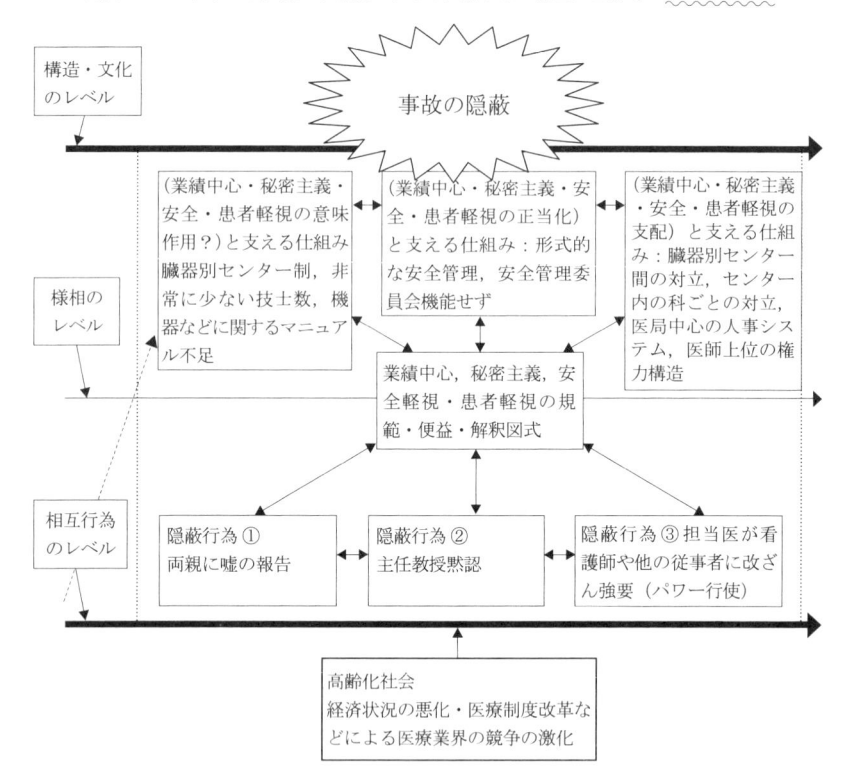

```
構造・文化          ┌─────────┐
のレベル            │ 事故の隠蔽 │
                   └─────────┘

         （業績中心・秘密主義・     （業績中心・秘密主義・安    （業績中心・秘密主義
         安全・患者軽視の意味       全・患者軽視の正当化）     ・安全・患者軽視の
         作用？）と支える仕組み     と支える仕組み：形式的     支配）と支える仕組
         臓器別センター制、非       な安全管理、安全管理委     み：臓器別センター
様相の    常に少ない技士数、機       員会機能せず              間の対立、センター
レベル    器などに関するマニュア                               内の科ごとの対立、
         ル不足                                                医局中心の人事シス
                                                              テム、医師上位の権
                                                              力構造

                            業績中心，秘密主義，安
                            全軽視・患者軽視の規
                            範・便益・解釈図式

相互行為   隠蔽行為①           隠蔽行為②          隠蔽行為③担当医が看
のレベル   両親に嘘の報告       主任教授黙認        護師や他の従事者に改ざ
                                                 ん強要（パワー行使）

                    高齢化社会
                    経済状況の悪化・医療制度改革な
                    どによる医療業界の競争の激化
```

相，行為といった他がまったく変化しないといういわゆる組織の強い慣性力を見て取ることが出来る。

そして，2001年3月2日，装置に対する知識に乏しい医師たちによる人工心肺装置の操作ミスにより事故が起きてしまった。

つぎに，図表5-10は，事故後の隠蔽についての構造化である。このような衝撃的な事故が起きても図表5-9で見た内向きで権威的，安全や患者に対する軽視の文化も様相も崩れずそのままに，なんと事故隠蔽のためのさまざまな問題行為が行なわれた。担当医は事故を隠し，少女の両親には「原因不明の肺出血」と虚偽の説明をした。また，それに伴い，事故の証拠を消すために，担当医は看護師や臨床工学技士，操作ミスをした当の医師などに

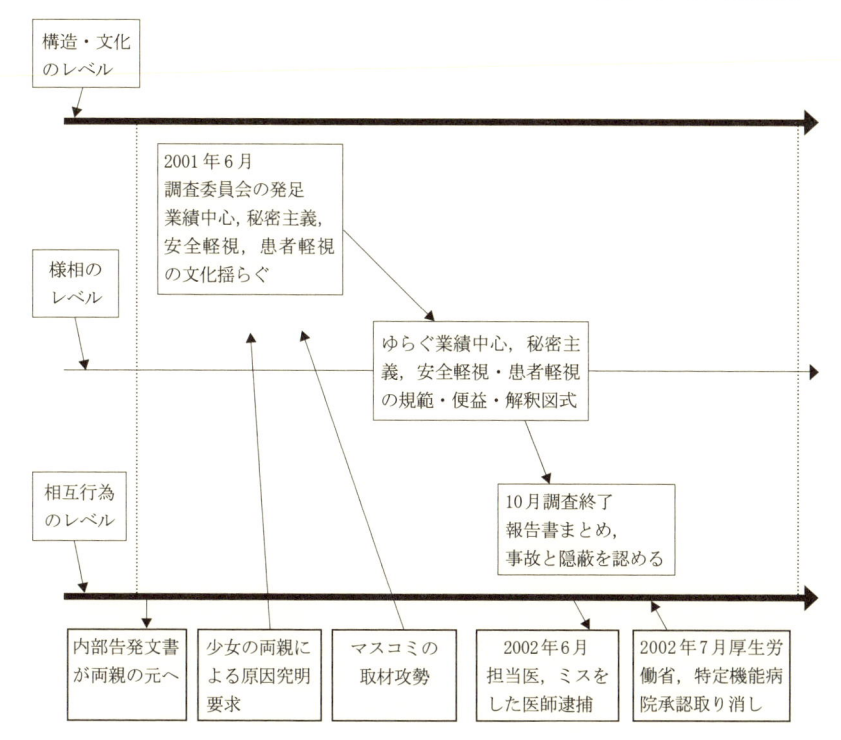

第3節　東京女子医科大学病院医療事故隠蔽事件　137

図表5-11　東京女子医科大学病院における医療事故と構造化理論③　事故後-隠蔽発覚

```
構造・文化
のレベル
            ┌─────────────────────────┐
            │ 2001年6月                │
            │ 調査委員会の発足          │
            │ 業績中心，秘密主義，      │
様相の      │ 安全軽視，患者軽視        │
レベル      │ の文化揺らぐ              │
            └─────────────────────────┘
                              ┌─────────────────────┐
                              │ ゆらぐ業績中心，秘密主  │
                              │ 義，安全軽視・患者軽視  │
                              │ の規範・便益・解釈図式  │
                              └─────────────────────┘

                              ┌─────────────────┐
                              │ 10月調査終了      │
                              │ 報告書まとめ，    │
相互行為                      │ 事故と隠蔽を認める│
のレベル                      └─────────────────┘

┌────────┐┌────────┐┌────────┐┌──────────┐┌──────────┐
│内部告発文書││少女の両親に││マスコミの││2002年6月  ││2002年7月厚生労│
│が両親の元へ││よる原因究明││取材攻勢  ││担当医，ミスを││働省，特定機能病│
│            ││要求        ││          ││した医師逮捕││院承認取り消し │
└────────┘└────────┘└────────┘└──────────┘└──────────┘
```

　ICUの記録の改ざんを強要，また医局のトップである主任教授はそれを黙認していた。加えて，当然，安全管理委員会への報告も怠っていた。この点に横浜市大病院のそれよりも根深いものを推測させる。

　最後に，図表5-11は，隠蔽発覚にまつわる構造化である。両親への匿名の手紙（内部告発文書）により，隠蔽の疑いがさらに高まり，両親による再三再四に亘る原因究明の依頼やマスコミによる外圧などによって事故発生3ヵ月後の6月に調査委員会が発足。10月には調査が終了し，報告書が完成，そこではじめて病院は事故と隠蔽の事実を認め謝罪した。その後，2002年6月には担当医（証拠隠滅容疑）とミスをした医師（業務上過失致死容疑）の2人が逮捕されている。

　このように，東京女子医科大学病院の事故・事件を，構造化理論アプロー

138　第5章　実際の組織不祥事問題を組織文化に対する構造化理論アプローチで紐解く

図表5-12　東京女子医科大学病院組織図

```
                    ┌─────────── 血液内科
                    ├─────────── 神経精神科・心身医療科
                    ├─────────── 小児科
                    ├─────────── 外科・小児外科
                    ├─────────── 整形外科
                    ├─────────── 形成外科
                    ├─────────── 皮膚科
                    ├─────────── 産婦人科
                    ├─────────── 眼科
                    ├─────────── 耳鼻咽喉科
      ┌── 診療部門 ──┼─────────── 放射線科
      │             ├─────────── 麻酔科
      │             ├─────────── 歯科口腔外科
      │             │              ┌── 循環器内科
      │             │              ├── 成人心臓血管外科
      │             ├── 心臓病センター ┼── 循環器小児科
      │             │              ├── 小児心臓血管外科
      │             │              └── 循環器放射線科
      │             │              ┌── 消化器内科
      │             │              ├── 消化器外科
      │             ├── 消化器病センター ┼── 消化器内視鏡科
      │             │              └── 消化器放射線科
      │             │              ┌── 神経内科
      │             ├── 脳神経センター ┼── 脳神経外科
      │             │              └── 神経放射線科
      │             │              ┌── 腎臓内科
      │             │              ├── 腎臓外科
      │             ├── 腎臓病センター ┼── 泌尿器科
      │             │              ├── 腎臓小児科
      │             │              └── 血液浄化療法科
      │             │              ┌── 代謝内科
      │             ├── 糖尿病センター ┴── 糖尿病眼科
      │             │              ┌── 内分泌内科
      │             ├── 内分泌センター ┴── 内分泌外科
      │             ├── 母子総合医療センター
      │             │              ┌── 呼吸器内科
      │             ├── 呼吸器センター ┴── 呼吸器外科
      │             ├── 救命救急センター
      │             └── プライマリー・クリニック・センター(PCC) ── 一次診療科
      │
病院長─副院長─┤
      │   ├── 看護部門 ── 看護部
      │   │
      │   ├── サービス部門 ── 患者サービス室
      │   │
      │   │              ┌── 薬剤部         ┌── 中央手術室
      │   │              │                  ├── 研究所手術室
      │   │              ├── 手術部         ┴── 中央ICU
      │   │              ├── 画像診断部
      │   │              │              ┌── 生理・生体検査科
      │   │              ├── 中央検査部 ┼── 検体検査科
      │   │              │              └── 病理検査科
      │   │              ├── 輸血・細胞プロセシング部 ── 輸血・細胞プロセシング科
      │   │              │              ┌── 理学療法室
      │   │              ├── リハビリテーション部 ┼── 作業療法室
      │   │              │              └── 言語療法室
      │   └── 診療支援部門 ┼── 在宅・緩和医療部 ── 在宅・緩和医療科
      │                  │              ┌── 臨床工学科
      │                  ├── 臨床工学部 ┼── 機器管理室
      │   病院事務長      │              └── 臨床工学技師室
      │                  │              ┌── 栄養科
      │                  ├── 栄養管理部 ┴── 食事指導科
      │                  │              ┌── 物流センター
      │                  ├── 医療材料部 ┼── 中央材料室
      │                  │              └── 研究所材料室
      │                  │              ┌── 在宅医療支援推進室
      │                  └── 社会支援部 ┼── 地域連携室
      │                                 └── 医療社会福祉室
      │                                    ┌── 医療安全対策室
      │   ├── 医療安全対策部門 ┬── 医療安全対策部 ┴── 安全衛生管理室
      │   │                  └── 感染対策部 ── 感染症科
      │   │
      │   ├── 臨床研修教育部門 ── 臨床研修教育部 ── 卒後臨床研修センター
      │   │                                    ┌── 業務管理課
      │   │                                    ├── 外来医事課
      │   │                  ┌── 事務部       ┼── フロアサービス課
      │   │                  │                └── 病棟医事課
      │   │                  │                ┌── 医療情報課
      │   └── 管理部門 ──────┼── 病院情報システム部 ┼── 病院経理課
      │                      │                ├── 病院購買課
      │                      │                └── 保険審査室
      │                      │                ┌── 医療記録管理室
      │                      ├── 医療記録管理部 ┴── クリニカルパス室
      │                      └── 治験管理部 ── 治験管理室
      └── 医療材料購入改善室
```

出所：東京女子医科大学HP　http://www.twmu.ac.jp/info-twmu/hospital/sosikizu.pdf

チを用いて分析してみると，この事故も突発的に生まれたあるいは単に個人に原因が帰結する事故・事件ではなく，まさに行為と組織文化の連続的な構造化の所産として生まれた組織的なものであるということが理解できそうだ。

第4節　三菱自動車リコール隠し事件

最後にとりあげるのは，2000年と2004年に発覚した三菱自動車工業株式会社（および三菱ふそうトラック・バス株式会社）のリコール隠し事件とその欠陥に関連した死亡事故（2002年）についてである。

三菱自動車工業株式会社は，1970年に三菱重工業株式会社の自動車事業部門から分離，設立された業界最後発の自動車メーカーである。2005年3月現在，従業員数（連結）3万6970人（単独1万2094人），資本金6423億円，29車種の自動車を生産，年間2兆1226億円（連結）を売り上げている。

この三菱自動車が長年にわたり本来ならばリコール[4]すべき重大な欠陥情報を隠し，定期点検などで秘密裏に交換・修理（「ヤミ改修」と呼ばれている）をしていたことが2000年そして2004年に発覚した。そして，さらにその隠蔽していた欠陥が原因となりハブ破損やクラッチハウジング破損など多数の事故が発生し，2002年には2件の死亡事故という最悪の事態までもが起きてしまったのである。同事件に関するさまざまな資料や論文，記事，報告書を収集し調べてみると，この事件も連続的な構造化の所産として生まれた組織的な事象であったということが分かってきた。

まず，図表5-13は，1970年代の三菱自動車設立当初の構造化である。三菱重工の自動車事業部の分離であるため，経営者も多くの従業員も重工からの転籍であった。そのため，三菱自動車の組織文化は，日本有数の技術力を誇りBtoB中心の事業（特に戦中は軍需）を行なってきた三菱重工の組織文化に強く影響を受けていたと見る向きが多い[5]。いずれにしても，当時から三菱自動車は，特に技術への自信が相当なものであったようだ。それが起因してだろうか。行為レベルの囲みに記されているように，このときすでに

140　第5章　実際の組織不祥事問題を組織文化に対する構造化理論アプローチで紐解く

図表5-13　三菱自動車におけるリコール隠し事件と構造化理論アプローチ①　1970年代（設立当初　全社）

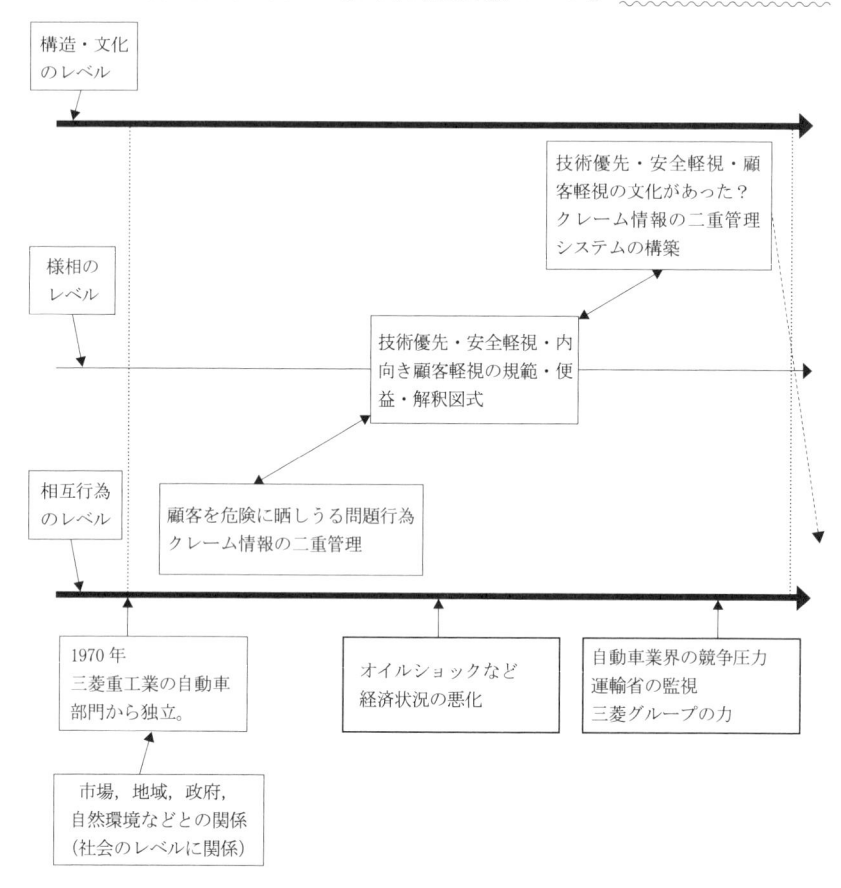

構造・文化のレベル

技術優先・安全軽視・顧客軽視の文化があった？
クレーム情報の二重管理システムの構築

様相のレベル

技術優先・安全軽視・内向き顧客軽視の規範・便益・解釈図式

相互行為のレベル

顧客を危険に晒しうる問題行為
クレーム情報の二重管理

1970年
三菱重工業の自動車部門から独立。

オイルショックなど経済状況の悪化

自動車業界の競争圧力
運輸省の監視
三菱グループの力

市場，地域，政府，自然環境などとの関係
（社会のレベルに関係）

欠陥・クレーム情報の二重管理が行なわれていたようである。奥山俊宏氏によると，この二重管理は，1977年に現場従業員が運輸省（現国土交通省）の厳しい改善命令などに対して「これではやってられない」と感じ，クレーム隠しをはじめたのが発端だという説があるようだ[6]。それが真実ならば，三菱自動車では，約30年間，隠蔽を善しとする組織文化は醸成されてきたことになる。この時点では，三菱自動車独自の組織文化が既に確立されていたかどうかは不確かであるが，元の組織の文化に影響された人々の問題行為

第4節 三菱自動車リコール隠し事件 141

はすでに起きていて，それが組織文化を徐々に創り上げ始めた時期であることは間違いないであろう。

ちなみにこの「情報の二重管理」とは，ユーザーから寄せられたクレーム情報を，運輸省に見せる情報（オープン情報「P」）と見せない情報（秘匿情報「H」）に分けて管理することである。三菱自動車では，お客様相談部や各販売会社などに寄せられたユーザーからのクレーム情報は，「商連書」という文書にされ，品質保証部に集められていた。そこで，それら情報は整理，分析され（HとPに分けられ），必要に応じてテクニカルレターとして販売会社へ対応策がレスポンスされていたのである。三菱自動車は，リコールによって生じる企業イメージのダウンと多額のコストを逃れるために，このように情報を二重管理し，定期検査時などにこっそり欠陥箇所を修理していた（いわゆるヤミ改修）ようである[7]。

70年代そして80年代と，この問題行為は，特に表沙汰になることもなく，成功していたようである。この成功がリコール情報の二重管理活動と技

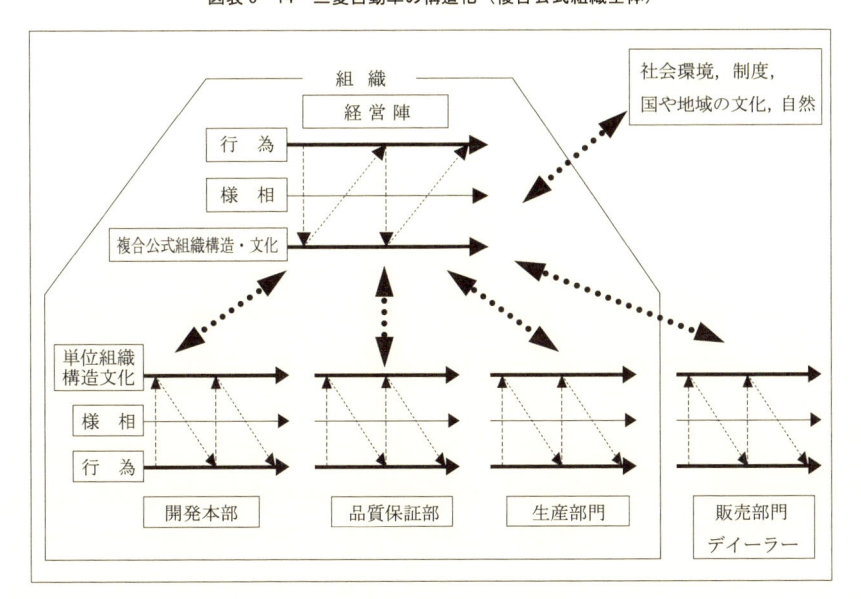

図表5-14 三菱自動車の構造化（複合公式組織全体）

142　第5章　実際の組織不祥事問題を組織文化に対する構造化理論アプローチで紐解く

図表5-14　三菱自動車におけるリコール隠し事件と構造化理論アプローチ②-1　1990年代（経営陣）

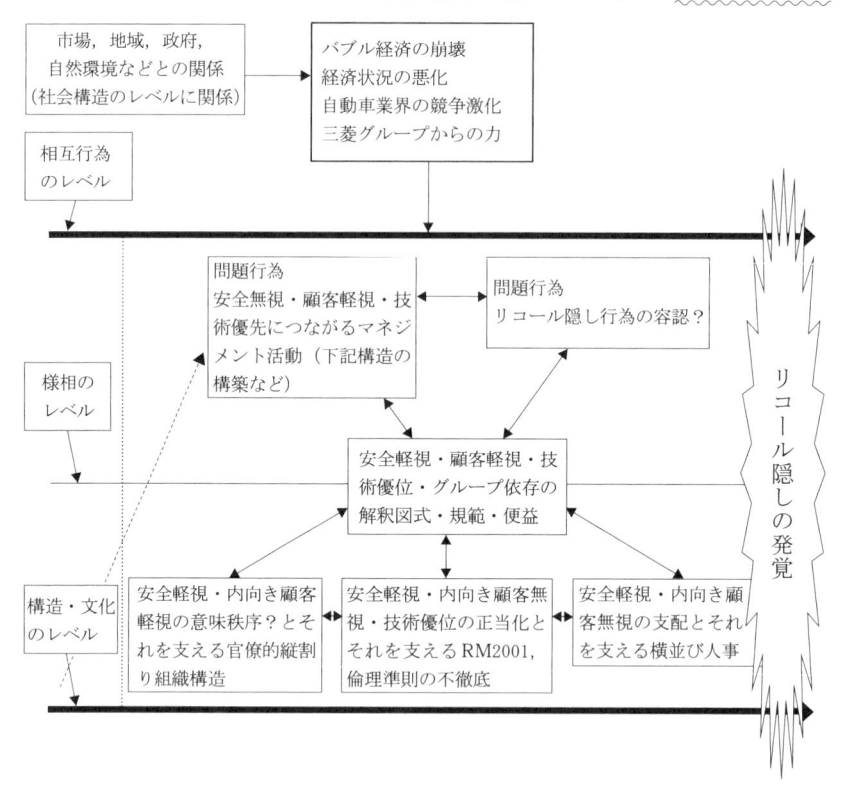

```
┌─────────────────┐   ┌─────────────────┐
│市場，地域，政府，│──▶│バブル経済の崩壊 │
│自然環境などとの関係│ │経済状況の悪化   │
│(社会構造のレベルに関係)│ │自動車業界の競争激化│
└─────────────────┘   │三菱グループからの力│
                      └─────────────────┘
┌──────┐
│相互行為│
│のレベル│
└──────┘
      ┌──────────────┐    ┌──────────────┐
      │問題行為      │    │問題行為      │
      │安全無視・顧客軽視・技│◀──▶│リコール隠し行為の容認？│
      │術優先につながるマネジ│    │              │
      │メント活動（下記構造の│    └──────────────┘
      │構築など）    │
┌──────┐└──────────────┘
│様相の│
│レベル│
└──────┘         ┌──────────────┐
                  │安全軽視・顧客軽視・技│
                  │術優位・グループ依存の│
                  │解釈図式・規範・便益│
                  └──────────────┘
┌──────┐ ┌──────────┐┌──────────┐┌──────────┐
│構造・文化││安全軽視・内向き顧客││安全軽視・内向き顧客無││安全軽視・内向き顧│
│のレベル  ││軽視の意味秩序？とそ││視・技術優位の正当化と││客無視の支配とそれ│
└──────┘ │れを支える官僚的縦割││それを支えるRM2001，││を支える横並び人事│
          │り組織構造│         │倫理準則の不徹底│   │              │
          └──────────┘└──────────┘└──────────┘
```
　　　　　　　　　　　　　　　　　　　　　　　　　　　リコール隠しの発覚

術優位・安全軽視・顧客軽視の組織文化の創り創られる構造化を後押し強化し，それによってますます内向きな組織がつくられていったと考えられる。たとえば，奥山氏は自著において次のようなエピソードを載せている。つまり，それは，「早稲田大学理工学部を88年3月に卒業した社員は入社の直後，品質保証部に配属され，『商連書の情報は，表に出していいものと悪いものがあり，2つに分けて管理している』と簡単な説明を受けた。『会社はこういうことをやっているんだ』『言われるままにやらなければいけないのかな？』『社会にウソをつくのか，それとも，会社を辞めるのか』。疑問を抱えながら，やがてそうした意識は薄れていった。」というものである。[8]このエピソードからも80年代に70年代同様の構造化が着実に進行していたこと

図表5-14　三菱自動車におけるリコール隠しと構造化理論アプローチ②-2　1990年代（品質保証部）

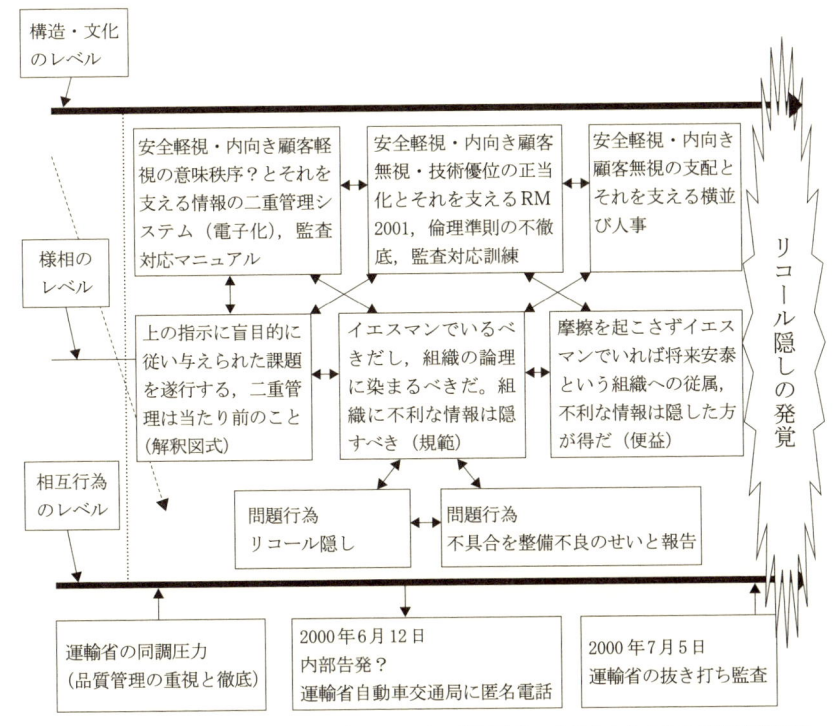

```
構造・文化
のレベル
┌─────────────────────────────────────────────────┐
│ 安全軽視・内向き顧客軽   安全軽視・内向き顧客    安全軽視・内向き
│ 視の意味秩序？とそれを   無視・技術優位の正当    顧客無視の支配と
│ 支える情報の二重管理シ   化とそれを支えるRM      それを支える横並
│ ステム（電子化），監査   2001，倫理準則の不徹    び人事
│ 対応マニュアル           底，監査対応訓練
│         ↕                    ↕                    ↕
様相の
レベル
│ 上の指示に盲目的に       イエスマンでいるべ      摩擦を起こさずイエス
│ 従い与えられた課題       きだし，組織の論理      マンでいれば将来安泰
│ を遂行する，二重管       に染まるべきだ。組      という組織への従属，
│ 理は当たり前のこと       織に不利な情報は隠      不利な情報は隠した方
│ （解釈図式）             すべき（規範）          が得だ（便益）
│         ↕                    ↕                    ↕
相互行為
のレベル
│       問題行為           問題行為
│       リコール隠し  ↔    不具合を整備不良のせいと報告
└─────────────────────────────────────────────────┘
運輸省の同調圧力    2000年6月12日          2000年7月5日
（品質管理の重視と  内部告発？             運輸省の抜き打ち監査
徹底）              運輸省自動車交通局に匿名電話
```

→ リコール隠しの発覚

RM2001（Renewal Mitsubishi2001）…コストの削減やリストラを中心とした中期経営計画。98年11月発表。

が分かるだろう。また，このエピソードから，新規参加者がまずは支配・正当化関連の構造化を行ない（あるいは強いられ），それから意味関連の構造化へと移行していくという構造化の流れに関する傾向をみることが出来る。

さて，図表5-14は，1990年代，つまり最初のリコール隠し発覚直前の構造化の様子である。これは，リコール隠しに関連する各単位組織における構造化の様子である。同社がこれまでの事例よりも大規模な複合公式組織であること，そして何より部署を越えた大規模ないわゆる「組織ぐるみ」の不祥事であったことを明らかにするために，このように示してみた。1990年代に入りバブル経済の崩壊を受け，自動車業界の競争はますます激化してい

144　第5章　実際の組織不祥事問題を組織文化に対する構造化理論アプローチで紐解く

図表5-14　三菱自動車におけるリコール隠しと構造化理論アプローチ②-3　1990年代（開発本部）

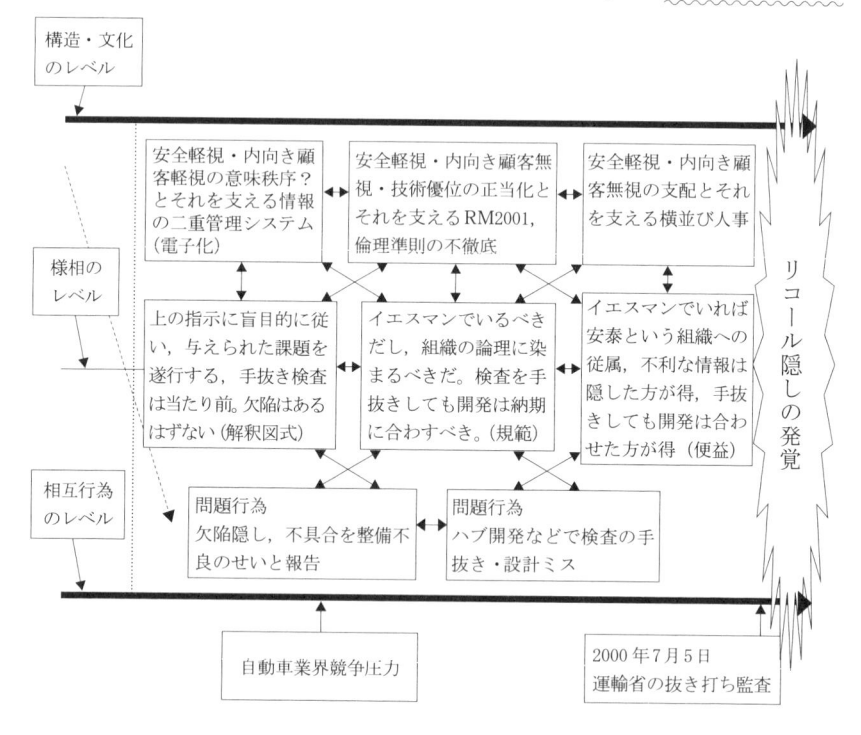

```
構造・文化
のレベル
　　┌─────────────┬─────────────┬─────────────┐
　　│安全軽視・内向き顧│安全軽視・内向き顧│安全軽視・内向き顧│
　　│客軽視の意味秩序？│客無視・技術優位の│客無視の支配とそれ│
　　│とそれを支える情報│正当化とそれを支え│を支える横並び人事│
　　│の二重管理システム│るRM2001, 倫理準 │　　　　　　　　　│
　　│（電子化）　　　　│則の不徹底　　　　│　　　　　　　　　│
様相の
レベル
　　┌─────────────┬─────────────┬─────────────┐
　　│上の指示に盲目的に│イエスマンでいるべ│イエスマンでいれば│
　　│従い、与えられた課│きだし、組織の論理│安泰という組織への│
　　│題を遂行する、手抜│に染まるべきだ。検│従属、不利な情報は│
　　│き検査は当たり前。│査を手抜きしても開│隠した方が得、手抜│
　　│欠陥はあるはずない│発は納期に合わすべ│きしても開発は合わ│
　　│（解釈図式）　　　│き。（規範）　　　│せた方が得（便益）│

相互行為
のレベル
　　┌─────────────┬─────────────┐
　　│問題行為　　　　　│問題行為　　　　　│
　　│欠陥隠し、不具合を│ハブ開発などで検査│
　　│整備不良のせいと報│の手抜き・設計ミス│
　　│告　　　　　　　　│　　　　　　　　　│

　　　┌──────────┐　　　┌──────────┐
　　　│自動車業界競争圧力│　　　│2000年7月5日　　│
　　　└──────────┘　　　│運輸省の抜き打ち監査│
　　　　　　　　　　　　　　　　└──────────┘

リコール隠しの発覚
```

る。そのような外部環境からの圧力（競争圧力）の中，図表5-14をみると，すでに各部署で安全軽視・顧客無視・技術優位の文化そして様相が完全に定着している感がある。図表5-14-②-1にあるように，経営陣は，RM2001（Renewal Mitsubishi2001）なる経営計画を発表し，リストラを中心にさまざまなコストの削減を重要課題として掲げた。そして，品質保証部では情報の二重管理が，開発本部では手抜き検査が，さらに販売ディーラーではヤミ改修が当たり前のことと（つまりは常識と）されていたようである（安全軽視・顧客無視・技術優位の解釈図式化）（図表5-14-②-2から5-14-②-5参照）。二重管理に至っては，なんと電子化（コンピュータ管理）までもされていた。また，品質保証部では，運輸省の抜き打ち監査に対して証拠をすぐに隠せるように監査対応マニュアルが作成され，それに基

図表 5-14 三菱自動車におけるリコール隠しと構造化理論アプローチ②-4 1990年代（生産部門－工場）

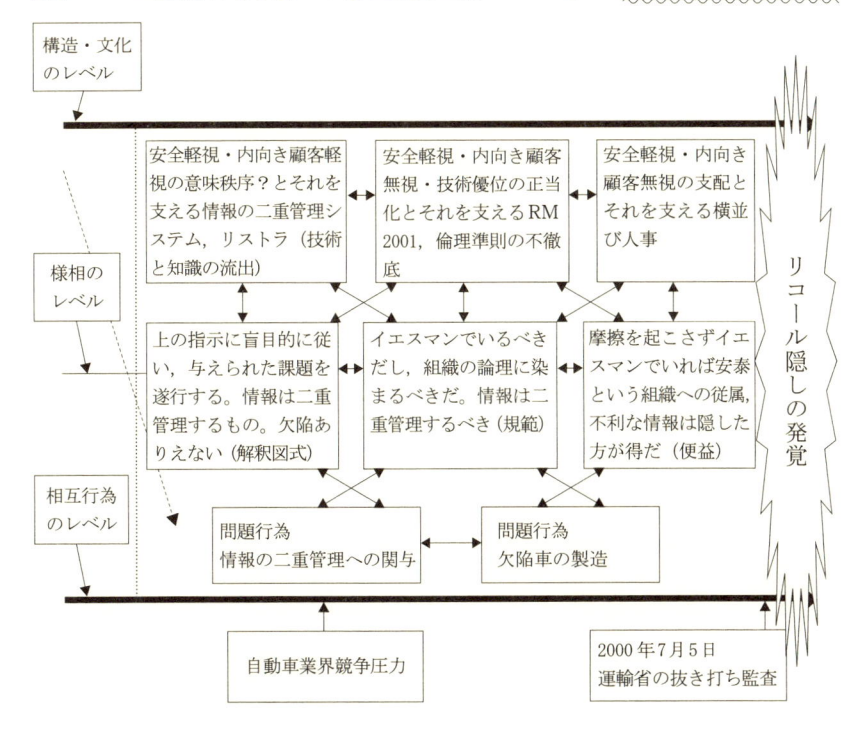

構造・文化のレベル

- 安全軽視・内向き顧客軽視の意味秩序？とそれを支える情報の二重管理システム，リストラ（技術と知識の流出）
- 安全軽視・内向き顧客無視・技術優位の正当化とそれを支える RM 2001，倫理準則の不徹底
- 安全軽視・内向き顧客無視の支配とそれを支える横並び人事

様相のレベル

- 上の指示に盲目的に従い，与えられた課題を遂行する。情報は二重管理するもの。欠陥ありえない（解釈図式）
- イエスマンでいるべきだし，組織の論理に染まるべきだ。情報は二重管理するべき（規範）
- 摩擦を起こさずイエスマンでいれば安泰という組織への従属，不利な情報は隠した方が得だ（便益）

相互行為のレベル

- 問題行為　情報の二重管理への関与
- 問題行為　欠陥車の製造

自動車業界競争圧力

2000年7月5日 運輸省の抜き打ち監査

リコール隠しの発覚

づき避難訓練のような教育訓練までなされていた（図表5-14-②-2）。違反が当たり前のこととなっている（解釈図式化している）この時点でもなお日々の強化を怠らない。これは，安全軽視・顧客軽視の組織文化のさらなる強化につながる施策と捉えられよう。これら一連の手抜きや隠蔽について，経営陣，特に当時の川添社長も知り得，容認していたという報道もあり，それが真実ならばまさに「組織ぐるみ」であったといえよう[9]。そして，2000年7月，それらは，運輸省自動車交通局への匿名の内部告発によって明るみに出た。これにより，副社長や品質保証部部長などが起訴され，また川添社長は辞任した。これですべてが明るみにでたかのように思われたが，このとき発覚したのは乗用車部門の一部に過ぎず，実はトラックやバスなど大型車に関する欠陥情報はその後も隠し続けられていたことが2004年3月に明ら

146　第5章　実際の組織不祥事問題を組織文化に対する構造化理論アプローチで紐解く

図表5-14　三菱自動車におけるリコール隠しと構造化理論アプローチ②-5　1990年代（販売部門－ディーラー）

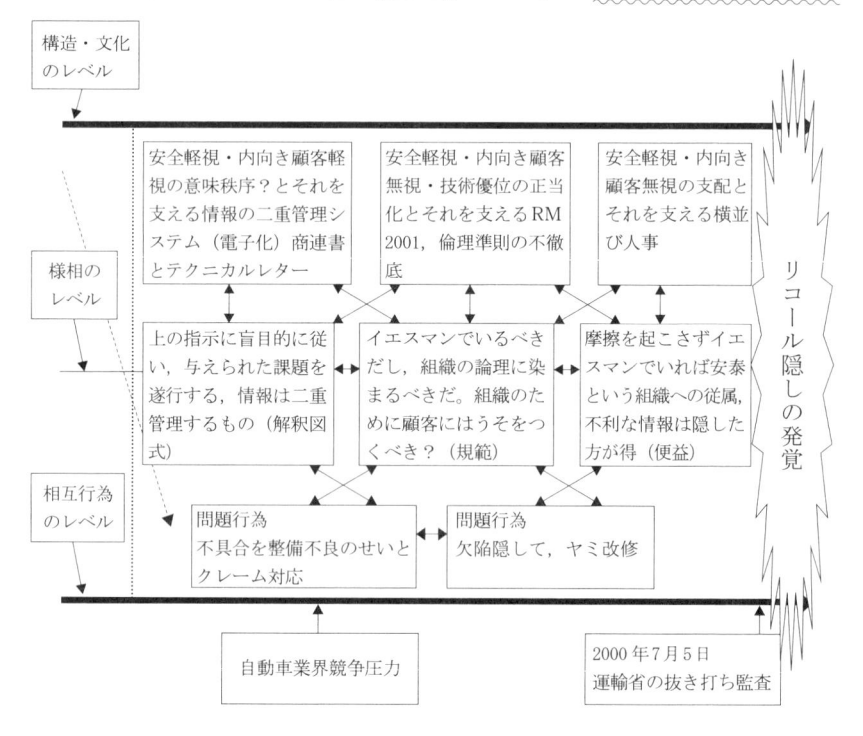

構造・文化のレベル			
	安全軽視・内向き顧客軽視の意味秩序？とそれを支える情報の二重管理システム（電子化）商連書とテクニカルレター	安全軽視・内向き顧客無視・技術優位の正当化とそれを支えるRM 2001，倫理準則の不徹底	安全軽視・内向き顧客無視の支配とそれを支える横並び人事
様相のレベル	上の指示に盲目的に従い，与えられた課題を遂行する，情報は二重管理するもの（解釈図式）	イエスマンでいるべきだし，組織の論理に染まるべきだ。組織のために顧客にはうそをつくべき？（規範）	摩擦を起こさずイエスマンでいれば安泰という組織への従属，不利な情報は隠した方が得（便益）
相互行為のレベル	問題行為　不具合を整備不良のせいとクレーム対応	問題行為　欠陥隠して，ヤミ改修	

（右側）リコール隠しの発覚

（下部）自動車業界競争圧力　／　2000年7月5日　運輸省の抜き打ち監査

かになる。

　図表5-15は，2000年の発覚から2004年に再び大型車に関するリコール隠しが発覚するまでである10)。2000年にダイムラークライスラー社と資本提携を結んだ三菱自動車は，2001年にダイムラークライスラー社からロルフ・エクロート氏を副社長兼COOとして迎えている。エクロートCOOは，三菱自動車再建のための「ターンアラウンド計画」を策定，発表し，三菱自動車の改革（構造改革・文化改革）を推進していった。このターンアラウンド計画は，リストラなどコスト削減もさることながら，品質管理の強化・徹底そして企業風土・文化の改革を目的に掲げている。しかし，約30年間もの間，構造化によって培われてきた組織の体質は，そう簡単に変わるものではなかったようである。2002年の2つの死亡事故についても，三菱は，ト

第 4 節　三菱自動車リコール隠し事件　147

図表 5-15　三菱自動車におけるリコール隠し事件と構造化理論アプローチ③-1　2000 年代（経営陣）

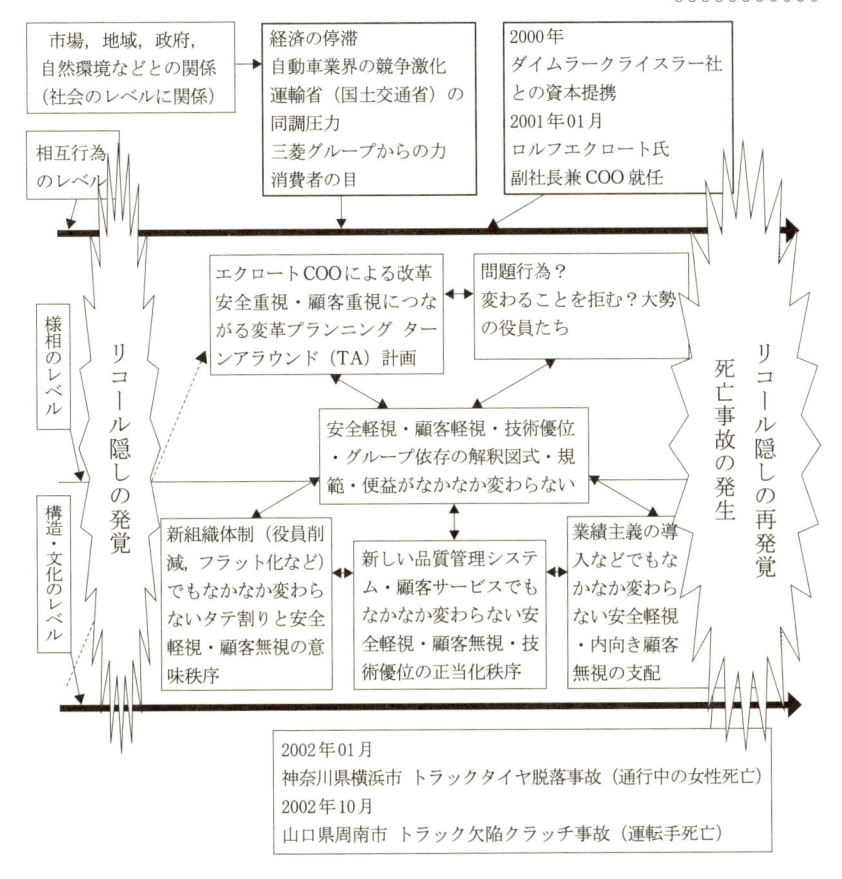

[図表]

市場，地域，政府，自然環境などとの関係（社会のレベルに関係）

経済の停滞
自動車業界の競争激化
運輸省（国土交通省）の同調圧力
三菱グループからの力
消費者の目

2000 年
ダイムラークライスラー社との資本提携
2001 年 01 月
ロルフエクロート氏
副社長兼 COO 就任

相互行為のレベル

様相のレベル

構造・文化のレベル

リコール隠しの発覚

エクロート COO による改革
安全重視・顧客重視につながる変革プランニング ターンアラウンド（TA）計画

問題行為？
変わることを拒む？大勢の役員たち

安全軽視・顧客軽視・技術優位
・グループ依存の解釈図式・規範・便益がなかなか変わらない

新組織体制（役員削減，フラット化など）でもなかなか変わらないタテ割りと安全軽視・顧客無視の意味秩序

新しい品質管理システム・顧客サービスでもなかなか変わらない安全軽視・顧客無視・技術優位の正当化秩序

業績主義の導入などでもなかなか変わらない安全軽視・内向き顧客無視の支配

リコール隠しの再発覚

死亡事故の発生

2002 年 01 月
神奈川県横浜市　トラックタイヤ脱落事故（通行中の女性死亡）
2002 年 10 月
山口県周南市　トラック欠陥クラッチ事故（運転手死亡）

ラックの整備不良であるとして自社の責任を逃れようとしている。ここに組織（特に文化）の慣性力を見て取ることができよう。さらには，東京女子医大病院にも見られた「変わる組織構造・仕組みと変わらない組織文化」という興味深いずれを見ることも出来る。

　ちなみに，この 2 件の死亡事故とは，大型トラックの前輪が突然脱輪し，脱輪したタイヤが通行中の親子を襲い，母親（29 歳）が死亡した横浜市瀬谷区の事故と，大型トラックのブレーキが突然利かなくなり，地下道の入り口に衝突し運転手（39 歳）が死亡した山口県周南市の事故，この 2 つの痛

148   第5章　実際の組織不祥事問題を組織文化に対する構造化理論アプローチで紐解く

図表5-15　三菱自動車におけるリコール隠しと構造化理論アプローチ③-2　2000年代（品質保証部）

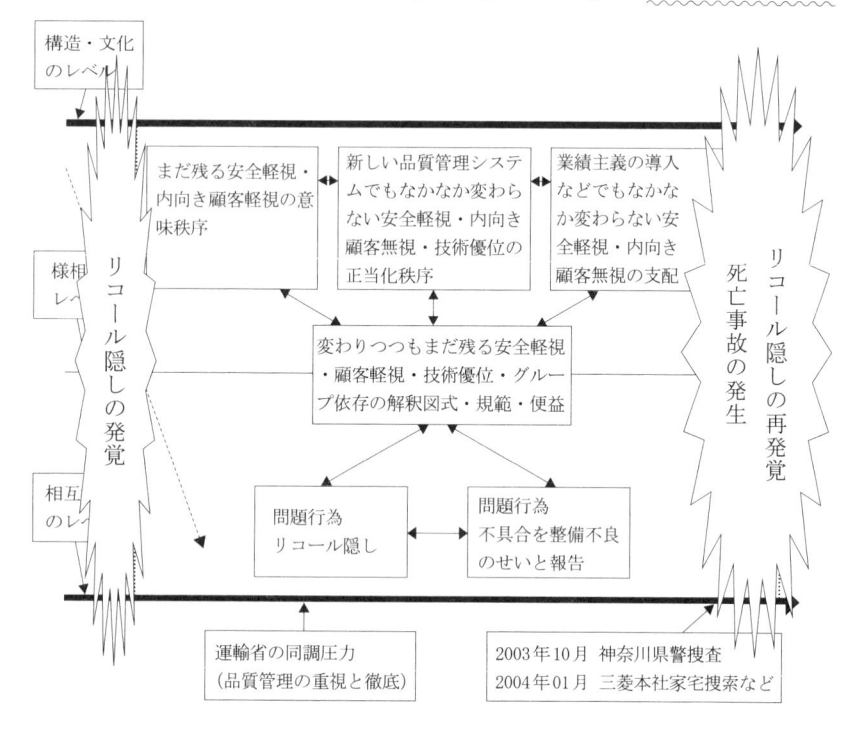

```
構造・文化
のレベル           ┌─────────────┐ ┌─────────────┐ ┌─────────────┐
                   │まだ残る安全軽視・│ │新しい品質管理シス│ │業績主義の導入│
                   │内向き顧客軽視の意│ │テムでもなかなか変│ │などでもなかな│
      リ           │味秩序            │ │わらない安全軽視・│ │か変わらない安│ リ
様相   コ          │                  │ │内向き顧客無視・技│ │全軽視・内向き│ コ  死
レ     ー          └─────────────┘ │術優位の正当化秩序│ │顧客無視の支配│ ー  亡
       ル                             └─────────────┘ └─────────────┘ ル  事
       隠                                      ↕                              隠  故
       し                       ┌────────────────────┐               し  の
       の                       │変わりつつもまだ残る安全軽視│               の  発
       発                       │・顧客軽視・技術優位・グルー│               再  生
       覚                       │プ依存の解釈図式・規範・便益│               発
                                └────────────────────┘               覚
相互                     ┌──────────┐   ┌──────────┐
のレ                     │問題行為     │   │問題行為      │
                         │リコール隠し │↔│不具合を整備不良│
                         │             │   │のせいと報告  │
                         └──────────┘   └──────────┘

              ┌──────────────┐   ┌──────────────────┐
              │運輸省の同調圧力       │   │2003年10月　神奈川県警捜査      │
              │（品質管理の重視と徹底）│   │2004年01月　三菱本社家宅捜索など│
              └──────────────┘   └──────────────────┘
```

ましい事故のことである。

　この2つの事件をきっかけにして，国土交通省，神奈川，山口両県警の捜査がはじまり，2004年3月，再び三菱の組織ぐるみの隠蔽が明らかになった。これにより，川添元社長をはじめ8人が逮捕起訴された。

　さて，このように，三菱自動車のリコール隠し事件を組織文化に対する構造化理論アプローチを用いて分析してみると，かなりラフな分析ではあるものの，この事件が，まさに行為と組織文化の連続的な構造化の所産として生じた組織的なものであるということがここから理解できそうである。それも，30年という長きにわたる，なおかつ複合公式組織の中のいくつかの単位組織をまたがった大規模な構造化であったことが分かるであろう。また，いくつかのエピソードから，この事件もJCOの事故同様に，支配・便益・

第4節 三菱自動車リコール隠し事件　149

図表 5-15　三菱自動車におけるリコール隠しと構造化理論アプローチ ③-3　2000年代（開発本部）

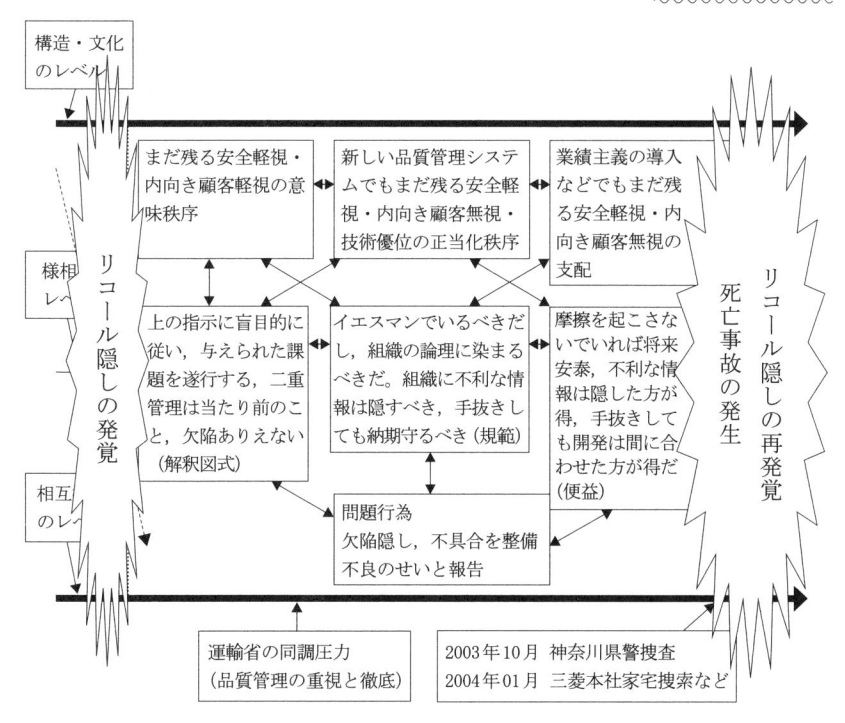

```
構造・文化
のレベル

                ┌─────────────┐  ┌─────────────┐  ┌─────────────┐
                │まだ残る安全軽視・│⇔│新しい品質管理シス│⇔│業績主義の導入 │
                │内向き顧客軽視の │  │テムでもまだ残る安│  │などでもまだ残 │
                │意味秩序       │  │全軽視・内向き顧客│  │る安全軽視・内 │
                │              │  │無視・技術優位の │  │向き顧客無視の │
                │              │  │正当化秩序     │  │支配          │
                └─────────────┘  └─────────────┘  └─────────────┘
様相
レベル           ┌─────────────┐  ┌─────────────┐  ┌─────────────┐
                │上の指示に盲目的│⇔│イエスマンでいる │⇔│摩擦を起こさな │
リ              │に従い，与えられ│  │べきだし，組織の │  │いでいれば将来 │  リ
コ              │た課題を遂行す │  │論理に染まるべき │  │安泰，不利な情 │  コ
ー              │る，二重管理は │  │だ。組織に不利な │  │報は隠した方が │  ー
ル              │当たり前のこと，│  │情報は隠すべき， │  │得，手抜きして │  ル
隠              │欠陥ありえない │  │手抜きしても納期 │  │も開発は間に合 │  隠  死
し              │（解釈図式）   │  │守るべき（規範） │  │わせた方が得だ │  し  亡
の                                                    │（便益）       │      事
発              └─────────────┘  └─────────────┘  └─────────────┘  の  故
覚                                                                        再  の
相互                              ┌─────────────┐                          発  発
のレ                              │問題行為        │                          覚  生
                                 │欠陥隠し，不具合│
                                 │を整備不良のせい│
                                 │と報告         │
                                 └─────────────┘

                ┌─────────────┐  ┌────────────────────┐
                │運輸省の同調圧力│  │2003年10月 神奈川県警捜査│
                │（品質管理の重視│  │2004年01月 三菱本社家宅捜索│
                │と徹底）        │  │など                     │
                └─────────────┘  └────────────────────┘
```

　権力および正当化・規範・道徳性に関する構造化から意味秩序・解釈図式・日常行為の構造化へという構造化の時間的流れがあったように思う。ただし，今回のそれは，組織全体的な構造化の流れの傾向ではなく，新規参加者が構造化に巻き込まれていく際の傾向である。つまり，新規参加者は，組織に参加した当初，支配・正当関連の構造化を多く行ない，その後，意味関連の構造化へと移行していく傾向があるようなのである。

　また，三菱自動車は，この30年の間，会長が9回，社長が11回交代している（図表5-16）。多くが三菱重工出身であるということもあるかもしれないが，これだけトップマネジメントが代わっても組織が変わらないでいることに，トップの交代やそれに伴う経営手法や仕組みの変化の微力さを感じる。それと同時に，内部告発という個の力や運輸省や警察，NPO株主オン

150   第 5 章　実際の組織不祥事問題を組織文化に対する構造化理論アプローチで紐解く

図表 5-16　三菱自動車の歴代トップ

就任日	会長	就任日	社長	在任期間
		1973.5.30	久保富夫	3 期 6 年
1979.6.29	久保富夫	1979.6.29	曽根嘉年	1 期 2 年
		1981.6.30	東条輝男	1 期 2 年
1983.6.30	東条輝男	1983.6.30	舘豊夫	3 期 6 年
1984.10.1	田中利治			
1985.6.27	岡野良定			
1989.6.29	舘豊夫	1989.6.29	中村裕一	3 期 6 年
1995.6.29	中村裕一	1995.6.29	塚原薫久	1 年
		1996.6.27	木村雄宗	1 年半
1997.11.27	木村雄宗	1997.11.27	河添克彦	3 年
		2000.11.1	園部孝	1 年半
2002.6.25	園部孝	2002.6.25	ロルフ・エクロート	1 期 2 年
2004.6.29	岡崎洋一郎	2004.6.29	多賀谷秀保	半年
2005.1.28	西岡喬	2005.1.28	益子修	

出所：週刊東洋経済編「特別リポート 1　三菱自動車企業風土の『欠陥』が存亡の危機を招いた」『週刊東洋経済』(臨増)，2004.9.8., 73 頁，を加筆修正．

図表 5-17　三菱自動車工業の歴史

年	出来事
1970	三菱重工業の自動車事業本部が分離し，三菱自動車工業設立。
1984	三菱自動車販売を統合し，新生三菱自動車発足。
1988	東証一部上場。
1992	大型車で最初のハブ破損事故発生。
1995	GDI エンジン発表。
1996	米国セクハラ事件が不買運動に発展。
1997	総会屋利益供与事件発覚。
1999	広島県内でバスのハブ破損，車輪脱落事件発生。
2000	リコール隠し事件発覚。
	ダイムラークライスラー資本提携。
2001	ロルフ・エクロート氏副社長兼 COO 就任。
	経営再建計画「ターンアラウンド計画」発表。
2002	横浜市トラックタイヤ脱輪事件発生。
	山口県トラック欠陥クラッチ事故発生。
2003	三菱ふそうトラック・バス分社化。
2004	三菱ハブの構造的欠陥認める。
	宇佐美前会長ら 7 人逮捕。
	ダイムラークライスラー撤退。
	三菱重工業，三菱商事，東京三菱銀行による支援発表。
	三菱自動車事業再生計画発表。

ブズマンのような社会の力の重要さ（つまり，個人行為－組織－社会の相互影響関係とその理解の重要さ）もこの事件から見て取ることが出来よう。

第5節　組織不祥事の発生メカニズム
―分析から得られたある傾向―

　さて，以上のように，本章では，組織文化に対する構造化理論アプローチを用いて実際に起きた4つのケースを分析してみた。どのケースも不完全な分析ではあるが，連続的な構造化，9つの要素の絡み，ちょっとした行為がそれをきっかけに不祥事まで膨らんでいくことがあるなど，当初想定していたモデルの有用な点をしっかり押さえることが出来たように思う。また，それ以外にも実際の事例を分析することで得られた新しい知見もあったように思う。つまり，今回の事例分析から，組織不祥事の発生プロセスにおいていくつかの共通する傾向があることを理解することが出来るのである。もちろん，あくまで今回のラフな事例分析の結果からであるため発生メカニズムと呼ぶに相応しいか否かはまだ議論の余地があるが，それは，以下の4点である。

　① 組織不祥事を導く構造化には，支配・便益・権力および正当化・規範・道徳性に関する構造化が激しく動き，違反行為を得なもの，正当なもの，そうすべきものと誤認させ，つまり道徳心をゆがめさせるような時期が当初あって，その後，意味秩序・解釈図式・日常のコミュニケーション行為にまで影響が及び，違反行為が日常的な当たり前のものになっていくという流れがある。たとえば，JCOでは，早い時期に，危機管理委員会が安全管理室に統合されたり格下げになったりと安全管理教育を軽んじる仕組みがつくられ，また違反行為とその隠蔽を牽引した者が昇進し続けるなど歪んだ人事の仕組みがつくられるといった正当化や支配秩序に関わるような構造に変化が起こり，それと共に二重帳簿やとりあえず発想法などの違反行為が横行している。そして，その後，それらのマニュアル化，標準化といった意味秩序に関わる構造に変化が起こり，それと共に違反行為が日常化・一般化している。ただし，意図的な不祥事とそうではない事故とでは多少異なるかもし

れない。たとえば，上述のとおり横浜市大病院の事例では，支配秩序に関わる構造化があまり働いていない。

②また，①に挙げた構造化の傾向は，①のような組織全体的な傾向としてだけでなく，新規参加者に対しても構造化の流れに同じような傾向がある。たとえば，三菱自動車の事例の中でとり上げた奥山氏のエピソードは，それに該当する。

③組織の仕組み・構造を変えて，組織文化をマネジメントしようとしても文化の慣性力が働いて不祥事体質（文化）が揺るがず変わらないことが往々にしてある。たとえば，先に述べた三菱自動車のロルフ・エクフロートCOOの行なった改革がうまく機能せず，改革後も違反行為が結局続いていたというエピソードはその代表例である。

④多くの場合，社会からの同調化圧力（社会の中の制度や文化，たとえば法制度，デファクトスタンダード，政治制度，市場ルール，地域文化，職能文化への同調）とその中での競争圧力（業界他社，グループ他社などとの競争）という状況が不祥事を引き起こす大きなきっかけになっていた。たとえば，医療業界において医療機関は，厳格な医療制度の下で統制を受けながらその中で生き残りをかけて競争を行なわなければならない。とりわけ高齢化社会である今日，その制度からの効率化を迫る圧力は激しい。そのことが場合によっては，組織不祥事のきっかけとなるのである。松原隆一郎教授の言うように市場競争がいつでも組織浄化に繋がるとは限らないということがここからも分かる。松原教授によれば，「市場競争は，ある社風では企業組織を規律づけるが，別の社風では企業統治を歪めるだけにとどまる。各企業は社風にもとづいて市場環境を解釈するが，その結論は一律ではありえない」[11]。これは，組織のガバナンスには組織文化への目配りも重要であるということを示唆していると考えられる。

以上のように，組織文化に対する構造化理論アプローチは，実際の組織不祥事分析に対して興味深い知見を与えてくれそうである。ただし，しつこいようだが，今回の分析は，あくまで2次資料を用いた試験的なものに過ぎな

い。ギデンズ流に言えば，三重の解釈学といったところであり，その精度はかなり低いだろう。しかし，このような試験的な分析を行なっただけでもいくつかの有用性を確かめることと新たな知見を得ることが出来た。これをヒントにしながら，フィールドリサーチを試みることでより精度の高い分析と新たな知見を得ることが期待できるが，それはつぎの機会に譲ることにしたい。

　さて，ここまでで，組織文化に対する構造化理論アプローチが分析（説明）枠組みとして非常に期待できるものであることが明らかになった。それでは，実践へのインプリケーションはどうだろうか。同アプローチは，有用な政策提言能力を持ちえているだろうか。次章ではそれについて検討していくことにしたい。

注
1) 本章は，拙稿，前掲論文，2004年を加筆修正したものである。
2) シャインのいう仮定とその表現である人工物の関係と同義である。それゆえ，もちろん一方的に支えるだけでなく，相互に支えあっている，つまり影響し合っているといえる。
3) 上塚芳郎稿「東京女子医大は立ち直れるか」『ばんぶう』2002年，34頁。
4) 当該自動車メーカーが「設計や製造の不備が原因となって車が保安基準に適合しないおそれがあると判断したとき，」国土交通省（旧運輸省）に届け公表し，該当車種をユーザーから無償で回収，修理することである。奥山俊宏著『内部告発の力─公益通報者保護法は何を守るのか』現代人文社，2004年，15頁。
5) 森岡孝二稿「学者が斬るシリーズ173 三菱自動車の『欠陥』企業風土」『エコノミスト』2004年，46頁。産経新聞社取材班編『ブランドはなぜ堕ちたか　雪印，そごう，三菱自動車，事件の真相』角川文庫，2001年，259-262，266-268頁。
6) 奥山俊宏著，前掲書，14頁。
7) NNNドキュメント'04スペシャル『三菱自動車"リコール隠し"の真実』2004年7月25日放送（日本テレビ系列）。
8) 奥山俊宏著，前掲書，32頁。
9) 浅井翔稿「三菱自動車企業モラルはどこへ行った？リコール隠しと企業の倫理─世界の信用を得た日本の"モノ作り"が崩壊する」『月刊経済』2004年，24頁。
10) 実は，2003年に，三菱自動車のトラック・バス部門は，三菱ふそうトラック・バス株式会社に分社化されているのだが，隠蔽の多くは，分社前に行なわれていたものであるため，本書では三菱自動車での構造化を主に検討していくことにする。ただし，三菱自動車が三菱重工から分社する際に三菱重工の組織文化を脈々と受け継いでいたという前述からも分かるように，三菱ふそうも三菱自動車の組織文化を継承している可能性は大いにある。
11) 松原隆一郎稿「三菱自動車事件・市場競争は企業を浄化しない」『中央公論』119(8)，2004年，38頁。

第6章
組織文化に対する構造化理論アプローチの実践へのインプリケーション
―組織不祥事への政策提言―[1)]

　前章では，組織文化に対する構造化理論アプローチが分析（説明）枠組みとして有用であることを明らかにした。本章では，同アプローチの実践へのインプリケーションについて検討していくことにする。

第1節　構造化理論アプローチに政策提言能力はあるのか
―理論的性格と政策提言―

　さて，第3章第2節および第4章の最後でも若干示したが，構造化理論アプローチは，その理論的性格上，実践へのインプリケーション，とりわけ「〇〇をすれば，組織は不祥事を起こさない」などといった形での提言を行なうことが非常に難しい。構造化理論アプローチに特徴的な概念として，自省的行為者，構造化，意図せざる結果の3つがある。繰り返しになるが，自省的行為者とは，実践的意識を用い自らを省みて行為する行為者のことであり，構造化理論の人間観の核をなしている。また，構造化とは，行為と文化（ギデンズならば構造），そして組織，さらには社会の創り創られる，つまり相互規定的な関係のロジックである。最後に，意図せざる結果とは，読んで字の如し，すべての行為は意図とは異なる結果を生む可能性を常に孕んでいるということである。構造化理論アプローチは，この3つ（自省性，相互規定性，意図せざる結果）を理論の柱としているがゆえに，組織や社会と

いったシステムの挙動を予測不可能なものとし（そう捉えざるをえず），そのため単純な因果関係的法則（本書で言えば，「○○をすれば，組織は不祥事を起こさない」）を導くことが非常に困難な理論的性格を帯びてしまっている。沼上幹教授，網倉久永教授は，これを理論の非決定論的性格と呼ぶ[2]。

沼上教授，網倉教授によれば，これまでの経営学の多くは，経験の体系的な観察から客観的な法則を定位して，その背景にある因果関係を確定し，それを実践に役立てるというスタンスを採ってきた。しかし，上述の通り，非決定論的性格を持つ構造化理論アプローチには，それが非常に難しい。さて，それでは，本書モデルにあって，実践へのインプリケーションは導出しえないのであろうか。組織不祥事の予防や不祥事を起こしてしまった組織の再生（信頼回復）の術などに関する政策提言は出来ないのであろうか。

本書では，上述のような理論的性格でも，組織文化に対する構造化理論アプローチに実践へのインプリケーションがわずかながらもあるのではないかと考えている。以下，その2つの可能性について示していくことにする。

第2節　政策提言の可能性(1)
発生・予防・再生メカニズムの解明による間接的貢献

まず，1つ目の可能性として，組織不祥事の発生・予防・再生メカニズムの解明による間接的貢献というものを挙げたいと思う。

村田晴夫教授によれば，社会科学の社会への貢献は，何も工学的応用だけではなく，「社会のさまざまな痛みや不条理を社会科学者が感知して，それを社会科学に反映すること，そして，その事を通して，社会の痛みと不条理が社会全体に感知され，共同主観化される」[3]ことである。そして，そのために，「社会科学の理論と討論そのものが社会の中で循環すること，つまり社会科学者と一般市民とが，社会科学のレベルで対話すること」[4]が大切であるとしている。

また，沼上教授によれば，経営学の貢献は，決して因果関係的法則の提示だけではなく，経営学者独自の視点から当該経営現象の成功のメカニズム，

失敗のメカニズム，そこに含まれる意図せざる結果が生じたメカニズムを明らかにし，それをもって，「企業における実践について反省的意識の下で行なわれている実践家たちの対話のプロセスに経営学者が参加すること」[5]，そうすることで実践家たちが「社会的トラップから自らを解放する作業の支援をすること」にあるとする。ここで社会的トラップとは，自ら創りだした社会現象のイメージに自らの認識や判断，行為が囚われてしまうことを指す。

このように2人の教授によれば，経営学における実践へのインプリケーションとは，何も経験の体系的観察から規則性を見つけ出し，そこから因果関係的法則を導出し実践へ応用することだけに限られるものではない。社会における痛みや不条理を感知し，そのメカニズムを明らかにし世に問うこと，それをもって社会，特に経営実践家たちと対話することが肝要なのである。

そういう意味では，本書モデルも十分に経営実践へ貢献できる，インプリケーションを提出できる力を持っていると本書筆者は考える。つまり，実践にすぐに応用可能な法則を提出することではなく，本書モデルを用いて組織不祥事の発生のメカニズム，予防の成功・失敗のメカニズム，そして再生の成功・失敗のメカニズムをつまびらかにし，社会とくに経営実践家たちにおける反省的対話に寄与することで，実践に対して何らかのいわば間接的な貢献が出来るのではないかと考えるのである。たとえば，本書のモデルであれば，構造化の9つの要素を使って組織不祥事の原因と経緯を明らかにすることができ，組織の問題点を明確にすることが出来る。それを対話に用いることによって，当該組織のみならずさまざまな組織が，同じ過ちを繰り返さないための反省材料を得ることが出来るかもしれない。

本書ではこれを実践への間接的貢献と呼ぶことにしたい。まずは，この間接的な貢献を本書モデルに可能な第一の貢献であると考える。

また，この間接的貢献は，経営実践家たちへのインプリケーションにとどまらない。もちろん，経営実践家たちの反省的・自省的対話の材料にもなるが，村田教授が述べているように広く社会と対話することで，社会の組織と

の関わり，個人の組織との関わりについて，個人が，そして社会が反省的・自省的意識をもって自らに問う材料になるのではないかと考える。このようなことからも，この間接的な貢献は，意義深い貢献であると考えられよう。

第3節　政策提言の可能性(2)
　　　　組織不祥事の予防および信頼回復のための
　　　　文化マネジメント
―安全文化論と関わらせて―

　つぎに，2つ目の可能性として，安全文化論に関わらせた文化マネジメントを挙げることにしたい。

　上述の通り，ギデンズの構造化理論を応用した本書モデルは，その理論的性格から法則定立といった形での実践へのインプリケーションが導出しづらい。しかし，それを承知でもう一歩踏み込んだ貢献を模索し提案するのが本節の安全文化論と関わらせた議論である。

　安全文化とは，ワイク&サトクリフ（K. E. Weick & K. M. Sutcliffe）やリーズン（Reason, J）が組織事故軽減・防止の1つの方法として構築を提唱している概念である。これは，ワイクらがHRO（高信頼性組織 High Reliability Organization）と呼ばれる「過失や大惨事がおきやすい状況下で優れたパフォーマンスを上げる」[6]組織の研究を通して導き出したそれらに共通して見られる特性のひとつである。また近頃では，この「安全文化」は，厚生労働省が唱える医療事故防止の対策の10の方法のうちの筆頭の要素にもなっている[7]。図表6-1にあるように，厚生労働省の配布する医療安全推進週間ポスターのキャッチコピーに使用されるほど，現在，医療の現場ではこの「安全文化」という概念が非常に重要視されている。

　また，この安全文化論は，上述のようにそもそもは組織的な事故などの軽減や抑止に関わる議論であり，組織不祥事全般に関するものではない。たとえば，粉飾決算や収賄はそこに含まれない。しかし，以下の議論をみると分かるのだが，ここでキーとなる安全文化の概念も「マインド」の概念も決し

158　第6章　組織文化に対する構造化理論アプローチの実践へのインプリケーション

図表6-1　厚生労働省医療安全推進週間ポスター

出所：厚生労働省医政局 http://www.mhlw.go.jp/topics/2001/0110/tp1030-1.html
　　　（2005年9月現在）

て組織事故に限るものではなく，広く組織の不祥事に適用しうるものである。

本節では，この安全文化論を本書分析モデルとうまく結びつけることで，前節の貢献からもう一歩踏み込んだ経営実践への貢献が出来るのではないかと考え模索している。

それでは，まずその安全文化論について，リーズンならびにワイク＆サトクリフの議論を中心に検討していくことにしよう。

第1項　安全文化とは

リーズンによれば，安全文化（safety culture）とは，「安全にかかわる諸問題に対して最優先で臨み，その重要性に応じた注意や気配りを払うという組織や関係者個人の態度や特性の集合体」[8]，であり，報告する文化（reporting culture），公正・正義の文化（just culture），柔軟な文化（flexible culture），学習する文化（learning culture）という4つの下位文化によって構成されるとされている。この4つの下位文化は，それぞれ以下のような文化を指している[9]。

① 報告する文化・・・過失が起きたり事故になりかけたりした場合，何をどのように報告するかを示し，また報告者を保護する文化。

② 公正な文化・・・問題が発生した場合，どのように責任を分担するのかを示し，また安全に関する重要情報の提供を奨励し，場合によってはミスを報奨の対象とする（称える）文化。受け入れられる行動と受け入れられない行動との境界線を示す文化。

③ 柔軟な文化・・・プレッシャーやスピード，集中度の急激な増加に容易に順応し，変化の要求に応えるために，ヒエラルキーの上下より専門知識を優先する文化。つまり，権限のフラット化，分権化を促す文化。

④ 学習する文化・・・学んだ教訓により仮定，枠組み，行動を適切に変えていくことが出来る文化。逸脱徴候に対して継続的議論ができ，それによりベストプラクティスに近づこうとする文化。

また、この「安全文化」概念は、経営倫理学の中で言われるところの理性的企業文化ともよく似ている[10]。

さて、ワイク&サトクリフによると、このような4つの下位文化を持った安全文化は、図表6-2にあるような組織の5つの仕組みと絡み合いながら、組織構成員をマインドフルな（mindfulness）状態にする。マインドとは、「現状の予測に対する反復的チェック、最新の経験に基づく予想の絶え間ない精緻化と差異化、前例のない出来事を意味づけるような新たな予想を生み出す意思と能力、状況の示す意味合いとそれへの対処法に対する繊細な評価、洞察力や従来の機能の改善につながるような新たな意味合いの発見、といった要素が組み合わさったもの」[11]であり、マインドフルな状態とは、「状況認識の見直しを怠らず、直面する状況を従来どおりのカテゴリーに当てはめて理解したり、状況の意味合いを雑に解釈したりすることはない」[12]、要するに上述の「マインド」が高まっていて不測の事態の発生に非常に敏感で柔軟に対処できる状態のことを言う。そして、マインドフルな状態になった組織構成員たちは、不測の事態を敏感に察知し、それに対して柔軟に対処、行為する。その行為がさらにマインドを高め、安全文化が強化されていく（以上をまとめたものが図表6-2である）。ワイクらは、このように安全文化や組織の構造上の仕組みなどが築き上げられ、構成員たちがマインドフルな状態にあることがHROにみられる特徴であり、このような組織をつくることで重大な組織事故を回避できるとしている。また、これらHROを構築する、とくに安全文化を築くには、リーダーシップによる明確なビジョンの提示や安全文化に従ったマインドフルな行為を評価する仕組みなども重要であるようである[13]。

安全文化とマインド、そして相互行為という3つの相互作用、そしてそこからHROが築かれていくと考える点は、もちろん完全な一致ではないが（とくに様相性レベルは怪しいが）、ギデンズの構造化理論（そして本書モデルとも）と似ているところが多い。また、特に構造（本書モデルでは文化）レベルでは、ギデンズのいう意味世界が報告する文化と一部学習する文化（それに関連する単純化を許さない仕組み）と、正当化秩序が公正な文化、

第3節 政策提言の可能性(2)組織不祥事の予防および信頼回復のための文化マネジメント　161

図表 6-2　安全文化－マインド－相互行為

文化・構造レベル

```
┌─────────────────────────────────────────────────────────┐
│           マインドフル実現のための安全文化                │
│   ┌──────────┐ ┌──────────┐ ┌──────────┐ ┌──────────┐  │
│   │報告する文化│ │公正な文化│ │柔軟な文化│ │学習する文化│ │
│   └──────────┘ └──────────┘ └──────────┘ └──────────┘  │
│        マインドフル実現のための仕組み（構造）            │
│ 失敗から学ぶ仕組み  単純化を許さない仕組み  オペレーション重視の  復旧能力を高める仕組み  専門知識尊重の仕組み │
│                      CFT                    仕組み          非公式なネットワーク    専門家への権限委譲 │
│                                        組織のフラット化      づくり                                   │
└─────────────────────────────────────────────────────────┘
```

様相性レベル？

```
┌─────────────────────────────────────────────────────────┐
│   ┌────────────────────────┐  ┌────────────────────────┐ │
│   │不測の事態を予測・認識するマインド│  │不測の事態を抑制するマインド│ │
│   └────────────────────────┘  └────────────────────────┘ │
└─────────────────────────────────────────────────────────┘
```

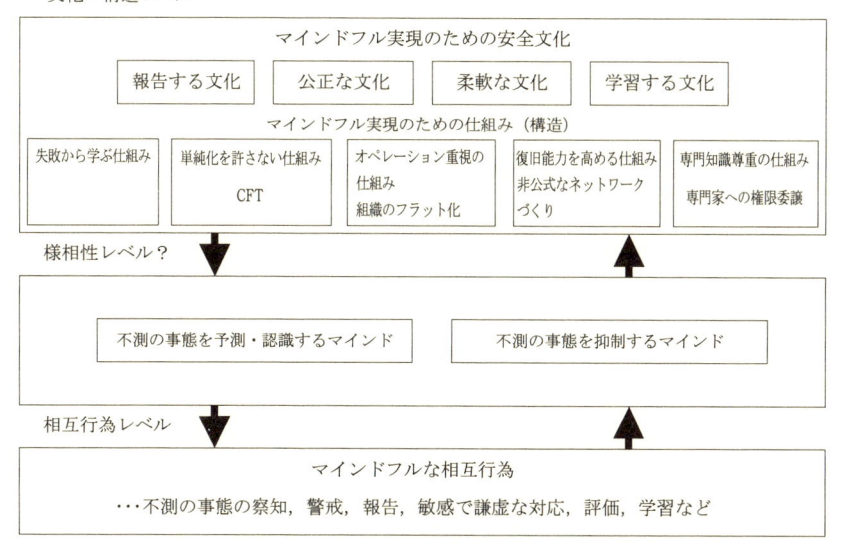

相互行為レベル

```
┌─────────────────────────────────────────────────────────┐
│                マインドフルな相互行為                     │
│  …不測の事態の察知，警戒，報告，敏感で謙虚な対応，評価，学習など │
└─────────────────────────────────────────────────────────┘
```

図表 6-3　安全文化モデルを構造化モデルに当てはめてみると…

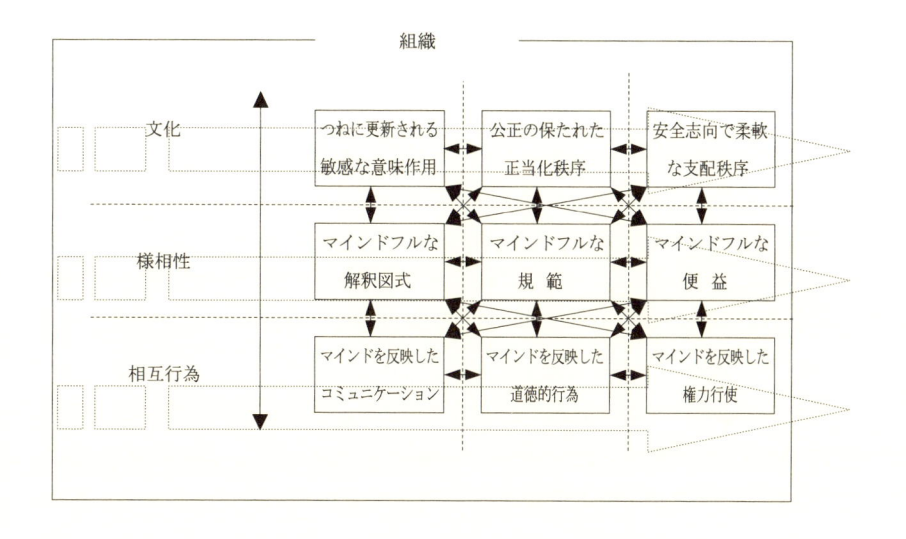

```
                              組織
            ┌──────────────────────────────────────────┐
            │ ┌──────────┐ ┌──────────┐ ┌──────────┐  │
    文化    │ │つねに更新される│ │公正の保たれた│ │安全志向で柔軟│ │
            │ │敏感な意味作用│ │正当化秩序   │ │な支配秩序  │ │
            │ └──────────┘ └──────────┘ └──────────┘  │
            │ ┌──────────┐ ┌──────────┐ ┌──────────┐  │
   様相性   │ │マインドフルな│ │マインドフルな│ │マインドフルな│ │
            │ │解釈図式    │ │規　範      │ │便　益     │ │
            │ └──────────┘ └──────────┘ └──────────┘  │
            │ ┌──────────┐ ┌──────────┐ ┌──────────┐  │
   相互行為 │ │マインドを反映した│ │マインドを反映した│ │マインドを反映した│ │
            │ │コミュニケーション│ │道徳的行為  │ │権力行使    │ │
            │ └──────────┘ └──────────┘ └──────────┘  │
            └──────────────────────────────────────────┘
```

と一部学習する文化（それに関連する失敗から学ぶ仕組み）と，支配秩序が柔軟な文化（それに関連するオペレーション重視，専門能力尊重の仕組み）とそれぞれ深い関連がみられる。少々強引であるが，安全文化モデルをギデンズの構造化モデルに当てはめて図示すると図表6-3のようになる。

　この安全文化モデルを，組織不祥事を引き起こし「づらい」組織の理想型，理念型として，つねに本書の構造化理論アプローチによって分析された現状と比較しながら，当該組織を不祥事の起きづらい理想型へ近づけていく，というように2つをうまく並べて使うことで，今まで以上の経営実践へのインプリケーション（予防ないし再生に関するそれ）を導出することが出来ないだろうか。もちろん，本書の理論的性格上，安全文化を持つHROを築いたとしても必ずしも組織不祥事が起きないとは言い切れない。あくまで安全文化モデルは本書モデルとつき合わせる参考であり，またこの提案は，本書モデルによる社会との対話を少しでも豊かなものにするための1試案でしかない。

　さて，上述した組織不祥事の事例のうちの3つ（横浜市立大学医学部附属病院，東京女子医科大学病院両院での事件・事故，三菱自動車のリコール隠し事件）には続きがある。2つの病院，そして三菱自動車は，事故後，2度と同じ過ちを繰り返さないように，そして患者中心で安全志向の信頼ある病院へ，顧客中心で安全志向の信頼ある自動車メーカーへと組織を再構築するために，それぞれ改革に着手している。次節では，その改革の取り組みが安全文化を構築し，組織の信頼回復そして再生を目指した取り組みとして適切か否か，適切だとしたらどこまで進んでいるのか，不適切だとしたら何が足りないのかについて上述した2つのモデルを使った方法（構造化モデルで現状を把握し，安全文化モデルと比較し，次なる策を考えるという方法）で検討し，その方法の有効性を確かめてみることにしよう。

　ただし，次項からの事例分析はHP上で公開，あるいは報告書・論文などの形で発表された資料，および事例にさせていただいた2つの大学病院で勤務されている安全管理の先生お2方への簡単なインタビューのみを利用した試験的なものであり，前章同様分析として不十分であることは言うまでもない。

第3節　政策提言の可能性(2)組織不祥事の予防および信頼回復のための文化マネジメント　163

第2項　事例分析(1)
　　　　横浜市立大学医学部附属病院の取り組み[14]

　現在，横浜市立大学医学部附属病院は，図表6-4にあるような改革の試みを通して，「患者中心，安全で的確な医療の提供を通して，市民に頼られる病院」を目指している。勤務体制の見直しや患者確認手順のマニュアル化など技術的な学習を通して事故の再発を防止すると共に，医療安全管理部門(安全管理対策委員会，医療安全管理室)の設置(図表6-5)，リスクマネジャー会議，インシデント・アクシデントリポート，外部評価制度，職員提案制度，大学での安全や倫理に関する教育の充実化などを通して安全管理にとどまらずもう1ステップ上の「医療の質の向上」を目指し，より高次の学

図表6-4　横浜市立大学医学部附属病院における患者取り違え事故と構造化理論　事故後の改革

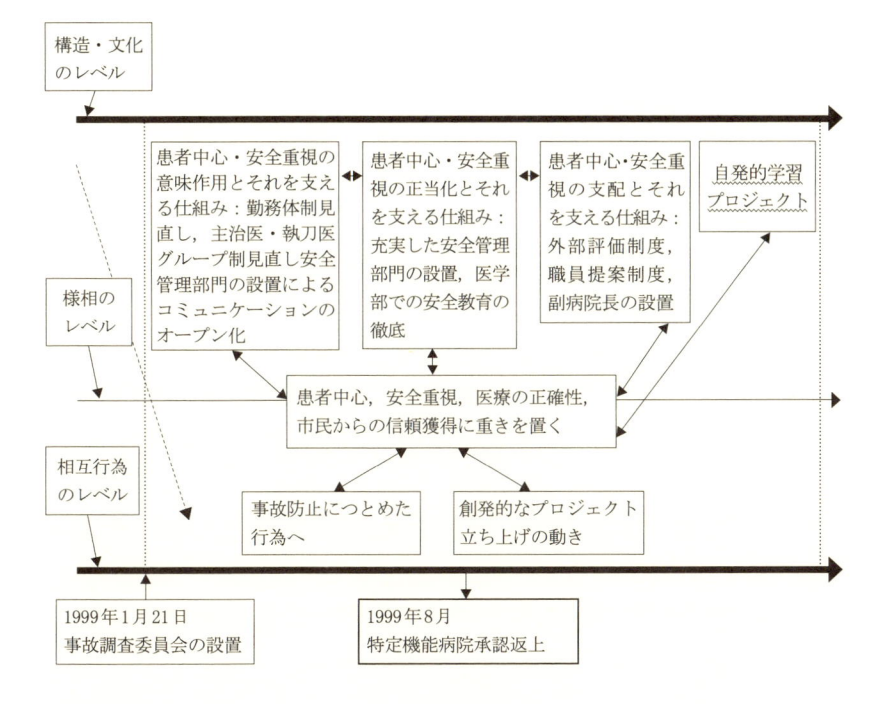

習を意識的に行なっている。たとえば，リスクマネジャー会議やその分科会では職種をまぜインシデントレポートなどについてその改善策を議論させることで部門横断的なコミュニケーションの円滑化を図り，改善案に関するナレッジクリエーションを狙っている（報告・学習文化≒意味作用，公正・学習文化≒正当化秩序に関連）。また，職員から提案された改善例のうち優れたものに関しては感謝状や金一封を授与したり，各部署に個別の尺度で自ら目標を立てさせ目標管理を行なわせたりと，組織全体で安全管理そして医療の質の向上に向けて取り組める体制を整えようとしている（柔軟文化≒支配秩序に関連）。さらに医学部では，安全管理や医の倫理に関する徹底した教育を行なうために「患者と医師」という6年間一貫のプログラムを開講している（公正・学習文化≒正当化秩序に関連）。

　また，特記すべきは，自発的学習プロジェクトが創発的に生まれてきているという点である。安全管理対策委員会が計画したわけでもなく（マネジメントしたわけではなく），自発的に「人工呼吸器」，「血液透析器」「インスリン」などの一部の部署のみで使われるのではなく，すべての病棟で関係する可能性のある機器や薬品について正しい知識と使用方法，万が一の対処方法を学習し，院内でのその知識やノウハウを共有しようという動き（学習プロジェクト）が現れてきた。これは安全文化がかなり浸透し，様相も行為もマインドフルな状態になっていることを示していると考えられる。

　文化の3つの要素をすべてカバーし，報告・公正・柔軟・学習のすべての安全文化要素に関わる仕組みづくりを行なっている点から安全文化（ひいては質の高い医療を提供する文化）を醸成する土台がまずはうまく出来ていることが伺える。さらに，上述の学習プロジェクトの創発から，安全文化を醸成する土台としても仕組みが安全文化の浸透，職員のマインドフル化にしっかりと寄与しているといえる。ただし，すべての部署，職員の間に浸透しているかといえば，そうでもなく，部署，職種によって浸透にムラがあるのが現状のようである。

　若干の問題は抱えているものの，横浜市立大学医学部附属病院は，現状においては理想型に一歩一歩近づいていっているのではないだろうか。

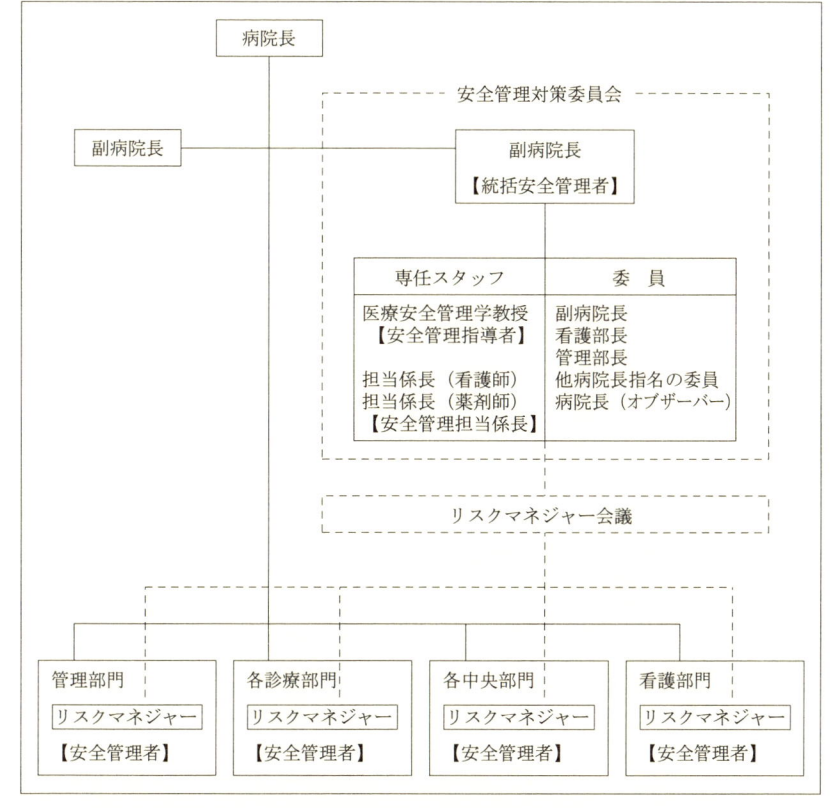

第3節 政策提言の可能性(2)組織不祥事の予防および信頼回復のための文化マネジメント 165

図表6-5 横浜市立大学医学部附属病院の医療安全管理体制

```
                        病院長
                          │
                          │────── 安全管理対策委員会 ──────┐
         副病院長          │                              │
                          │        副病院長              │
                          │     【統括安全管理者】          │
                          │                              │
                          │  ┌──専任スタッフ──┬──委員──┐ │
                          │  │ 医療安全管理学教授│副病院長 │ │
                          │  │ 【安全管理指導者】│看護部長 │ │
                          │  │                 │管理部長 │ │
                          │  │ 担当係長（看護師）│他病院長指名の委員│ │
                          │  │ 担当係長（薬剤師）│病院長（オブザーバー）│ │
                          │  │ 【安全管理担当係長】│        │ │
                          │  └────────────┴────────┘ │
                          └──────────────────────────┘
                                      │
                              リスクマネジャー会議
          ┌───────────┬───────────┬───────────┐
       管理部門       各診療部門      各中央部門      看護部門
     リスクマネジャー  リスクマネジャー リスクマネジャー リスクマネジャー
     【安全管理者】    【安全管理者】   【安全管理者】   【安全管理者】
```

出所：横浜市立大学医学部附属病院編『医療安全管理指針（共通編）』2004, p.7.

第3項 事例分析(2)
東京女子医科大学病院の取り組み[15]

　現在，東京女子医科大学病院では，図表6-6にあるような改革の試みを通して「決して害を与えない」，「嘘をつかない」，「隠さない」の3原則をモットーに「患者さん本位の，もっとも安全で，最高，最善の医療の実践」を目指している[16]。横浜市立大学医学部附属病院同様，医療安全管理部門

166　第6章　組織文化に対する構造化理論アプローチの実践へのインプリケーション

(医療安全管理委員会，医療安全対策室，医療安全管理特別部会）の設置（図表6-7参照），リスクマネジャー委員会・部会，インシデント・アクシデントリポート，外部評価委員会，安全管理システム全般や医療人としての意識から感染防止対策や医療機器の取り扱いまで職員に対する研修の充実化などを図り，それらを通して「事故を起こさない文化」そして「隠さない文化」の構築を目指している。ただ，東京女子医科大学病院は，「事故を起こさない文化」つまり安全文化もさることながら，それよりもむしろ隠蔽事件に大きな問題を感じ「隠さない文化」の構築に重きを置いているようだ。そのために，同院では，院内でのそして院外との「風通し」をよくするための施策づくりに力を入れている。たとえば，リスクマネジャーをすべての部署から選出し，全体会議を毎月開催することや外部評価をいれるなどは横浜市大病院でも行なわれていたが，ここで特記すべきは，物言えぬ組織にしないためにセンター長を4年ごとに評価にかけ，センター長としてそぐわない場

図表6-6　東京女子医科大学病院における医療事故と構造化理論　事故後の改革

構造・文化のレベル	患者・安全重視・ウソをつかない意味作用とそれを支える仕組み：技士数の増加，マニュアルの作成，標準化　／　患者・安全重視・ウソをつかない正当化とそれを支える仕組み：医療安全管理部門の充実，職員への研修など安全教育の徹底　／　患者・安全重視・ウソをつかない支配秩序とそれを支える仕組み：外部評価制度，能力主義人事制度，看護師を副center長に，センター長を4年ごとに評価する制度
様相のレベル	患者中心，安全重視，ウソをつかないこと風通しを良くすることに重きを置く
相互行為のレベル	事故防止につとめた行為へ　／　風通しの良い職場　コミュニケーションの充実へ

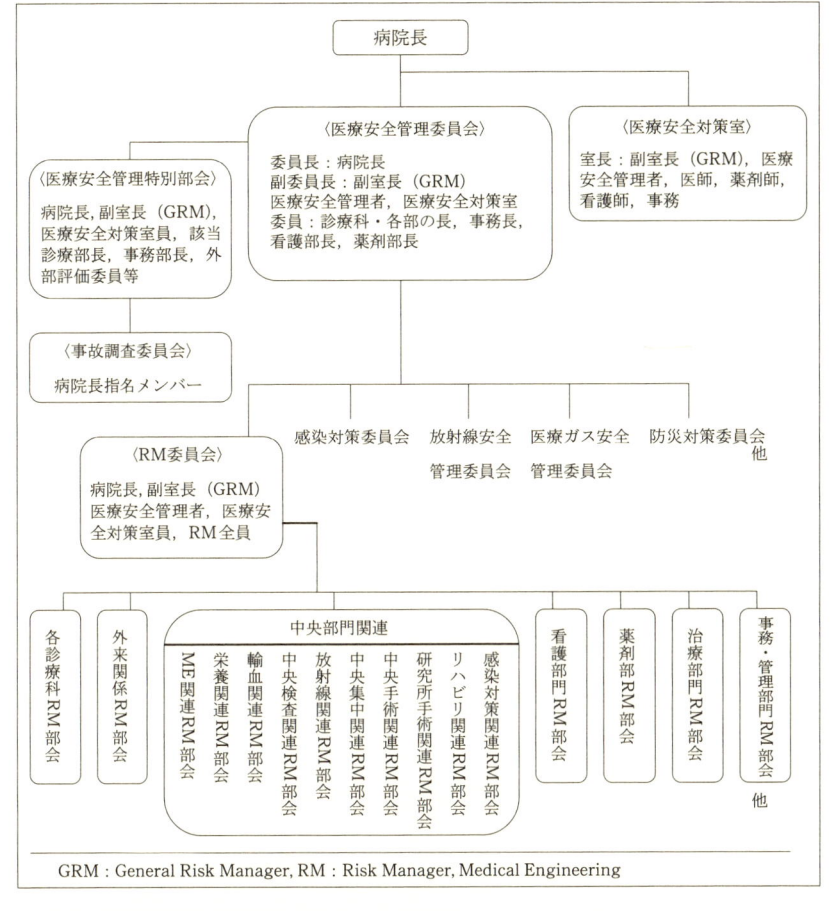

第3節　政策提言の可能性(2)組織不祥事の予防および信頼回復のための文化マネジメント　167

図表6-7　東京女子医科大学病院の医療安全管理システム

```
                            病院長
                              │
            ┌─────────────────┼─────────────────┐
            │                 │                 │
   〈医療安全管理特別部会〉  〈医療安全管理委員会〉  〈医療安全対策室〉
   病院長，副室長（GRM），   委員長：病院長         室長：副室長（GRM），医療
   医療安全対策室員，該当   副委員長：副室長（GRM） 安全管理者，医師，薬剤師，
   診療部長，事務部長，外   医療安全管理者，医療安全対策室 看護師，事務
   部評価委員等             委員：診療科・各部の長，事務長，
                           看護部長，薬剤部長

   〈事故調査委員会〉
   病院長指名メンバー
                              │
            ┌─────────────┬────────┬────────┬────────┐
   〈RM委員会〉         感染対策委員会 放射線安全 医療ガス安全 防災対策委員会
   病院長，副室長（GRM）               管理委員会  管理委員会   他
   医療安全管理者，医療安
   全対策室員，RM全員
            │
   ┌────┬──────────────────────────┬────┬────┬────┬────┐
   各  外                中央部門関連                看  薬  治  事
   診  来   ME  栄  輸  中  中  研  放  リ  感            護  剤  療  務
   療  関   関  養  血  央  央  究  射  ハ  染            部  部  部  ・
   科  係   連  関  関  検  集  所  線  ビ  対            門  門  門  管
   R   R   R   連  連  査  中  手  関  リ  策            R   R   R   理
   M   M   M   R   R   関  関  術  連  関  関            M   M   M   部
   部   部   部  M   M   連  連  部  R   連  R            部   部   部  門
   会   会   会  部   部  R   R   R   M   R   M            会   会   会  R
                会   会  M   M   M   部  M   部                        M
                         部   部   部  会  部   会                       部
                         会   会   会     会                            会
                                                                       他
```

GRM : General Risk Manager, RM : Risk Manager, Medical Engineering

出所：東京女子医科大学編『医療安全管理対策指針』2004, 8頁より作成。

合には降格させ，場合によっては助教授がセンター長になるという制度を試みている点である。センター制および医局は，上述の通り隠蔽体質を促す1つの要因であると考えられているため，この改革は非常に興味深い。また，病気や医療機関に関する情報を手軽に検索できる「からだ情報館」の設置などは，院外，とりわけ患者との「風通し」に関連する動きであると考えられ

うる。ただ，このような「隠さない文化」の構築のための「風通し」施策は，安全文化と全く関連がないわけではなく，図表6-6をみてもわかるように安全文化の醸成によい影響を与えると考えられる。

東京女子医科大学病院も横浜市大病院と同様，文化の3つの要素をカバーし，報告・公正・柔軟・学習の概ねすべての安全文化要素に関わる仕組みづくりを行なっている点で，安全文化を醸成する土台がまずは出来ているといえる。ただし，横浜市大病院のように創発的なプロジェクトが立ち上がるまでには至らず，同院ほどには，マインドフルな状態にはなっていないと推測される。今後は，隠さない文化もさることながらさらに安全文化を浸透させるために「風通し」と並行してさらなる施策（たとえば権限と責任のメカニズムを再考するなど柔軟な文化≒支配秩序に関連した施策のさらなる充実）も施す必要があると考えられる。

第4項　事例分析(3)
三菱自動車工業株式会社の取り組み[17]

現在，三菱自動車工業株式会社（以下三菱自動車と略記）は，図表6-8にあるような改革（三菱自動車再生計画）を通して，「大切なお客様と社会のために，走る歓びと確かな安心を，こだわりをもって，提供し続けます」という企業理念を具現化すべく努めている。品質管理やコンプライアンスなどCSR（企業の社会的責任）能力の強化を目的としたCSR推進本部の設立，社内での企業倫理セミナーの開催，問題解決のためのCFT（部門横断型組織 Cross functional Team）の構築，お客様視点の実践の人事評価への組み込み，これまで希薄だった販売会社との人材交流や部門間異動の促進などを通して，部門を越えた全社的なお客様志向，安全志向を実現しようと努めている。図表にもあるとおり，これらのうちCFT，部門間異動は意味秩序（報告・学習文化），CSR推進本部，企業倫理セミナーは正当化秩序（公正・学習文化），そしてお客様志向実践の人事評価への組み込みは支配秩序（柔軟文化）における安全志向・お客様志向への土台となりえよう。

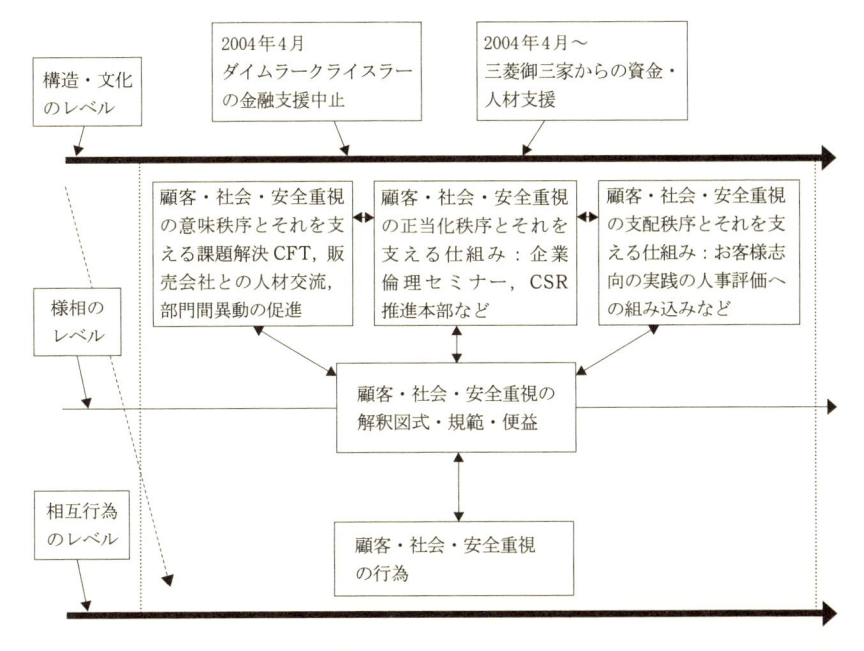

第3節 政策提言の可能性(2)組織不祥事の予防および信頼回復のための文化マネジメント 169

図表6-8 三菱自動車におけるリコール隠しと構造化理論アプローチ 全社的な事故後の改革

```
構造・文化          2004年4月                2004年4月〜
のレベル            ダイムラークライスラー      三菱御三家からの資金・
                   の金融支援中止            人材支援

          ┌─────────────┐ ┌─────────────┐ ┌─────────────┐
          │顧客・社会・安全重視│ │顧客・社会・安全重視│ │顧客・社会・安全重視│
          │の意味秩序とそれを支│ │の正当化秩序とそれを│ │の支配秩序とそれを支│
          │える課題解決CFT、販│ │支える仕組み：企業 │ │える仕組み：お客様志│
          │売会社との人材交流、│ │倫理セミナー、CSR │ │向の実践の人事評価へ│
          │部門間異動の促進  │ │推進本部など     │ │の組み込みなど   │
様相の    └─────────────┘ └─────────────┘ └─────────────┘
レベル
                         ┌──────────────┐
                         │顧客・社会・安全重視の│
                         │解釈図式・規範・便益 │
                         └──────────────┘

相互行為                  ┌──────────────┐
のレベル                  │顧客・社会・安全重視 │
                         │の行為        │
                         └──────────────┘
```

　これらの試みも，前2病院同様，文化の3つの要素をカバーし，報告・公正・柔軟・学習のすべての安全文化要素に関わる仕組みづくりを行なっている点で，安全文化を醸成する土台がまずは出来ているといえる。

　しかし，若干の不安もある。それは，2004年4月にダイムラークライスラー社が金融支援を中止し，代わって，三菱御三家（三菱重工業，三菱商事，東京三菱銀行）が資金的，人材的な支援に乗り出したことである。それによって，三菱自動車の発行株式総数の約3割強を三菱御三家が所有し，会長兼CEO，副会長，CFOなど同社の経営陣要職に御三家から派遣された人々が大勢名を連ねることになった。フェニックスキャピタル社など外部の大株主もいるものの，この御三家の支援は，ガバナンス機能の欠如を招かないか心配である。第5章でもみたように，三菱自動車の負の構造化は非常に根深いものがある。それゆえ，組織の再生と信頼回復には，これから非常に長期にわたる構造化とそれを核とした社会などとの開かれた創り創られる関

係が不可欠である。このグループ支援策が邪と出るか吉と出るか，しばらく目が離せない。

第5項　若干の考察

　本節では，本書モデル（組織文化に対する構造化理論アプローチ）の経営実践へのインプリケーションの模索の第2案として，安全文化論と関わらせた議論を展開した。それにより，前節よりも半歩踏み込んだ指摘，提案が出来たように思う。しかし，本書の扱う構造化理論アプローチの理論的性格上，組織を安全文化論の示すモデルに近づけることが必ずしも組織不祥事の予防や再生に繋がるとは言い切れない。それは，あくまで社会的対話を豊かにするものでしかない。非決定論という理論的性格の上では，本節の議論がかなり強引な議論であることは否めないのである。しかし，一方で当のギデンズは，構造化や自省という概念を用いながら，実際の社会に「第三の道」という政策提言を華々しく行なっている。第3章でも述べたが，これは，対話による相互信頼を基礎とする市民社会（地域共同体，NPO，NGOなどがその中心）を創出し，その市民社会を中心に国家（社会）全体を動かし，国（政治）は，それらの活動をサポートしていくという国家のあり方に関する政策提言である。このギデンズの研究動向を参考にするならば，本節の議論は，議論の余地（とりわけ科学哲学的な議論）を大いに残すものの，若干ではあるが実践に対してインプリケーションを与えうると考えられよう。

　さて，本章では，組織文化に対する構造化アプローチが実践に対して有用なインプリケーションを導出しうるモデルか否かを検討してきた。いくつかの問題と検討の余地を残しつつも，本書モデルは，若干ではあるが経営実践に対し独自のインプリケーションを持ちうるのではないかと考える。

注
1）　本章は，拙稿，前掲論文，2005年を大幅に加筆修正したものである。
2）　網倉久永稿，前掲論文，1999，沼上幹稿，「21世紀の経営学『科学』からの脱却」『一橋ビジネスレビュー』2000年，また，この構造化理論アプローチの非決定論的性格には，ギデンズの

二重の解釈学という科学観も少なからず影響を与えているであろう。
3) 村田晴夫稿「システムと解釈―システム論的解釈学へ向けて―」『武蔵大学論集』29-5・6, 1982 年, 63 頁。
4) 上掲論文, 62 頁。
5) 沼上幹著, 前掲書, 232 頁。
6) K. E. Weick & K. M. Sutcliffe, *Managing the Unexpected*, John Wiley & Sons, Inc, 2001.(西村行功訳『不確実性のマネジメント』ダイヤモンド社, 2002 年, vii 頁。) HRO として彼らがとりあげるのは, たとえば, 原子力航空母艦, 原子力発電所, 化学プラント, 航空管制システムなどである。
7) 厚生労働省医政局医療安全対策検討会議ヒューマンエラー部会「安全な医療をするための要点 10」http://www.mhlw.co.jp/topics/2001/0110/tp1030-1.html (2005 年 9 月現在)
8) Reason, J., *The Risks of Organizational Accidents*, Ashgate Publishing Limited., 1997.(塩見弘監訳, 高野研一・佐相邦英訳『組織事故』日科技連, 1999 年, 276-314 頁。)
9) K. E. Weick & K. M. Sutcliffe, *op.cit.* (前掲訳書, 155-197 頁。)
10) 理性的企業文化とは, 倫理的感受性の強い組織文化のことであり, 「理性的企業文化を有する組織は, 組織自らの学習と知の蓄積を繰り返し, 自律する組織として, 組織内部で相互の自浄作用を繰り返しながらセルフ・ガバナンスの機能を発揮する」。また, 理性的企業文化を育み形成するには, 3F 組織の形成と 5 つの要件が必要である。3F 組織とは, 「相互にフリー (Free) な意思疎通と, 階層のないフラット (Flat) な組織で, フレキシブル (Flexible) な発想によるオープンコミュニケーション」が特徴の組織のことである。また 5 つの要件とは, 経営理念の透徹性, 企業目的の明確化, 傾聴と受容の理性的対話, 倫理的企業文化を堅守する忍耐性, 満足欲求の充足の 5 つである。水尾順一著『セルフガバナンスの経営倫理』千倉書房, 2003 年, 240-246 頁。
11) K. E. Weick & K. M. Sutcliffe, *op.cit.* (前掲訳書, 58 頁。)
12) *Ibid.* (上掲訳書, x 頁。)
13) *Ibid.* (上掲訳書, 164-169 頁。)
14) 本項は, 横浜市立大学医学部附属病院医療安全管理学教授橋本廸生先生とのインタビュー (2004 年 5 月 28 日横浜市立大学) で頂戴したお話を参考に書いたものである。横浜市立大学医学部附属病院医療安全管理学教授橋本廸生先生には, お忙しいところ小生の拙いインタビューにこころよく応じていただいた。この場を借り厚く御礼申し上げたい。
15) 本項は, 東京女子医科大学医療・病院管理学助教授上塚芳郎先生とのインタビュー (2004 年 5 月 21 日東京女子医科大学) で頂戴したお話を参考に書いたものである。東京女子医科大学医療・病院管理学助教授上塚芳郎先生には, お忙しいところ小生の拙いインタビューにこころよく応じていただいた。この場を借り厚く御礼申し上げたい。
16) 東京女子医科大学『医療安全管理対策指針』2004。
17) 本項は, 三菱自動車ホームページ http://www.mitsubishi-motors.co.jp/japan/のプレスリリースなどを参考にしている。(2005 年 9 月現在)

おわりに

(1) 要約と結論

　本書の目的は，組織における不祥事の発生メカニズムのモデルの構築を行ない，組織不祥事を取りまく経営実践に対する何らかのインプリケーションを探ることであった。とりわけ本書は，組織文化（論）に注目し，ギデンズの構造化理論を組織文化論へ応用したモデルを用いてそれ（不祥事の分析モデルの構築と発生メカニズムの解明，そして予防・再生策に関する若干の提案）を行なおうと考えてきた。

　本書では，まず，組織不祥事が非常に由々しき今日的課題であり，これまでさまざまな角度から議論が重ねられてきていることを示した。その上で，組織文化（組織で共有される価値や意味の体系ないしセット）が，組織における物事の正当性の根拠となって，組織における認識や意思決定，行為に大きな影響を与えるものであるがゆえ，組織不祥事を分析するにあたって最も重要なキーであることを示した。そして，この組織文化を用いた組織不祥事分析のモデルを構築することの重要性を訴えた。さらに，その組織不祥事分析のための組織文化論モデルには，組織不祥事および組織文化の性質上，ミクロ・マクロ・リンクという理論的視点，パワーとポリティクスという理論的要素の2つの組み込みが不可欠であることを示した。

　このような準備的考察を行なったうえで，本書は，つぎに組織不祥事分析のための組織文化論モデルを構築すべく，既存の組織文化論2大アプローチ（機能主義，シンボリック解釈主義）の検討にあたった。しかし，いずれのアプローチにも理論的視点ないし理論的要素において不備があり，本書の目指すモデルには不十分であることが分かった。たとえば，機能主義アプローチは，ミクロ・マクロ・リンクにおいて組織構成員による自生的な組織文化

生成の過程が欠如し，また，パワーないしポリティクス概念においても若干の不備がみられた。一方シンボリック解釈主義アプローチは，ミクロ・マクロ・リンクにおいてマネジメントによる組織文化生成（デザイン）の過程の欠如および再帰的過程の物足りなさ，そしてパワーおよびポリティクス概念の欠如がみられた。

　本書では，既存の組織文化論のこのような不備を乗り越える第3のアプローチとして，組織文化に対する構造化理論アプローチを提唱した。ギデンズの構造化理論，それを経営組織論に応用したミクロ・マクロ・リンクの組織論などの検討を通じ構築された本書モデル（組織文化に対する構造化理論アプローチ）は，組織不祥事を，9つの要素からなる構造化，しかも連続的なそれの所産としての組織的現象と捉える。そうすることで，同アプローチは，既存の2大アプローチには難しかった組織不祥事分析のための組織文化論モデルに不可欠な理論的視点（ミクロ・マクロ・リンク）および理論的要素（パワーとポリティクス）の組み込みに成功した。

　そして，それらもさることながら，同アプローチは，とりわけ以下のような組織不祥事分析に対する有用性と経営実践へのインプリケーションを持っていた。

組織不祥事分析に対する有用性
① 組織不祥事が生まれる経緯，ないし発生後の組織再生の取り組みについて時間の流れ（時間的連続性）を伴った把握が出来る。
② 組織文化（① 意味作用，② 正当性，③ 支配）─様相性（④ 解釈図式，⑤ 規範，⑥ 便益）─相互行為（⑦ コミュニケーション，⑧ 道徳性，⑨ パワー）という9つの要素の複雑な絡み合いを想定することで，組織不祥事に至る組織の動きを各レベルで多面的に捉え，その複雑さを理解することが出来る。また同時に，この9つの要素に基づいて組織の問題箇所を理解することができる。
③ 事例分析を通し，不祥事の発生メカニズムにおける傾向を掴むことが出来る。ちなみに本書の分析では，① 大きな引き金としての外部圧力の存在，

② 支配秩序・正当化秩序の構造化の先行，③ 文化慣性力の発生，といった点を掴むことが出来た。

実践へのインプリケーション
① 組織不祥事の発生のメカニズム，予防の成功・失敗のメカニズム，そして再生の成功・失敗のメカニズムをつまびらかにし，社会，とくに経営実践家たちにおける反省的対話に寄与することで，実践に対して間接的な貢献が出来る。
② 本書の構造化理論アプローチによって分析された現状と安全文化論モデルによって示される組織不祥事を引き起こし「づらい」組織のあり方を比較検討することで，当該組織の予防策ないし再生策のチェックおよび修正に役立てることができる。

　このような本書での検討を通じ，筆者は，組織文化に対する構造化理論アプローチを組織不祥事の分析と経営実践への政策的提案を行なう上で有効なモデルであると結論づけたい。ただし，一方で，残された課題も多い。本書の最後に，この残された課題について論じることにしよう。ここでは，組織不祥事や組織文化といった価値，規範，倫理に関わる問題を研究する上での課題（哲学的ないし個人の倫理的態度に関する課題）および本書モデルの理論的，実践的課題について論じていく。ただし，重要度から考えて最も重要な課題である哲学的課題を最後にし，最初に理論的・実践的課題について述べていくことにしたい。

(2) 残された課題
課題1：理論的課題
　まず，本書モデルは，まだまだ理論的に精錬されていない。とくに，ミクロ・マクロ・リンクロジックに不完全さが残っている。本書モデルは，どちらかというと組織文化を介した個人行為と組織の相互影響関係に焦点が定まっており，それらと社会との結びつきが少々ぼやけてしまっている。今

後，ギデンズの更なる読み込み，またミクロ・マクロ・リンクロジックを持ったその他の組織論をあらためて検討し，行為－組織－社会というこの3つのレベルをもっとうまく結びつける理論的精錬を行なっていかなければならない。

また，それと同時に，モデルを精錬し，分析能力を高めるには，実証的研究を進めていかねばならないだろう。本書では，モデルの有用性を確かめるためにケース分析を行なったが，これは2次資料と2人の関係者へのインタビューのみを用いたあくまで試験的なものに過ぎない。たとえば，構造化の9つの要素は，実際にはそれぞれが分かち難く絡まっており，それをこのような限定された資料やインタビューデータのみで峻別するのは非常に難しい。そのため，本書の要素分類および各要素間の関係は，非常に単純なものにとどまっている。また，共有される価値の内容についても分析が非常に安易である。今後は，モデルをより洗練し，厳密な分析，精度の高い政策提言が行なえるように，より本格的な実証的研究を行なっていく必要があろう。ただし，題材が題材だけに，どういった形の実証がもっとも実態に肉薄できるか，現場の方々の本音が聞けるかまずはその点を検討する必要があるだろう。

課題2：実践的課題

本書では，実践へのインプリケーションとして2つの案を提出した。しかし，本書モデルの理論的性格（非決定論的性格）も手伝って，どちらも実践への貢献として歯切れが悪い。まずは，この理論的性格についてさらに検討し，この性格の中でさらにどんな実践への貢献が出来るのか明らかにする必要があるだろう。また，いずれにしてもさらなるモデルの精錬なくして実践へのさらなるインプリケーションの可能性はありえない。本課題をクリアするためにも課題1で挙げたようにさらなる理論的検討そして実証的研究が必要不可欠である。

課題3：哲学的ないし個人の倫理的態度に関する課題

最後に，組織不祥事や組織文化といった価値，規範，倫理に関わる問題を

研究する上での課題について若干の検討を加えたい。組織文化論を用いて組織不祥事を分析するという試みには，当然ながら価値，規範，倫理といった概念がつきまとう。コンプライアンスを前提とした組織不祥事研究ならまだしも，本書のようにコンプライアンスに留まらない組織不祥事の組織文化論的研究の試みに至ってそれはなおさらのことである。そこには，当該組織の価値，当該社会の規範，当該個人の倫理といったものだけでなく，最終的には研究者自身の価値観や倫理観といったものまでもつきまとうだろう。なぜなら，「何をもって不祥事とするのか」，「不祥事を（二度と）起こさない組織にするにはどんな組織文化を醸成させるべきなのか」といった研究を進める上で答えざるを得ない問いに対して，最終的（究極的）には，物事の成否や善悪についての根本的な判断基準の提示を求められるだろうからである。そして，「はじめに」で示したように価値の相対化の進む今日にあっては，社会の観察からその根本的な判断基準を見出すことは難しい。そうなると，最終的に行き着く先は，当該研究者の倫理的態度ということになるものである（筆者のそれは第1章の通り）。しかし，こういった研究者の価値や倫理観を持ち出した議論は，科学の域を越えている。いわば，それは，哲学的領域ないし個人の倫理的態度に関わる問題であろう。それゆえ，これらをまぜこぜにして議論していくことには問題がある。そのため，本書では，個人的態度については若干触れるにとどめてある。ただし，価値の相対化が進む今日であるからこそ，その根本的な倫理的態度について，みなで討議し，意をまとめ上げていくということは非常に大切なことである。そのため，これらについても今後議論していく必要があるだろう。

　以上のように，本書の議論にはまだまだ残された課題があり，本書が人々の悩みや苦しみを取り除く一助となるにはまだまだ検討の余地がありそうだ。

　さて，組織不祥事を組織文化の構造化ロジックを用いて研究するという本書の試みは，究極的には，個人，組織，そして社会のかかわり，そしてそのなかでの各々のあり方を問うことにつながるであろうものである。残された課題を1つ1つ解き明かしながら，議論をさらに研鑽し，その問いに肉薄す

ることで社会に何らかの貢献ができるようこれからも探求を進めていきたい。

あとがき

　常識からの逸脱。ルールからの逸脱。良き逸脱（ユニークな新製品やビジネスモデルの創造）にしても悪しき逸脱（組織不祥事）にしても，経営学においてそれらは重要な研究対象ないし課題である。本書は，中学・高校時分の校則すら先生を恐れて守り続けた（逸脱できなかった），そんなどうしようもなく小心者の私が悪しき逸脱に着目した博士論文『組織における不祥事の組織文化論的分析に関する一考察―A. Giddensの構造化理論を応用して―』を大幅に加筆修正したものである。

　校則すら破れないような小心者にとって逸脱など縁遠いことのようにも思える。しかし，小心者で生真面目な者だからこそ組織のそれに呑み込まれていってしまう恐れがある。本書で示した不祥事発生のメカニズムは，そういった誰でも不祥事の担い手になりうる危うさをも示している。本書は，拙い小論ではあるが，そのような危うさを明らかにしている点でも幾ばくかの意義があるのではないかと思う。

　さて，そのような小心者の私が倫（みち）から外れることなく，研究者の端くれとして仕事をし，今こうして筆を取ることが出来ているのも，すべては私を支えてくれた心ある皆様のおかげに他ならない。

　まず，私を学問の世界にお誘いくださり，専修大学大学院経営学研究科修士課程1年次の1年間ご指導くださった故工藤達男先生（当時専修大学教授）へのご恩は一生忘れない。私は，毎日遅くまで黙々と机に向かう先生のお姿から，研究者としてのまっすぐな姿勢を学んだ。しかし，その背中からはまだまだ教わりたいことが山ほどあった。心にぽっかりと穴が空いた修士1年の終わりの春を今でも鮮明に覚えている。非常に残念でならない。

　また，専修大学大学院在籍時には，同大学院教授の岡田和秀先生，加藤茂夫先生，丹沢安治先生（現中央大学），そして非常勤で来られていた坪井順

一先生（文教大学）に大変お世話になった。そもそも本研究は、私が大学院博士後期課程在籍時から積み重ねてきたものの拙い成果であるが、先生方には、その構想の段階から多くのご助言を賜った。また、先生方には、講義などを通し、さまざまな角度から物事を見る術を、そして研究の何たるかを、一から叩き込んでいただいた。さらに、同大学院の加藤茂夫先生、馬場杉夫先生、蔡イン錫先生には、ご多忙中にもかかわらず、博士論文の審査員をもお勤めいただいた。3先生からは、審査を通し、同研究を深めるための鋭いご指摘と多くのご助言をいただいた。

また、所属させていただいている学会では、恐れ多くも、三戸公先生（中京大学名誉教授）、村田晴夫先生（青森公立大学）、大平浩二先生（明治学院大学）、高橋正泰先生（明治大学）、大月博司先生（早稲田大学）といった学外の先生方から言葉をかけていただいた。とりわけ、三戸先生、村田先生には研究（者）の哲学を、大平先生、高橋先生、大月先生からは組織論を支える科学の哲学をご指導賜った。

さらに、先輩にも恵まれた。とりわけ、杉田博先生（石巻専修大学）、水野基樹先生（順天堂大学）、福原康司先生（専修大学）、西本直人先生（明治大学）、高浦康有先生（東北大学）との交流は、いつも刺激的で、先輩からのご助言や先輩方それぞれの研究にはいつもワクワクさせていただいた。

また、現在講師として籍を置いている広島国際大学では上司にも恵まれた。とりわけ中田將風先生（現名誉教授）、河口豊先生、白髪昌世先生には、公私ともども大変お世話になっている。とりわけ白髪先生には、本研究でインタビューを行なうに際し、関係諸先生をご紹介いただくなど大変お世話になった。

そして誰よりも厳しく、誰よりも優しく、今でも見守ってくださっている大学院時代の指導教授高澤十四久先生には、どんな言葉をもってしても表現しきれぬご恩と感謝の念を感じている。先生の研究室は、私にとってのまさに「虎の穴」だった。先生の投げかける難問と格闘を繰り返しながら、先生には研究の、そして研究者としての芯となる「こころ」を育て鍛えていただいた。先生の存在なくして、本書もそして今の私も有り得ない。

また，決して楽観視出来ない業界状況の中，私のような者がこのように本を出させていただくことが出来たのは，前野弘様，前野隆様をはじめとする㈱文眞堂の皆様の若者を育てて下さろうとする寛容なお心の賜物である。

　そして最後に，これまで私を育ててくれた私以上に小心者の両親，そして大切な家族に感謝したい。

　大人になりきれない子供じみた私を呆れることなく，あたたかく包み込んでくれるすべての皆様にこの場を借り，心より厚く御礼申し上げたい。

2007年1月
広島にて

参考文献

Alexander, J. G., B. Giesen, R. Muench, N. Smelser (ed.), *The Micro-Macro Link*, University of California Press, 1987.（石田幸夫・内田健・木戸功・圓岡偉男・間淵領吾・若狭清紀訳『ミクロ-マクロ・リンクの社会理論』新泉社, 1998年。）
網倉久永稿「組織研究におけるメタファー—非決定論的世界での組織理論に向けて—」『組織科学』33-1, 1999年。
浅井翔稿「三菱自動車企業モラルはどこへ行った？リコール隠しと企業の倫理—世界の信用を得た日本の"モノ作り"が崩壊する」『月刊経済』2004年。
麻生祐司・津本朋子・ポールアイゼンスタイン稿「特集迷走する"スリーダイヤ"三菱自動車生死の瀬戸際」『週刊ダイヤモンド』92-27, 2004.7.10。
Bacharach, S. B. & E. J. Lawler, *Power and Politics in Organizations*, Jossey & Bass, 1980.
Bacharach, S. B. & E. J. Lawler, "Political alignments in organizations", in R. M. Kramer & M. A. Neal eds., *Power and Influence in Organizations*, Thousand Oaks, CA: Sage, 1998.
Barley, S. R., "Semiotics and the Study Occupational and Organizational Cultures", *Administrative Science Quarterly*, 28, 1983.
Barley, S. R., "Technology as An Occasion for Structuring: Evidence from Observations of CT Scanners and Social Order of Radiology Departments", *Administrative Science Quarterly*, 31, 1986.
Barley, S. R., "The Alignment of Technology and Structure through Roles and Networks", *Administrative Science Quarterly*, 35, 1990.
Barley, S. R. & P. S. Tolbert, "Institutionalization and Structuration: Studying the Links between Action and Institution", *Organization Studies*, 18-1, 1997.
Barnard, C. I., *The Function of The Executive*, Harvard University Press.（山本安次郎・田杉競・飯野春樹訳『新訳 経営者の役割』ダイヤモンド社, 1968年。）
Barney, J. B., Gaining Sustaining Competitive Advantage, 2nd ed. Prentice Hall.（岡田正大訳『企業戦略論』〔上〕〔中〕〔下〕, ダイヤモンド社, 2003年。）
Beckert, J., "Agency, Entrepreneurs, and Institutional Change. The Role of Strategic Choice and Institutionalized Practices in Organizations", *Organization Studies*, 20-5, 1999.
Berger, P. L. & T. Luckmann, *The Social Construction of Reality, —A Treatise in the Sociology of Knowledge*, Anchor Books, 1967.（山口節郎訳『日常世界の構成—アイデンティティと社会の弁証法』新曜社, 1977年。）
Bottoms, A. & P. Wiles, "Explanations of Clime and Place" in Evance, D. J., Fyfe, N. R. & Herbert, D. T., (eds) *Clime, policing and place: essays in environmental criminology*, Rouledge, 1992.
Bruce, M., V. Roscigno, and P. McCall, "Structure, Context and Agency in the Reproduc-

tion of Black-on-Black Violence", *Theoretical Criminology*, 2-10, 1998.
Burr, V., *An Introduction to Social Constructionism*, Routledge, 1995. (田中一彦訳『社会的構築主義への招待―言説分析とは何か』川島書店, 1997 年。)
Burrell, G. & G. Morgan, *Sociological Paradigms & Organizational Analysis*, Heinemann, 1979. (鎌田伸一・金井一頼・野中郁次郎訳『組織理論のパラダイム』千倉書房, 1984 年。)
Chalmers, A. F., *WHAT IS THIS THING CALLED SCIENCE?* 2nd ed., University of Qeensland Press, 1982. (高田紀代志・佐野正博訳『新版 科学論の展開』恒星社厚生閣, 1983 年。)
Coopey, J., Keegan, O. & N. Emler, "Managers' Innovations The Structuration of Organizations", *Journal of Management Studies*, 35-3, 1998.5.
Deal, T. E. & A. A Kennedy, *Corporate Cultures*, Addison-Wesley, 1982. (城山三郎訳『シンボリック・マネジャー』新潮社, 1983 年。)
出口将人著『組織文化のマネジメント―行為の共有と分化』白桃書房, 2004 年。
出見世信之著『企業倫理入門―企業と社会との関係を考える』同文舘, 2004 年。
Dillard, J. F. & Yuthas, K., "Ethical Audit Decisions: A Structuration Perspective", *Journal of Business Ethics*, 36-1/2, 2002.
江刺正嘉稿「改ざんされたカルテ, 隠された調査報告書」『法学セミナー』No.579, 2003 年。
遠田雄志著『組織を変える〈常識〉』中公新書, 2005 年。
Farrall, S. & B. Bowling, "Structuration, human development and desistance from crime", *The British Journal of Criminology*, 39-2, 1999.
藤原貞雄稿「三菱自動車の経営リーダーシップの移譲と成果」『山口経済学雑誌』52-4, 2004 年。
古川利明著『あなたが病院で「殺される」しくみ―システムとしての医療過誤』第三書館, 2002 年。
Geertz, C., *The Interpretation of Cultures*, Basic Books, 1973. (吉田禎吾・柳川啓一・中牧弘允・板橋作美訳『文化の解釈学 I』岩波現代選書, 1987 年。)
Giddens, A., *New Rules of Sociological Method*, Hutchinson of London, 1976. (松尾精文・藤井達也・小幡正敏訳『社会学の新しい方法基準』而立書房, 1987 年。)
Giddens, A., *Studies in Social and Political Theory*, Hutchinson, 1977. (宮島喬ほか訳『社会理論の現代像―デュルケム, ウェーバー, 解釈学, エスノメソドロジー―』みすず書房, 1986 年。)
Giddens, A., *Central Problems in Social Theory: Action, Structure and Contradiction in Social Analysis*, The Macmillan Press, 1979. (友枝敏雄・今田高俊・森重雄訳『社会理論の最前線』ハーベスト社, 1989 年。)
Giddens, A., *Constitution of Society: Outline of the Theory of Structuration*, Polity Press, 1984.
Giddens., A, *The Nation-State and Violence*, Polity Press, 1985. (松尾精文・小幡正敏訳『国民国家と暴力』而立書房, 1999 年。)
Giddens, A., *The Consequences of Modernity*, Polity Press, 1990. (松尾精文・小幡正敏訳『近代とはいかなる時代か?―モダニティの帰結』而立書房, 1993 年。)
Giddens., A., *New Rules of Sociological Method* 2nd ed., Hutchinson, 1993. (松尾精文・藤井達也・小幡正敏訳『社会学の新しい方法基準―理解社会学の共感的批判―』而立書房, 2000 年。)
Giddens, A., Sociology. 3rd ed., 1997. (松尾精文ほか訳『社会学 改訂第 3 版』而立書房, 1998 年。)
Giddens, A., *The Third Way: The Renewal of Social Democracy*, Polity Press, 1998. (佐和隆光訳『第三の道―効率と公正の新たな同盟』日本経済新聞社, 1999 年。)

Gioia, D. A. & E. Pitre, "Multiparadigm Perspectives on Theory Building", *Academy of Management Review*, 15-4, 1990.
Glaser, B. G. & A. L. Strauss, *Awareness of Dying*, Aldine Publishing Co., 1965.（木下康仁訳『死のアウェアネス理論と看護―死の認識と終末期ケア―』医学書院, 1988 年。）
濱嶋朗・竹内郁郎・石川晃編『新版社会学小辞典』有斐閣, 1997 年。
花見宏昭・西頭恒明稿「特集　ニッポンの現場が危ない」『日経ビジネス』2004.3.8。
花谷寿人稿「東京女子医大病院事件が残した課題」『自由と正義』vol.54 No.3, 2003 年。
橋本廸生稿「医療安全への取り組みを形骸化させないために」『看護管理』12-8, 2002 年。
橋本廸生稿「クリニカルガバナンスと医療安全」『病院』62-8, 2003 年。
Hassard, J., "Multiple Paradigms and Organizational Analysis: A Case Study", *Organizatinal Studies*, 12-2, 1991.
Hatch, M. J., "The Dynamics of Organizational Culture", *Academy of Management Review*, 18-4, 1993.
Hatch, M. J., *Organization Theory*, Oxford University Press, 1997.
堀川美行稿「三菱自動車復活の日は来るのか」『週刊東洋経済』2002.7.27。
宝月誠著『逸脱とコントロールの社会学―社会病理学を超えて―』有斐閣アルマ, 2004 年。
二村敏子編著『現代ミクロ組織論―その発展と課題』有斐閣ブックス, 2004 年。
井部俊子・岡本豊洋・佃宏・林茂・橋本廸生稿「座談会　患者安全への課題」『病院』62-2, 2003 年。
井原久光稿「パラダイムと経営学―知の体系に関する考察とモデル化」『長野大学紀要』18-1, 1996 年。
池上嘉彦著『記号論への招待』岩波書店, 1984 年。
今田高俊著『自己組織性―社会理論の復活―』創文社, 1986 年。
今井一孝稿「組織文化と戦略（上）」『経営史林』32-4, 1996 年。
伊藤博之稿「組織転換と構造化理論―アメリカ・ハイテック企業のエスノグラフィー―」『彦根論叢』310, 1998 年。
JCO 臨界事故総合評価会議編『JCO 臨界事故と日本の原子力行政―安全政策への提言』七つ森書館, 2000 年。
加護野忠男著『組織認識論』千倉書房, 1988 年。
金井壽宏著『変革型ミドルの探求』白桃書房, 1991 年。
君塚大学稿「〈文化権力〉論とその学説上の位置」『社会学部論集』30, 1997 年。
君塚大学稿「組織内コミュニケーションと権力」『社会学部論集』31, 1998 年。
木村純子著『構築主義の消費論』千倉書房, 2001 年。
小林秀之著『裁かれる三菱自動車』日本評論社, 2005 年。
小林道夫著『科学哲学』産業図書, 1996 年。
小林敏男著『正当性の条件―近代経営管理論を超えて―』有斐閣, 1990 年。
小松陽一稿「経営組織とパワー（Ⅰ）」『甲南経営研究』17-3, 1976 年。
小松陽一稿「経営組織とパワー（Ⅱ）」『甲南経営研究』17-4, 1977 年。
小松陽一稿「経営組織とパワー（Ⅲ）」『甲南経営研究』19-2, 1978 年。
近藤哲郎稿「組織体逸脱現象への分析視角―社会的相互作用論と権力分析」『ソシオロジ』36-2, 1991 年。
Kotter, J. P. & J. L. Heskett, *Corporate Culture and Performance*, The Free Press, 1992.（梅津祐良訳『企業文化が高業績を生む』ダイヤモンド社, 1994 年。）
厚生省健康政策局総務課長監修『患者誤認事故防止に向けて』エルゼビア・ジャパン, 1999 年。

厚生労働省医政局医療安全対策検討会議ヒューマンエラー部会「安全な医療をするための要点10」http://www.mhlw.co.jp/topics/2001/0110/tp1030-1.html（2005年9月現在）
厚生労働大臣医療事故対策緊急アピール　http://www.mhlw.co.jp/topics/2001/0110/tp1030-1.html（2005年9月現在）
Lewis, L. K. &, D. R Seibold, "Innovation Modification during Intraorganizational Adaption", *Academy of Management Review*, 18-2, 1993.
Lippens R., "Rethinking organizational crime and organizational criminology", *Crime, Law and Social Change*, 35-4, June 2001.
Litwin, G. H. & R. A. Stringer, Jr., *Motivation and Organizational climate*, Harvard Business School Press, 1968.（占部都美監訳，井尻昭夫訳『組織風土』白桃書房，1974年。）
Lukes S., *Power: A Raical View*, British Sociological Association, 1974.（中島吉弘訳『現代権力論批判』未来社，1995年。）
毎日新聞医療問題取材班著『医療事故がとまらない』集英社新書，2003年。
拙稿「組織変革におけるリーダーシップの役割に関する一考察―E. H. Scheinの所論を中心に―」修士論文，1998年。
拙稿「組織文化の組織行動に及ぼす影響について―E. H. Scheinの所論を中心に―」『経営理論の変遷―経営学史研究の意義と課題』文眞堂，1999年。
拙稿「組織文化論の考察―E. H. Schein理論の限界とその克服を求めて―」『経営哲学論集第15集―経営哲学と地域の活性化―』1999年。
拙稿「組織文化論における自己組織性アプローチの可能性について―機能主義とシンボリック解釈主義の限界を越えて―」『専修大学経営研究所報』136，2000年。
拙稿「組織文化論における自己組織性アプローチの彫琢について―ミクロ・マクロ・リンク問題に応える理論的枠組みの1試作―」『専修大学経営研究所報』140，2001年。
拙稿「ミクロ・マクロ・リンクの組織論に関する一考察―個人的分析モデル構築のための試行錯誤―」『専修大学経営研究所報』148，2002年。
拙稿「『ギデンズ構造化論』の組織におけるミクロ・マクロ・リンク問題への応用可能性」『経営哲学とは何か』文眞堂，2003年。
拙稿「組織文化論」『＜経営学検定試験公式テキスト＞①経営学の基本』中央経済社，2003年。
拙稿「組織における不祥事の組織文化論的分析に関する一考察 ―A. ギデンズの構造化理論を用いて―」『専修大学経営研究所報』158，2004年。
拙稿「組織における不祥事の組織文化論的分析に関する一考察2　―医療組織のケースを中心に，安全文化と関わらせて―」『専修大学経営研究所報』166，2005年。
松原隆一郎稿「三菱自動車事件・市場競争は企業を浄化しない」『中央公論』119 (8)，2004年。
松野弘・堀越芳昭・合力知工編著『企業の社会的責任論の形成と展開』ミネルヴァ書房，2006年。
松下武志・米川茂信・宝月誠編著『社会病理学の基礎理論』学文社，2004年。
真弓重孝他稿「特集 日本ハム・三井物産・東京電力...会社が堕ちる時―名門ほど危ない」『日経ビジネス』2002.9.30。
Meek, V. L., "Organizational Culture: Origins and Weaknesses", *Organization Studies*, 1988.
Miles, R. E. & C. C. Snow, *Organizational Strategy, Structure, and Process*, McGraw-Hill, 1978.（土屋守章・内野崇・中野工訳『戦略型経営』ダイヤモンド社，1983年。）
Mintzberg, H., "Organizatinal Power and Goals: A Skeletal Theory", in C. W. Hofer & D. Schendel eds., *Strategic Management*, Little Brown & Company, 1979.
Mintzberg, H., *MINTZBERG ON MANAGEMENT*, The Free Press, A Division of Macmillan, 1989.（北野利信訳『人間感覚のマネジメント』ダイヤモンド社，1991年。）

Mitchell, L. E., *CORPORATE IRRESPONSIBILITY*, Yale University, 2001.（斎藤裕一訳『なぜ企業不祥事は起こるのか——会社の社会的責任』麗澤大学出版会, 2005 年。）
三戸公稿「組織物神論序説」鈴木和蔵先生古稀記念出版会編『経営維持と正当性』白桃書房, 1990 年。
三戸公著『随伴的結果——管理の革命——』文眞堂, 1994 年。
三菱自動車工業株式会社 HP　http://www.mitsubishi-motors.co.jp/japan/（2005 年 9 月現在）
三菱自動車問題特別取材班「三菱グループの呪縛　自立心なき自動車メーカーに危機」『日経ビジネス』2004.5.3。
宮本孝二著『ギデンズの社会理論』八千代出版, 1998 年。
宮台真司著『まぼろしの郊外』朝日文庫, 2000 年。
水尾順一著『セルフガバナンスの経営倫理』千倉書房, 2003 年。
水谷雅一著『経営倫理学の実践と課題　経営価値四原理システムの導入と展開』白桃書房, 1995 年。
森功・和田努著『医療事故を考える——その処置と処方箋』同友館, 2002 年。
森岡孝二稿「学者が斬るシリーズ 173 三菱自動車の『欠陥』企業風土」『エコノミスト』2004 年。
盛山和夫『制度論の構図』創文社, 1995 年。
盛山和夫『権力』東京大学出版, 2000 年。
村田晴夫稿,「システムと解釈——システム論的解釈学へ向けて——」『武蔵大学論集』29-5・6, 1982 年。
村田晴夫著『管理の哲学』文眞堂, 1984 年。
中河伸俊著『社会問題の社会学——構築主義アプローチの新展開』世界思想社, 1999 年。
Nelson, P., Lawrence, T. B. & C. Hardy, "Inter-Organizational Collaboration and The Dynamics of Institutional Fields", *Journal of Management Studies*, 37-1, 2000.1.
日本原子力学会　原子力安全調査専門委員会「JCO ウラン加工工場における臨界事故の調査報告」2000 年。http://www.nr.titech.ac.jp/~hsekimot/AESJSafety/index.html
日本経営倫理学会監修水谷雅一編著『経営倫理』同文舘, 2003 年。
NNN ドキュメント '04 スペシャル『三菱自動車 "リコール隠し" の真実』2004 年 7 月 25 日放送（日本テレビ系列）。
西原和久編著『現象学的社会学の展開』青土社, 1991 年。
新田健一著『組織とエリートたちの犯罪　その社会心理学的考察』朝日新聞社, 2001 年。
沼上幹著『行為の経営学——経営学における意図せざる結果の研究——』白桃書房, 2000 年。
沼上幹稿,「21 世紀の経営学『科学』からの脱却」『一橋ビジネスレビュー』2000 年。
小笠原英司著『経営哲学研究序説』文眞堂, 2004 年。
岡本浩一著『無責任の構造——モラルハザードへの知的戦略——』PHP 新書, 2001 年。
岡本浩一・今野裕之編著『リスク・マネジメントの心理学——事故・事件から学ぶ』新曜社, 2003 年。
奥村宏著『会社はなぜ事件を繰り返すのか』NTT 出版, 2005 年。
奥山俊宏著『内部告発の力——公益通報者保護法は何を守るのか』現代人文社, 2004 年。
Olikowski, W. J. & J. Yates, "Gerne Repertoire: The Structuring Communicative Practices in Organizations", *Administrative Science Quarterly*, 39, 1994.
大平浩二稿「経営学説の研究(1)——科学史としての経営学説研究の方法——」『経済研究』122・123 合併号, 2002 年。
大月博司稿「組織のパワー研究論——Mintzberg の所論を中心に」『北海学園大学経済論集』32-2, 1984 年。

大月博司稿「組織ポリティクス論の展開」『北海学園大学経済論集』39-1, 1991年。
大月博司著『組織変革とパラドクス』同文舘, 1999年。
大月博司稿「組織研究のパラダイムロストを越えて」『北海学園大学経済論集』46-4, 1999年。
大月博司稿「組織変革におけるパワー・ポリティクス」『北海学園大学経済論集』47-1, 1999年。
大月博司・藤田誠・奥村哲史著『組織のイメージと理論』創成社, 2001年。
大山正夫稿「2つの外部評価事故報告書から学ぶもの」『医療労働』No.445, 2002年。
Ouchi, W. G., *Theory Z*, Addison-Wesley, 1981. (徳山二郎監訳『セオリー Z―日本に学び, 日本を越える―』CBSソニー出版, 1981年。)
Peters, T. J. & R. H. Waterman jr., *In Search of Excellence*, Harper & Row, 1982. (大前研一訳『エクセレントカンパニー』講談社, 2003年。)
Polanyi, M., *The Tacit Dimension*, Routledge & Kegan Paul Ltd., 1966. (佐藤敬三訳『暗黙知の次元―言語から非言語へ―』紀伊国屋書店, 1980年。)
Pondy, L. R., P. J. Frost, G. Moran & T. Dandridge (eds), *Organizational Symbolism*, JAI Press, 1983.
Ranson, S., Hinings., & R. Greenwood,, "The Structuring of Organizational Structures", *Administrative Science Quarterly*, 25, 1980.
Reason, J., *The Risks of Organizational Accidents*, Ashgate Publishing Limited., 1997. (塩見弘監訳／高野研一・佐相邦英訳『組織事故』日科技連, 1999年。)
Riley, P., "A Structurationalsit Account of Political Culture", *Administrative Science Quarterly*, 28, 1983.
Riley, P., "A Structurationalsit Account of Political Culture", *Administrative Science Quarterly*, 28, 1983.
斉藤裕稿「三菱グループが三菱自動車を堕落させた」『中央公論』2004.10。
坂下昭宣稿「組織シンボリズム研究の視圏」『国民経済雑誌』179-6, 1999.6。
佐久間信夫・坪井順一編『現代の経営組織論』学文社, 2005年。
産経新聞社取材班編『ブランドはなぜ堕ちたか 雪印。そごう, 三菱自動車, 事件の真相』角川文庫, 2001年。
佐藤郁哉・山田真茂留著『制度と文化 組織を動かす見えない力』日本経済新聞社, 2004年。
佐藤嘉倫著『意図的社会変動の理論―合理的選択理論による分析』東京大学出版会, 1998年。
澤岡昭著『衝撃のスペースシャトル事故調査報告―NASAは組織文化を変えられるか』中災防新書, 2004年。
Schein, E. H., "Coming to a New Awareness of Organizational Culture", *Sloan Management Review winter*, 1984.
Schein, E. H., *Organizational Culture & Leadership*, Jossey & Bass, 1985, (清水紀彦・浜田幸雄訳『組織文化とリーダーシップ』ダイヤモンド社, 1989年。)
Schein, E. H., *Organizational Culture & Leadership*, 2nd ed., Jossey & Bass, 1992.
Schein, E. H., "How Can Organizations Learn Faster?", *Sloan Management Review*, vol.34, 1993.
Schein, E. H., "On Dialogue, Culture, and Organizational Learning", *Organizational Dynamics*, vol.22 autumn, 1993.
Schultz, M., *On Studying Organizational Cultures*, Walter de Gruyter, 1995.
Schultz, M. & M. J. Hatch, "Living with Multiple Paradigms: The Case of Paradigm Interplay in Organizational Culture Studies", *Academy of Management Review*, 21-2, 1996.

Schwenk, C. R., *The Essence of Strategic Decision Making*, Lexington Books, 1988.（山倉健嗣訳『戦略決定の本質』文眞堂, 1998年。）

関根憲一・山崎功郎稿「新しいジャストインタイム (6) JCO の臨界事故原因と再発防止提案」『工場管理』47 (9), 2001年。

Selznik, P., *Leadership in Administration*, Harper & Row, 1957.（北野利信訳『組織とリーダーシップ』ダイヤモンド社, 1962年。）

戦略経営協会編, 浦郷義郎・市川彰訳『コーポレート・カルチャー　企業人類学と文化戦略』ホルトサウンダース, 1986年。

週刊東洋経済編「特別リポート1　三菱自動車企業風土の「欠陥」が存亡の危機を招いた」『週刊東洋経済』（臨増）, 2004.9.8。

芝隆史稿「戦略の背景としての組織的パワーの基礎研究—Mintzberg. H. の諸説の検討を介して—」『愛知学院大学論叢商学研究』32-1, 1986年。

Simpson, Sally S., Paternoster, Raymond Piquero. & Nicole Leeper, "Exploring the Micro-Macro Link in Corporate Crime Research." *Research in the sociology of organizations*, 15, 1998.

塩次喜代明稿「組織のパワー—概念の整理と操作化」『松山商大論集』33-3, 1982年。

Smircich, L., "Concepts of Culture and Organizaional Analysis", *Administrative Science Quarterly*, 28, 1983.

菅沼崇・細田聡・井上枝一郎稿「仮説的組織事故モデルによる JCO 臨界事故のプロセス分析社会評論」『労働科学』77 (10), 2001年。

鈴木謙介稿「その先のインターネット社会」『21世紀の現実』ミネルヴァ書房, 2004年。

高田和男稿「東京女子医大病院事故から学ぶべきこと—外部評価委員としての一考察」『Nursing Today』2003年。

高橋正泰著『組織シンボリズム』同文舘, 1998年。

高橋伸夫編著『組織文化の経営学』中央経済社, 1997年。

高尾義明著『組織と自発性—新しい相互浸透関係に向かって—』白桃書房, 2005年。

田中政光稿「企業文化—活性化への現象学的アプローチ」『東北学院大学論集』96, 1984年。

田中朋弘・柘植尚則編『ビジネス倫理学—哲学的アプローチ—』ナカニシヤ出版, 2004年。

丹沢安治著『新制度派経済学による組織研究の基礎—制度の発生とコントロールへのアプローチ』白桃書房, 2000年。

寺本義也・小松陽一・福田順子・原田保・水尾順一・清家彰敏・山下正幸著『パワーイノベーション』新評論, 1999年。

徳山栄一郎稿「独占資料入手！三菱自動車のまやかし体質」『PRESIDENT』2004.8.2。

東京女子医科大学編『医療安全管理対策指針』2004年。

東京女子医科大 HP　http://www.twmu.ac.jp/（2005年9月現在）

友枝敏雄著『モダンの終焉と秩序形成』有斐閣, 1998年。

槌田敦稿「JCO 事故と動燃—事故三周年,「バケツ」の使用は正しかった」『社会評論』29 (1), 2003年。

Turner, B. A., "Sociological Aspects of Organizational Symbolism", *Organization Studies*, 1986.

Turner, B. A. (ed), *Organizational Symbolism*, Walter de Gruyter, 1990.

上塚芳郎稿「東京女子医大は立ち直れるか」『ばんぷう』2002.9。

上塚芳郎稿「東京女子医大における医療安全対策と信頼回復の試み」『ばんぷう』2003.4。

梅沢正・上野征洋編著『企業文化論を学ぶ人のために』世界思想社, 1995年。

内野崇稿「ポリティカルアプローチによる組織分析」『学習院大学経済論集』21-2, 1984年。
山倉健嗣稿「組織変革とパワー」『横浜経営研究』14-1, 1993年。
山中伸彦稿「組織におけるパワー研究の現状と課題」『立教経済学研究』53-4, 2000年。
安本雅典稿「組織分析における政治的パワーモデルの可能性―革新的な決定をめぐって」『社会学評論』46-2, 1995年。
Vaughan, B., "Handle with Care: On the Use of Structuration Theory within Criminology", *British Journal of Criminology*, 41-1, 2001.
Weick, K. E., *The Social Psychology of Organizing*, 2nd ed., 1979.（遠田雄志訳『組織化の社会心理学』第2版, 文眞堂, 1997年。）
Weick., K. E. & K. M . Sutcliffe., *Managing the Unexpected*, John Wiley & Sons, Inc, 2001.（西村行功訳『不確実性のマネジメント』ダイヤモンド社, 2002年。）
Whittington, R., "Putting Giddens into Action: Social Systems and Managerial Agency", *Journal of Management Studies*, 29-6, 1992. 11.
Witmer, D. F., "Communication and Recovery: Structuration as an Ontological Approach to Organizational Culture." *Communication monographs*, 64-4, 1997.
四方光稿「組織・企業犯罪の新制度派経済学分析 (2)」『警察学論集』54-3, 2001年。
横浜市立大学医学部附属病院HP http://www.yokohama-cu.ac.jp/jimukyoku/kaikaku/index.html（2005年9月現在）
横浜市立大学医学部付属病院編『医療安全管理指針（共通編)』2004.3。
吉田勝・高野敦稿「事故は語る　三菱のハブ破断事故　設計ミスはこうして起きた」『日経ものづくり』2004年6月。
財団法人日本医療機能評価機構医療事故防止センター編「医療事故情報収集事業平成17年年報」
http://jcqhc.or.jp/html/documents/pdf/med-safe/year-report.pdf（2006年12月現在）

事項索引

ア行

アノミー　11, 12
安全文化（safety culture）　157, 159, 160
　　──論　v, 157, 174
暗黙知（tacit knowledge）　76
意図せざる結果　77, 92, 97, 108, 154, 156
イナクトメント（enactment）　65
意味作用（signification）　81
意味の網　63
医療安全管理部門　163, 165
医療事故　2, 3, 5, 6
因果関係的法則　155
埋め込みメカニズム　52, 53, 55, 56
HRO（高信頼性組織 High Reliability Organization）　157, 160
英雄　48
　　──伝説　18, 47
エクセレントカンパニー　16

カ行

外在化（externalization）　96
解釈主義パラダイム　60
解釈図式（interpretative schema）　81
外正的変化（exogenous change）　93
改訂あるいは再生のプロセス　96
外部環境　17
　　──からの圧力　20, 144
外部適応（external adaptation）　51
科学観の止揚　69
学習する文化（learning culture）　159
価値（values）　51
（株）JCO　123
慣性力　58, 136, 147, 152, 174
間接的貢献　155, 156
企業の社会的責任論　4
企業倫理　4
機能主義（functionalism）アプローチ　16, 43, 55, 56, 172
　　──者パラダイム　45
規範（norm）　81
基本的諸仮定（basic assumptions）　51
客観化（objectification）　96
客観主義　44, 45, 74, 75
客観的実在　44, 47, 61
競争圧力　20, 91, 107, 117, 144, 152
協働システム　2, 6
共訳不可能性（incommensurability）　69
経営倫理　4
　　──学　27, 28, 86, 160
現実の社会的構成　64
言説的意識（discursive consciousness）　76, 77
公正・正義の文化（just culture）　159
構造　76, 78, 80, 82, 94, 95, 103
　　──化　80, 154
　　──化理論（Structuration Theory）　72, 73
　　──の2重性（duality of structure）　80
拘束（constrain）　34, 77, 106
合理的選択　8, 14
合理的な神話（rationalized myth）　85
〈試み／その1〉　84, 87, 97, 100
〈試み／その2〉　84, 93, 97, 100
〈試み／その3〉　84
個人行為-組織-社会の相互影響関係　24, 25, 26, 27, 106, 115, 116, 119, 121, 151
個人行為-組織-社会の創り創られる関係　84, 87, 90, 93
コード化のプロセス　96
個の力　149
コンティンジェンシー理論　16, 86

サ行

再帰的　17, 25, 27, 58, 66, 67, 68
再制度化（re-institutionalization）　92

事項索引

差異的接触　9
サンクション（sanction）　81
3次的権力　34, 58, 68
時間的連続性　100, 102, 173
自省的（reflexive）　77, 156, 157
　──行為者　154
自生的な組織文化生成　25, 56, 66, 98, 106
実践的意識（practical consciousness）　76, 77
支配（domination）　81
自発的学習プロジェクト　164
社会化（socialization）　46, 56, 75
社会－経済環境（socioeconomic infrastructure）　89
社会システム　78
社会性　6, 17, 107
社会的トラップ　156
社会の公器　6, 7
社会の力　151
集団浅慮　11
柔軟な文化（flexible culture）　159
主観主義　44, 45, 60, 74, 75
主体／客体　75
人工物（artifacts）　51
深層防護　11
シンボリック解釈主義（symbolic-interpretivism）アプローチ　16, 59, 60, 66, 173
シンボリックマネジメント　47, 50
シンボリックマネジャー　48
シンボル　60, 63
神話　18, 48
スクリプト（scripts）　95
制度（institution）　85
正当（legitimation）　81
　──性　iii, 6, 17, 18, 19, 20, 31, 33, 35, 37, 92, 117
制度化された規則（institutionalized rule）　85, 91
制度的環境（institutional environments）　89
制度の再埋め込みプロセス（the process of institutional re-embedding）　92
制度の脱埋め込み（institutional disembedding）　92

制度派組織論　85
セオリージャングル　73
選択知覚　133
戦略的ふるまい（strategic agency）　90
相互規定性　154
相互規定的　108
　──関係　v
相互行為のパターンとしての構造　87, 94
相互浸透（interpenetration）　24, 24, 35
創造的破壊（creative destruction）　91
組織　ii, 2, 6, 47, 62, 78
　──化（organizing）　64, 65
　──事故論　11
　──性格（organizational character）　15
　──道徳　15
　──の存在意義　7
　──のライフサイクル　55
　──は文化である　62
　──風土（organizational climate）　16
　──不祥事　ii, iii, 1, 2, 3, 8, 20, 27, 28, 36, 37, 116
　──文化（organizational culture）　ii, 12, 13, 14, 15, 16, 17, 18, 19, 34, 37, 48, 50, 51, 63, 64, 103, 172
　──文化に対する構造化理論アプローチ　103, 105, 113, 116, 122, 151, 173
　──文化変革　54, 55
　──文化を介した（あるいは媒介にした）ミクロ・マクロ・リンク　24, 27, 35, 36

タ行

第三の道　74, 75, 78, 170
他者への配慮　vi, 7, 19, 20, 36, 37
強い文化　48, 49, 50
東京女子医科大学病院　133, 165
統辞的関係　81
同調　9
　──化圧力　135, 152
道徳（morality）　81
とりあえず発想法　125, 128, 151
取り込みのプロセス　96

ナ行

内部統合（internal integration） 51
2次的権力 34, 58, 68
二重の解釈学 74
認知的不協和 9, 10, 11
ネガティヴポリティクス 31, 36

ハ行

パワー（power） iv, 29, 30, 32, 33, 35, 36, 38, 58, 68, 106, 116, 172
範列的関係 81
非決定論的 108
──性格 155, 175
服従 9
負のサンクション 34
フレームワークとしての構造 87, 94
分析麻痺症候群 16
便益（facility） 81
変換理性 69
報告する文化（reporting culture） 159
ポジティヴポリティクス 31, 37
ポストモダン 27, 28, 69
ポリティクス（politics） iv, 29, 31, 32, 33, 34, 35, 36, 38, 58, 68, 106, 116, 172

マ行

マインド 160
──フルな（mindfulness）状態 160, 164, 168

マ行（続）

マクロ組織論 23
マクロ理論 22
マネジメント 6, 16, 17, 62, 78, 79, 107
──ツール 55, 56
──による組織文化生成 25, 98, 106
マルチプルパラダイム（multiple paradigms） 69
ミクロ組織論 23
ミクロ・マクロ・リンク iv, 21, 22, 38, 56, 66, 72, 105, 116, 172
──の組織論 84
──問題 22, 24
ミクロ理論 22
三菱自動車工業株式会社 139, 168
三菱ふそうトラック・バス株式会社 139
無責任の構造 9

ヤ行

ヤミ改修 139, 141
様相（modality） 80
横浜市立大学医学部附属病院 130, 163

ラ行

ラディカルチェンジ 44
リスキーシフト 9, 11
理性的企業文化 160
倫理的態度 vi, 7, 19, 176
レギュレーション 44
連合体 31, 33

人名索引

ア行

網倉久永　155
アルベッソン（M. Alvesson）　62
アレグザンダー（A. Alexander）　22
伊藤博之　103
今田高俊　69
ウィットマー（D. F. Witmer）　103
ウィルキンス（A. L. Wilkins）　15
ウィルス（P. Wiles）　114
ウェーバー（M. Weber）　18, 22, 30
ウォーターマン（R. H. Waterman）　14, 48
エマーソン（R. M. Emerson）　30
オオウチ（W. G. Ouchi）　15
大月博司　85
小笠原英司　6
岡本浩一　9
奥村哲史　85
奥山俊宏　140, 142

カ行

ガタリ（F. Guttari）　28
ギアツ（C. Geertz）　63
ギデンズ（A. Giddens）　i, iv, 1, 24, 30, 39, 72, 73, 74, 75, 76, 77, 78, 79, 80, 81, 83, 84, 86, 88, 89, 91, 92, 94, 95, 96, 97, 100, 102, 103, 104, 106, 107, 113, 114, 118, 154, 157, 160, 170, 172
クーン（T. Kuhn）　i
グリーンウッド（R. Greenwood）　87, 88, 89, 94, 100, 106
グレゴリー（K. L. Gregory）　15
ケネディ（A. A. Kennedy）　15, 47, 48, 50, 55, 56, 57, 64
コッター（J. P. Kotter）　15
小林敏男　6

サ行

坂下昭宣　62, 66
サザーランド（E. H. Sutherland）　9, 28
佐藤郁哉　15
サトクリフ（K. M. Sutcliffe）　v, 157, 159, 161
シャール（M. S. Schall）　15
シャイン（E. H. Schein）　15, 47, 48, 50, 51, 52, 55, 56, 64, 69
シュムペーター（J. Schumpeter）　90
シュルツ（M. Schultz）　15, 47, 60, 62, 65, 69
ストリンガー（R. A. Stringer, Jr）　16
スノー（C. C. Snow）　ii
スマーシッチ　65
セルズニック（P. Selznik）　v, 6, 15, 85

タ行

ダール（R. Dahl）　30
高尾義明　35
ディール（T. E. Deal）　15, 47, 48, 50, 55, 56, 57, 64
ディラード（J. F. Dillard）　114
デュルケム（E. Durkheim）　11, 12, 13, 28
ドゥルーズ（G. Deleuze）　28
トルバート（P. S. Tolbert）　96

ナ行

沼上幹　156

ハ行

バーガー（P. Berger）　18
バーグ（P. O. Berg）　62
パーソンズ（T. Parsons）　22, 30, 35, 73
バーナード（C. I. Barnard）　15, 23, 47, 78
ハーバマス（J. Habermas）　22
バーリー（S. R. Barley）　93, 94, 95, 96, 97, 100, 102, 104, 107, 118

人名索引

バーレル（G. Burell） 44, 45, 58, 60, 75
バカラック（S. B. Backarach） 31, 33
ハッチ（M. J. Hatch） 69
ピーターズ（T. J. Peters） 14, 48
ヒニングス（B. Hinings） 87, 88, 89, 94, 100, 106
ファイヤーアーベント（P. Feyerabend） i
ファラル（S. Farrall） 114
フーコー（M. Foucault） 30, 34
フェファー（J. Pfeffer） 62
藤田誠 85
ブラウ（P. M. Blau） 30
ブルース（M. Bruce） 114
ブルデュー（P. Bourdieu） 22
ヘスケット（J. K. Heskett） 15
ベッケルト（J. Beckert） 90, 91, 92, 107
ボウリング（B. Bowling） 114
ボトムス（A. Bottoms） 114
ポランニー（M. Polanyi） 76

マ行

マーチン（J. Martin） 28
マイルズ（R. E. Miles） ii
マートン（R. K. Merton） 12, 28
マッコール（P. McCall） 114
松原隆一郎 152

ミッチェル（L. E. Mitchell） 14
ミンツバーグ（H. Mintzberg） 33
村田晴夫 24, 155, 156
モーガン（G. Morgan） 44, 45, 58, 60, 62, 75
盛山和夫 30

ヤ行

山田真茂留 15
ユーサス（K. Yuthas） 114

ラ行

ライリー（P. Riley） 103
ランソン（S. Ranson） 87, 88, 89, 94, 100, 106
リーズン（J. Reason） 11, 28, 157, 159
リットビン（G. H. Litwin） 16
リッペンス（R. Lippens） 28
ルークス（S. Lukes） 30, 34, 68
ルーマン（N. Luhmann） 22
ルックマン（T. Luckmann） 18
ローラー（E. J. Lawler） 31, 33
ロシーノ（V. Roscigno） 114

ワ行

ワイク（K. E. Weick） ii, v, 64, 65, 157, 159, 160

著者紹介

間嶋 崇（まじま　たかし）Takashi MAJIMA

1974 年　埼玉県生まれ
1996 年　専修大学経営学部卒業
2002 年　専修大学大学院経営学研究科博士後期課程単位取得
2002 年　広島国際大学医療福祉学部医療経営学科　講師
2006 年　専修大学大学院より博士（経営学）学位取得
現在　　専修大学経営学部　准教授

著書（分担執筆）

『〈経営学検定試験公式テキスト〉① 経営学の基本』中央経済社，2003 年
『現代の経営組織論』学文社，2005 年
『病院管理』メディカルエデュケーション，近刊

論文

「組織文化論の考察―E. H. Schein 理論の限界とその克服を求めて―」『経営哲学論集第 15 集―経営哲学と地域の活性化―』1999 年
「組織文化論における自己組織性アプローチの可能性について―機能主義とシンボリック解釈主義の限界を越えて―」『専修大学経営研究所報』136, 2000 年
「ミクロ・マクロ・リンクの組織論に関する一考察―個人的分析モデル構築のための試行錯誤―」『専修大学経営研究所報』148, 2002 年
「『ギデンズ構造化論』の組織におけるミクロ・マクロ・リンク問題への応用可能性」『経営哲学とは何か』文眞堂, 2003 年
「組織における不祥事の組織文化論的分析に関する一考察―A. ギデンズの構造化理論を用いて―」『専修大学経営研究所報』158, 2004 年
など。

組織不祥事
―組織文化論による分析―

2007 年 3 月 15 日　第 1 版第 1 刷発行　　　　　　　　　検印省略
2010 年 4 月 10 日　第 1 版第 2 刷発行

著　者　間　嶋　　　崇

発行者　前　野　　　弘

発行所　東京都新宿区早稲田鶴巻町 533
　　　　株式会社　文　眞　堂
　　　　電話 03（3202）8480
　　　　FAX 03（3203）2638
　　　　http://www.bunshin-do.co.jp
　　　　郵便番号(162-0041)振替00120-2-96437

印刷・モリモト印刷　　製本・イマキ製本所

© 2007

定価はカバー裏に表示してあります
ISBN978-4-8309-4578-6　C3034